JOURNAL
DE
JEAN BARRILLON

SECRÉTAIRE DU CHANCELIER DUPRAT

1515-1521

PUBLIÉ POUR LA PREMIÈRE FOIS

POUR LA SOCIÉTÉ DE L'HISTOIRE DE FRANCE

PAR

PIERRE DE VAISSIÈRE

TOME PREMIER

A PARIS
LIBRAIRIE RENOUARD
H. LAURENS, SUCCESSEUR
LIBRAIRE DE LA SOCIÉTÉ DE L'HISTOIRE DE FRANCE
RUE DE TOURNON, N° 6

MDCCC XCVII

L'Introduction destinée à être placée en tête du premier volume ne paraîtra qu'avec le tome II.

JOURNAL
DE JEAN BARRILLON

SECRÉTAIRE DU CHANCELIER DUPRAT

1515-1521.

IMPRIMERIE DAUPELEY-GOUVERNEUR

A NOGENT-LE-ROTROU.

JOURNAL

DE

JEAN BARRILLON

SECRÉTAIRE DU CHANCELIER DUPRAT

1515-1521

PUBLIÉ POUR LA PREMIÈRE FOIS

POUR LA SOCIÉTÉ DE L'HISTOIRE DE FRANCE

PAR

PIERRE DE VAISSIÈRE

TOME PREMIER

A PARIS
LIBRAIRIE RENOUARD

H. LAURENS, SUCCESSEUR

LIBRAIRE DE LA SOCIÉTÉ DE L'HISTOIRE DE FRANCE

RUE DE TOURNON, N° 6

MDCCC XCVII

EXTRAIT DU RÈGLEMENT.

Art. 14. — Le Conseil désigne les ouvrages à publier, et choisit les personnes les plus capables d'en préparer et d'en suivre la publication.

Il nomme, pour chaque ouvrage à publier, un Commissaire responsable, chargé d'en surveiller l'exécution.

Le nom de l'éditeur sera placé en tête de chaque volume.

Aucun volume ne pourra paraître sous le nom de la Société sans l'autorisation du Conseil, et s'il n'est accompagné d'une déclaration du Commissaire responsable, portant que le travail lui a paru mériter d'être publié.

---

*Le Commissaire responsable soussigné déclare que le tome I*er *de l'édition du* Journal de Jean Barrillon, *préparé par* M. Pierre de Vaissière, *lui a paru digne d'être publié par la* Société de l'Histoire de France.

Fait à Paris, le 15 *décembre* 1897.

Signé : BAGUENAULT DE PUCHESSE.

Certifié :

Le Secrétaire de la Société de l'Histoire de France,

A. DE BOISLISLE.

JOURNAL
DE JEAN BARRILLON

SECRÉTAIRE DU CHANCELIER DU PRAT

1515-1521.

CHAPITRE Ier.

JANVIER 1515-MARS 1516.

La première année du règne du Roy François premier de ce nom.

Françoys premier de ce nom, duc de Valloys[1] et comte d'Angoulesme après le trespas du Roy Loys douziesme, succéda à la couronne de France, estant en l'aage de vingt ung an ou environ[2], avecques dame Claude de France, sa compaigne, fille aisnée dudict feu Roy Loys douziesme[3].

---

1. Avec une partie de l'ancien patrimoine de la maison d'Orléans, Louis XII avait constitué un duché de Valois et l'avait donné à François, comte d'Angoulême, en février 1498. (*Ord. des rois de France*, t. XXI, p. 162.)

2. François Ier, né le 12 septembre 1494, avait, le 1er janvier 1515, jour de son avènement, exactement vingt ans et quatre mois.

3. François Ier avait été fiancé à cette princesse le 21 mai

Ledict Roy Françoys estoit lors à Paris au logis des Tournelles[1], et, après que le corps dudict feu Roy Loys eut esté ouvert et embasmé, fut apporté en une salle basse estant audict logis dedans ung coffre de plomb couvert d'une grande couverture de velours pers semée de fleurs de lys d'or et fut laissé en ladicte

1506 et l'avait épousée le 18 mai 1514. Mais depuis 1500 il était question de ce mariage. Anne de Bretagne en était l'ennemie déclarée. Ce fut le maréchal de Gié qui l'emporta dès le premier jour auprès de Louis XII. M. de Maulde a, en effet, retrouvé aux Archives nationales (J. 951) un acte secret de Louis XII, daté de Lyon et du 30 avril 1500, par lequel le roi déclarait nul par avance tout pacte matrimonial de sa fille avec un autre que le duc de Valois. Cet acte se trouva donc annuler la promesse, faite par le roi quelques mois plus tard, de donner sa fille à Charles d'Autriche, le futur Charles-Quint (août 1500). (Cf. Maulde de la Clavière, *Louise de Savoie et François Ier, 1485-1515*, Paris, 1896, in-8°, p. 134, 135, 144, 221.) — Claude de France, fille de Louis XII et d'Anne de Bretagne, était née à Romorantin en 1499. Elle mourut au château de Blois en 1524. Sur Claude de France, voir Brantôme, t. VIII, *Des dames*, p. 106-107 (éd. Lalanne).

1. L'hôtel des Tournelles occupait à peu près exactement l'emplacement actuel de la place des Vosges. Il avait été bâti au XIVe siècle par Pierre d'Orgemont, seigneur de Chantilly, chancelier de France, et acheté à son fils, évêque de Paris, par Jean, duc de Berry, frère de Charles V, en 1402. Ce prince l'échangea en 1404 avec le duc d'Orléans. Cet hôtel appartint ensuite au roi; il est qualifié en 1417 : « Domus regia Tornellarum ». Il fut occupé par le duc de Bedford, régent du royaume pour le roi d'Angleterre. Charles VII et ses successeurs en préférèrent le séjour à celui de l'hôtel Saint-Pol. C'est après la mort malheureuse de Henry II, blessé dans un tournoi donné aux Tournelles, que l'hôtel fut abandonné. Charles IX en ordonna en 1565 la démolition. (Jaillot, *Recherches critiques, historiques et topographiques sur la ville de Paris*, Paris, 1773, t. IV, p. 132-135.)

salle basse pour aucuns jours en actendant que la pompe funèbre pour les obsèques fust preste.

Le second jour de janvier, le Roy voullut donner ordre aux plus nécessaires affaires du royaume.

Premièrement envoya au Roy d'Angleterre, frère de la Royne Marie, vesve dudict feu Roy Loïs XII[e][1], luy signiffier le trespas d'icelluy Roy et manda à messire Jehan de Selve, premier président de Rouen, et Pierre de la Guische, bailly de Mascon, qui avoient esté envoyez par ledict Roy Loys peu avant son trespas devers icelluy Roy d'Angleterre[2], qu'ilz ne partissent, car leur voulloyt envoyer instructions et mémoires pour traicter avec ledict Roy d'Angleterre[3].

1. La reine Marie, dernière femme de Louis XII, née en 1497, morte en 1534 à Londres. Elle était fille de Henry VII et d'Élisabeth d'Yorck et épousa Louis XII à Abbeville le 9 octobre 1514.

2. Jean de Selve, seigneur de Cromières, Villiers, Duyson, né en Limousin, mort à Paris en 1529. Il était en 1507 premier président de l'Échiquier de Normandie et en 1515 fut nommé en la même qualité au parlement de Bordeaux. Lors de la conquête du Milanais, nous le retrouverons comme vice-chancelier du duché. En 1519, il fut nommé premier président du Parlement de Paris et en 1525 mêlé aux négociations de Madrid relatives à la délivrance de François Ier. — Pierre de la Guiche, né en 1464, mort en 1544, conseiller et chambellan du roi, bailli d'Autun et Mâcon, fut chargé de diverses ambassades en Suisse, à Rome, en Angleterre. Nous le retrouverons assez souvent au cours du récit. De Selve avait été envoyé en Angleterre par Louis XII, le 29 juillet 1514, à l'occasion des négociations du traité du 7 août 1514. La Guiche n'avait été expédié que le 22 novembre pour traiter diverses questions pendantes entre les deux cours.

3. Ces instructions furent envoyées le 14 mars 1515. Le texte en est donné par Rymer : *Foedera, conventiones*, t. VI, part. I, p. 88, 89, 93, 95 (éd. de 1741).

Après conferma tous les officiers particuliers de son royaulme en leurs estatz et offices, pourveu qu'ilz prinssent nouvelles lettres de don et que ceulx qui auroyent offices à gaiges bailleroient quelque somme de deniers, qui fut taxée selon la qualité des offices et valleur des gaiges ; lequel argent le Roy donna à madame Louyse de Savoye[1], sa mère, qui n'estoit encore arrivée à Paris.

Pareillement créa aucuns officiers, à sçavoir : messire Odet de Foix, seigneur de Lautrec[2], et Jacques de Chabannes, seigneur de La Palice[3], qui estoyt

1. Louise de Savoie, née en 1476, morte en 1531, était fille de Philippe II, comte de Bresse, puis duc de Savoie, et de Marguerite, fille de Charles de Bourbon, duc d'Auvergne, et nièce de Pierre de Bourbon, sire de Beaujeu, plus tard duc de Bourbon. A peine âgée de douze ans, Louise avait été mariée à Charles, comte d'Angoulême, arrière-petit-fils du roi Charles V. (Voir sur elle : Paulin Paris, *Études sur François I*er, Paris, 1885, in-8°, t. I, ch. I; de Maulde, *Louise de Savoie et François I*er, *1485-1515* ; Jacqueton, *la Politique extérieure de Louise de Savoie*, Paris, 1892, in-8°.) — Louise de Savoie se trouvait à son château de Romorantin au moment de la mort de Louis XII. Elle en reçut la nouvelle le 2 janvier et partit le 3.

2. Odet de Foix, seigneur de Lautrec, mort en 1528, était fils de Jean de Foix, seigneur de Lautrec, et frère de Françoise de Foix, dame de Châteaubriant, la célèbre maîtresse de François Ier. Il avait vaillamment combattu à Ravenne. On ne peut affirmer qu'il ait dû sa nomination de maréchal à sa sœur, qui ne semble pas avoir été aussi tôt la maîtresse du roi. Beaucaire (*Historia gallica*) prétend qu'il en fut redevable à Louise de Savoie, qui s'était éprise de lui. Il est vrai qu'on en a dit autant à propos de la nomination comme connétable du duc de Bourbon. (Voir la vie d'Odet de Foix dans Brantôme, liv. II, ch. XXXIV.)

3. Jacques II de Chabannes, maréchal de la Palice (1470 ?-1525), était fils de Geoffroy de Chabannes et de Charlotte de

grand maistre de France, fit mareschaux de France et donna l'estat de grand maistre à messire Arthus Gouffier, sieur de Boisy[1], qui avoit eu le gouvernement de la personne dudict seigneur avant son advènement à la couronne.

Ledict jour, messire Estienne de Ponchier[2], évesque de Paris, qui avoit eu la garde des sceaulx de France du temps du feu Roy, parcequ'il n'y avoit point de chancelier[3], veint devers le Roy luy rendre les sceaulx, lesquelz ledict seigneur bailla en garde au mareschal de Lautrec et donna lors l'office de chancellier de France à messire Anthoine Duprat[4], premier prési-

Prie. Il fut nommé maréchal le 2 janvier 1515. Il avait été *enfant d'honneur* de Charles VIII, avait fait les guerres d'Italie et s'était surtout vaillamment comporté à Agnadel. (Voir sa vie dans l'*Histoire de la maison de Chabannes*, par le comte H. de Chabannes, t. I, p. 262-412.) — Après les nominations de Chabannes et d'Odet de Foix, il y eut en France quatre maréchaux : Stuart d'Aubigny et Jean-Jacques Trivulce avaient en effet été créés maréchaux par Louis XII.

1. Artus Gouffier, seigneur de Boisy, né vers 1475, mort en 1520, avait fait les guerres d'Italie sous Charles VIII et Louis XII. Il avait succédé au maréchal de Gié en qualité de gouverneur du comte d'Angoulême et avait été créé bailli de Valois en 1514. Les provisions de l'office de grand maître sont datées de Paris du 7 janvier 1515. (Bibl. nat., f. fr. 8485, fol. 77, orig.)

2. Étienne de Poncher, né à Tours en 1446, mort à Lyon en 1525. Président aux enquêtes au Parlement de Paris (1498), évêque de Paris (1503), garde des sceaux (1512), il fut un des négociateurs du traité de Noyon, ambassadeur en Espagne et en Angleterre et enfin archevêque de Sens de 1519 à 1525.

3. Le dernier titulaire de l'office de chancelier, Jean de Ganay, seigneur de Persan, premier président au Parlement de Paris (1505), chancelier en 1507, était mort en 1512.

4. Antoine Duprat, chevalier, seigneur de Nantouillet, baron

dent de parlement de Paris, et furent lesdictz sceaulx baillez pour estre regravez et mectre au lieu du nom de *Ludovicus duodecimus* le nom de *Franciscus primus*.

Oultre ledict seigneur fit et créa connestable de France Charles de Bourbon[1], duquel estat nul n'avoit

---

de Thoury et de Thiers, chancelier de France, archevêque de Sens, cardinal et légat, était né à Issoire en 1463. Il mourut en 1535. Ayant choisi la carrière judiciaire, il débuta comme lieutenant général au bailliage de Montferrand (Puy-de-Dôme). Il était en 1504 avocat général au parlement de Toulouse et fut distingué dans ces fonctions par Louis XII, qui le fit maître des requêtes de l'hôtel. Protégé par ses parents, les frères Bohier, il devint bientôt président au Parlement de Paris (1506), puis premier président en 1507. Vers cette époque, sans abandonner, du reste, sa charge, il devint le précepteur du duc d'Angoulême. Il fut fait chancelier le 7 janvier 1515. (*Provisions de l'office de chancelier de France, vacant par la mort de Jean de Ganay, en faveur d'Antoine Duprat*, Arch. nat., X¹ᵃ 8611, fol. 3.) Son nom reviendra souvent dans ce journal, rédigé par son secrétaire. (Cf. marquis du Prat, *Vie d'Antoine du Prat*, Paris, 1854, in-8°; André Duchesne, *Histoire des chanceliers et gardes des sceaux de France*, Paris, 1860, in-fol.; Jacqueton, *la Politique extérieure de Louise de Savoie*, p. 13-16; Le Glay, *Négociations diplomatiques entre la France et l'Autriche durant les trente premières années du XVIᵉ siècle*, Paris, 1845, in-4° (Coll. de doc. inédits), préf., p. x et xi.)

1. Charles de Bourbon, né en 1490, était le second fils de Gilbert de Bourbon, comte de Montpensier, dauphin d'Auvergne et seigneur de Mercœur et de Combrailles. Il avait épousé sa cousine, Suzanne de Bourbon, fille de Pierre II, duc de Bourbon, et d'Anne de Beaujeu. Pierre II étant mort en 1503 sans autre descendant que Suzanne, Charles de Bourbon était devenu duc de Bourbon comme représentant mâle de la seconde ligne de la maison et comme gendre de Pierre. D'après Marillac, son secrétaire, Louis XII avait eu déjà le projet de le faire connétable. (*Vie du connétable de Bourbon, par Marillac, son domestique*, Buchon, IX, p. 153.) Les provisions d'of-

esté pourveu depuis le trespas de Jehan, duc de Bourbon, dernier connestable de France, qui décedda au temps du Roy Charles VIII[e1].

Le Roy, durant que on aprestoit les obsèques dudict feu Roy Loÿs, demoura au logis des Tournelles et tint plusieurs conseilz pour donner ordre aux affaires du royaume et donna ordre à son voiaige de Reims qu'il entendoyt faire de brief pour estre sacré et couronné.

Et quand ledict seigneur entendit que les obsèques dudict feu Roy estoient bien advancées, il se deslogea des Tournelles et veint loger au palais, où il teint plusieurs conseilz pour donner ordre aux affaires occurrens et conferma la cour de parlement de Paris en ses prérogatives et prééminences[2]. Pareillement il donna libérallement à ses antiens serviteurs aucuns offices qui estoient vaccans au trespas dudict feu Roy Loÿs.

Le septiesme jour de janvier, le Roy estant au conseil en la salle que on appelle la salle Sainct-Loÿs, messire Anthoine Duprat, nouvel chancellier, fist le serment dudict office, lequel j'ay cy rédigé par escript selon ma fantaisie :

« Vous jurez Dieu le Créateur et sur vostre foy et

fice en faveur de Bourbon sont du 12 janvier. (Arch. nat., P. 2535, fol. 175.)

1. Jean II, dit *le Bon* (1426-1488), duc de Bourbon et d'Auvergne et comte de Clermont, fut, pendant la minorité de Charles VIII, connétable et lieutenant général du royaume. Son frère, Pierre II, beau-père de Charles de Bourbon, lui succéda au titre de duc.

2. Cette confirmation est du 2 janvier 1515. (Arch. nat., X[1a] 8611, fol. 1.)

honneur que bien et loyaument exercerez l'estat et office de chancellier de France, serez obéissant au Roy, le servirez audict estat envers tous et contre tous sans nul excepter, ferez justice à ung chacun sans accepion de personne, là où verrez qu'il y aura quelque désordre, tant au faict de justice que de la chancellerie, y mectrez ordre et, où ne sera en vostre pouvoir d'y mectre ordre, en advertirez ledict seigneur, affin de l'y mectre, aymerez le bien et honneur d'icelluy seigneur et en toutes choses luy donnerez bon et loyal conseil; quand on vous apportera à sceller quelques lectres signées par le commandement du Roy, si elle n'est de justice et de raison, ne la scellerez poinct, encores que ledict seigneur le commendast par une ou deux foys, mais viendrez devers icelluy seigneur et luy remonstrerez tous les poincts par lesquelz ladicte lectre n'est pas raisonnable et aprez qu'aura entendu lesdictz poinctz, s'il vous commande de la sceller, la scellerez, car lors le péché sera sur ledict seigneur et non sur vous; exalterez à vostre pouvoir les bons, scavans et vertueulx personnages, les promouverez ou ferez promouvoir aux estatz et offices de judicature, dont advertirez le Roy quand les vaccations desdictz offices adviendront; ferez punir les mauvais, en sorte que soit correction à eulx et exemple aux aultres; ferez garder les ordonnances royaulx, tant par les secrétaires que par aultres officiers; prendrez garde que nulles extorsions et exactions indeues se facent par lesdictz secrétaires, gens du Grand Conseil et aultres officiers, et aultrement ferez tous actes concernans l'estat et qui conviennent estre faictz par un bon et loyal chancellier, comme ledict seigneur a en vous sa parfaicte fiance, et ainsy le jurez et promectez. »

Aprez que ledict messire Anthoine Duprat eut faict ledict serment, le Roy feit gouverneurs d'aucuns païs de son royaulme les princes et seigneurs qui cy ensuyvent : premièrement, le duc d'Alençon, qui avoit espousé la seur unicque dudict seigneur, gouverneur de Normandye[1] ; le duc de Bourbon, auquel de nouveau avoit donné l'estat de connestable de France, feit gouverneur de Languedoc[2] ; le sire de Lautrec, mareschal de France, feit gouverneur de Guyenne[3] ; le bastard de Savoye feit grand séneschal et gouverneur de Provence[4] et conferma les gouverneurs des

1. Charles IV, duc d'Alençon, qui descendait de Charles de Valois, fils de Philippe le Bel, était, après François Ier, l'héritier présomptif. Aussi, avant la naissance du premier fils de François Ier, l'appelait-on quelquefois *le dauphin*. « Sorti du cloître maternel pour commencer mortelle vie », comme le dit Louise de Savoie, en 1489, il avait succédé à son père en 1492, avait combattu à Agnadel et avait épousé la même année, 1509, Marguerite de Valois, sœur de François Ier. Il mourut peu après Pavie et sa veuve se remaria en 1527 à Henry d'Albret, roi de Navarre.
2. François Ier ne fit que le confirmer dans cette charge qu'il tenait de Louis XII.
3. *Provisions de la charge de lieutenant général et gouverneur du duché de Guyenne, ville et pays de la Rochelle, en faveur d'Odet de Foix, seigneur de Lautrec, maréchal de France,* Paris, 5 janvier 1515. (Arch. dép. des Basses-Pyrénées, E. 503, orig.)
4. René, frère naturel de la mère du roi. Il était fils de Philippe II, duc de Savoie, et de Bonne de Romagne et avait été légitimé par Maximilien, roi des Romains. Mais ce dernier avait ensuite révoqué cette légitimation par lettres données à Augsbourg le 14 mai 1502. Les provisions de l'office de grand séné-

autres païs de son royaume qui avoient esté faictz par le feu Roy Loïs.

Durant ces jours arrivèrent à Paris devers le Roy ung président et trois conseilliers de la court de l'Eschiquier de Normandye, qui avoient esté envoyez par ladicte court pour avoir la confirmation d'icelle par ledict seigneur, et s'adressèrent au duc d'Alençon, gouverneur de Normandye, qui les présenta au Roy et requirent avoir ladicte confirmation ; ce que ledict seigneur octroya et conferma ladicte court de l'Eschiquier en ses privilèges et prérogatives comme elle avoit esté instituée par le feu Roy Loïs XIIe en l'an mil quatre cens quatre vingts dix neuf[1].

Ce faict, ung nommé Me Robert de Bapaumes, qui aultreffois avoit esté président de ladicte court de l'Eschiquier, — mais le feu Roy Loïs XIIe, deux ou trois ans avant son trespas, l'avoit désapoincté[2] et donné l'office à ung nommé Me Pierre Barbenon[3], — lequel de Bapaumes se veint présenter au Roy et, estant prosterné ung genouil en terre, luy supplia très humblement que son plaisir feust le restituer en l'office de président, actendu que sans cause en avoit esté destitué par ledict feu Roy Loïs. Ledict maistre Pierre Barbenon, qui lors estoit présent, requist estre maintenu en son office et comprins en la confirmation

---

chal et lieutenant général du roi en Provence sont du 11 février 1515. (Bibl. nat., f. fr. 20874, fol. 451.)

1. Cette confirmation est du 7 janvier 1515. (Arch. nat., U. 757, fol. 71.)

2. Robert de Bapaume avait été destitué en 1512. (Floquet, *Histoire du parlement de Normandie*, Rouen, 1840-1849, t. I, p. 444-446.)

3. Non Pierre Barbenon, mais Pierre de Burbenon. (*Ibid.*)

généralle de la court, disant que ledict office de président luy avoit esté donné par ledict feu Roy en récompense de plusieurs services qu'il avoit faictz audict seigneur delà les montz, voulant soustenir que à juste cause ledict office avoit esté par ledict feu seigneur osté audict de Bapaumes. Aprez que le Roy les eut ouys, les renvoya à Monsieur le Chancellier pour leur faire justice, et depuis ilz s'appoinctèrent et fut ledict de Bapaumes restitué en l'office de président moyennant certaine récompense qu'il fit audit Barbenon.

En ce temps, le Roy donna l'office de premier président de Paris, qui vacquoit par la promotion de messire Anthoine Duprat à l'office de chancellier de France, à messire Mondot de la Marthonye, premier président de Bourdeaulx[1], et l'office de premier président de Bourdeaulx donna à messire Jean de Selve, premier président de l'Eschiquier de Normandye, qui estoit lors ambassadeur pour ledict seigneur en Angleterre, et l'office de premier président de l'Eschiquier de Normandye donna à messire Jehan Brinon, chancellier du duc d'Alençon[2].

1. « Mondot de la Marthonie, auparavant premier président du parlement de Bordeaux, présente les lettres du roi le nommant premier président du Parlement de Paris et prête serment le 3 février 1515. » (Arch. nat., Parlement, X^{1a} 1517, fol. 64 v°.)

2. Jean Brinon, né vers 1484. D'abord avocat au Parlement de Paris, il devint en cette qualité le chargé d'affaires du duc d'Alençon, puis son chancelier. Son avancement fut rapide, puisque nous le trouvons, à peine âgé de trente ans, premier président à Rouen. Il fut mêlé à diverses et importantes négociations pendant le règne. (Cf. Jacqueton, *op. cit.*, p. 16-20 et *passim.*)

Davantage ledict seigneur créa aulcuns offices nouveaulx par tout son royaulme : premièrement créa des offices d'enquesteurs en tous les sièges des bailliages et prévostez roialles de son royaume, lesquelz feissent les enquestes des procez pendans ausdictz sièges, affin que les juges non occuppez à faire icelles enquestes feussent plus dilligens à juger les procez pendans par devant eulx[1].

Après créa des offices de contrerolleurs des deniers commungs en toutes les villes de ce royaume qui avoient dons et octrois dudict seigneur ou de ses prédécesseurs ; lesquelz contrerolleurs feissent bon et loial contrerolle desdictz deniers commungs, affin qu'ilz feussent emploiez aux réparations et fortifficcations des villes et aultres œuvres nécessaires et non ailleurs[2].

Oultre, ledict seigneur ordonna commissaires pour réduire à certain et limité nombre les notaires de son royaume, car, par l'effréné nombre qu'il y en avoit, se commectoient plusieurs faulcetez et abbuz au grand dommaige du peuple.

Aussy ledict seigneur donna ordre que la Royne Marie, vefve du feu Roy Loïs, dernier décéddé, fut honnorablement entretenue. Laquelle dame se veint

1. L'ordonnance est de février 1515. Elle est dans Isambert, *Recueil des anciennes lois françaises*, t. XII, p. 19 et suiv.

2. L'ordonnance est de mars 1515. (Isambert, t. XII, p. 26.) — « Lesquelz offices, tant d'enquesteurs que de contrerooleurs, le Roy donna à messieurs de Boisy, Bonnivet, son frère, au bastard de Savoye et à monsieur de la Palisse, dont ilz eurent plus de soixante à quatre-vingtz mille livres. » (*Journal d'un bourgeois de Paris*, p. p. Ludovic Lalanne pour la Soc. de l'hist. de Fr., Paris, 1854, p. 9.)

loger en l'hostel de Cluny[1] et ledict seigneur la visitoyt souvent et faisoyt toutes gracieusetez qu'il est possible faire.

D'aultre part, le Roy conferma toutes les aultres courtz souveraines de ce royaume en leurs privilèges et prééminances, comme les courtz de parlement de Tholoze[2], Bordeaulx[3], Dijon[4], Provence et Dauphiné[5], les Chambres des comptes de Paris[6], Dauphiné[7] et Dijon[8], les généraulx de la justice des aydes de Paris[9], Rouen et Montpellier[10], le Parlement et Conseil de Bretaigne et la Chambre des comptes dudict païs, les maistres rationnaulx et Chambre des Archifs d'Aiz

---

1. Lettre de François Ier à Henry VIII, de février 1515. (*Letters and papers foreign and domestic of the reign of Henry VIII*, arranged and catalogued by J. S. Brewer, Londres, 1864, in-4°, vol. II, part. I, p. 48.)

2. Confirmation des officiers du parlement de Toulouse, Paris, 7 janvier 1515. (Arch. de la Haute-Garonne, parlement de Toulouse, édits, reg. II, fol. 293 v°.)

3. Cette confirmation est du 12 janvier 1515. (Bibl. nat., ms. f. fr. 22371, fol. 298.)

4. Cette confirmation est du 7 janvier 1515. (Cf. Palliot, *Histoire généalogique des comtes de Chamilly de la maison de Bouton*, Lyon, 1671, in-fol.; Preuves, p. 88.)

5. Confirmation des officiers du parlement de Grenoble, Paris, 7 janvier 1515. (Arch. de l'Isère, parlement de Grenoble, B. 2333, fol. 20.)

6. La confirmation est du 2 janvier 1515. (Arch. nat., A D I. 15; imp.)

7. 7 janvier 1515. (Blanchard, *Compilation chronologique contenant un recueil abrégé des ordonnances, édits, etc., des rois de France*, Paris, 1725, in-fol., col. 421.)

8. 7 janvier 1515. (Arch. dép. de la Côte-d'Or, B. 18, fol. 2 v°.)

9. 2 janvier 1515. (Arch. nat., Z[1a] 526.)

10. 7 janvier 1515. (Arch. de l'Hérault, B. 455.)

en Provence[1] et toutes aultres courtz souveraines de ce royaume.

Après que les obsèques dudict feu Roy Loïs douziesme furent prestes, on tira le corps de la salle basse du logis des Tournelles où il avoit esté mis et fut apporté en la grande églize de Nostre-Dame de Paris en grand honneur, ainsi qu'on a accoustumé faire aux corps des Roys de France. Et portoient le dueil le duc d'Alençon, le duc de Bourbon, François, monsieur de Bourbon, frère dudict duc de Bourbon[2], le comte de Vendosme[3] et le prince de la Roche-sur-Yon[4].

Le dixiesme jour de janvier, le service fut faict honnorablement en ladicte églize Nostre-Dame de Paris, et après disner le corps fut porté à Sainct-Denis en France et fut inhumé au cœur de l'église du costé de la feue Royne Anne, duchesse de Bretaigne, et toutes les obsèques et cérémonies accoustumées estre gardées aux Roys de France y furent observées[5].

---

1. Chambre des archives, nom de la Chambre des comptes de Provence.

2. François de Bourbon, frère du connétable, c'est-à-dire de la branche de Montpensier, qu'il ne faut point confondre avec François de Bourbon, comte de Saint-Pol, de la branche de Vendôme.

3. Charles de Bourbon, de la branche de Vendôme, né en 1489, succéda en 1495 à son père, François de Bourbon, dans les comtés de Vendôme, Soissons et Condé. Il accompagna Louis XII en Italie et François Ier à Milan. Il fut nommé gouverneur de Picardie en 1518 et défendit cette province contre les Anglais en 1522, les Impériaux en 1524 et 1536. Il mourut en 1537.

4. Louis de Bourbon, prince de la Roche-sur-Yon, issu de la branche de Vendôme, mort en 1520.

5. Sur les obsèques de Louis XII, voir les *Comptes des*

Ledict jour après disner, le duc de Bourbon, nouveau connestable de France, veint devers le Roy au palais et feyt le serment de sondict office et estat de connestable, lequel j'ay cy rédigé par escript selon ma fantaisie :

« Vous jurez Dieu la foy et la loy que tenez et sur vostre honneur que bien et loyaument exercerez l'estat et office de connestable de France; serez obéissant au Roy, le servirez et gouvernerez son royaume envers tous et contre tous de vostre personne pouvoir et puissance jusques à la mort inclusivement; n'aurez intelligence ne partialité à personne vivante, ains sera vostre regard seullement au Roy, son honneur et proffict, bien et utillité de son royaume et chose publicque; ferez garder aux cappitaines et gens d'armes ordre, police et discipline militaire et les ordonnances faictes ou à faire sur le faict de la guerre et soulagement du pauvre peuple; pugnirez et corrigerez les mauvais, rémunererez et advancerez les bons, et, s'il vient à vostre congnoissance que quelque machination ou conspiration se face contre le Roy, y obvirez à vostre pouvoir et l'en advertirez; tiendrez la main forte aux administrateurs de justice à ce qu'ilz soient obéiz et aultrement ferez tous et chacun les actes qui conviennent estre faictz par ung bon et loial connestable; ainsi le jurez et promectez. »

dépenses faites à cette occasion dans le registre KK. 89 aux Archives nationales. François Ier avait commis au soin d'exécuter les préparatifs des funérailles Me Morelet de Muscau, argentier du monarque défunt. (*Ibid.*, fol. 1 r°. — Voir aussi *Archives curieuses de l'histoire de France*, 1re série, t. II, p. 59-81.)

Les sermens faictz, icelluy duc de Bourbon feyt hommage entre les mains du Roy du duché de Bourbon avecques la perrye et des aultres terres et seigneuries qu'il tenoit en foy et hommage dudict seigneur.

Peu de temps après arriva à Paris madame Loïse de Savoye, mère du Roy, et, affin que le temps advenir elle se mainteint honnorablement comme mère du Roy de France, ledict seigneur luy donna, sa vye durant, le comté d'Angoulesme qu'il érigea en tiltre de duché[1]. Aussy luy donna la duché d'Anjou, les comtez du Mayne et de Beaufort-en-Vallée et la baronnye d'Amboyse[2]. Davantage, ledict seigneur donna à madame Marguerite de France, sa sœur unicque, femme du duc d'Alençon, et audict duc d'Alençon le droict que icelluy seigneur avoit au comté d'Armagnac[3].

Pareillement érigea en tiltre de duché la comté de Chastellerault[4] appartenant à la duchesse de Bourbon, laquelle donna ledict duché à François, monsieur de Bourbon, frère du duc de Bourbon, connestable de France, et aussy érigea en tiltre de comté la baronnye de la Rochefoucault[5].

---

1. Érection du comté d'Angoulême en duché et adjonction audit duché des châtellenies de Jarnac, de Châteauneuf, de Montignac et de Bassac, Compiègne, février 1515. (Arch. nat., K. 81, n° 41.)

2. Cet acte est du 4 février 1515. (Arch. nat., X¹ᵃ 8611, fol. 10.)

3. Cet acte est de février 1515. (Bibl. nat., f. fr. 2996, fol. 4.)

4. L'érection en duché pairie de la vicomté de Châtellerault est de février 1515. (Arch. nat., X¹ᵃ 8611, fol. 16 v°.)

5. Barrillon commet ici une erreur, car l'érection de la baron-

Oultre, icelluy seigneur assigna à la Royne Marie, vefve du feu Roy Loïs XIIe, son douaire, qui estoit de cinquante mil francz, et l'assigna sur les païs de Xaintonge et de Lodunoys[1], et sy luy donna pouvoir de pourvoir aux petitz offices dudict païs et de nommer aux aultres offices royaulx quelz qu'ilz feussent.

Cependant se faisoient les appretz à Reims pour le sacre et couronnement du Roy et venoient de tout le royaume plusieurs princes et seigneurs à Paris.

Le XVIIIe jour de janvier, le Roy partit de Paris pour aller à Reims et mena madame sa mère, la duchesse de Bourbon, les princes de son sang et plusieurs grans seigneurs de son royaume et laissa à Paris la Royne, qui estoit ensaincte.

Ledict seigneur arriva en la cité de Reims le XXIIIIe jour de janvier et y feit son entrée. Audict lieu trouva la duchesse de Lorraine et le duc de Lorraine son filz[2], lequel feyt office de per au sacre d'icelluy seigneur[3].

nie de la Rochefoucauld en comté n'est que de 1528. (Arch. nat., X[1a] 8611, fol. 110-113.)

1. Ce douaire de 55,000 livres, et non de 50,000, était exactement composé de la Saintonge avec la Rochelle et Saint-Jean-d'Angély, Rochefort, Chinon, Loudun et le comté de Pézenas. (Arch. nat., J. 922, n° 12. — Cf. de Maulde, *op. cit.*, p. 389.)

2. Philippe de Gueldre, femme de René II, et Antoine, dit *le Bon*, duc de Lorraine de 1508 à 1544.

3. Nous ne donnons pas « l'ordre du sacre du Roy, en ce que j'en ai peu veoir et entendre », qui se trouve à cet endroit dans le manuscrit du *Journal*. Le Cérémonial français de Godefroy reproduit, en effet, *in-extenso* le récit de Barrillon. (Cf. le *Cérémonial françois...*, recueilly par Théodore Godefroy, conseiller du Roy en ses conseils, et mis en lumière par Denys Godefroy, avocat au Parlement et historiographe du Roy, Paris,

En la cité de Reims arriva devers le Roy le chancellier de Frize de par Georges, duc de Saxe[1], gouverneur du païs de Frize, et apporta audict seigneur lettres dudict duc de Saxe, dont la teneur s'ensuyt :

Lettre du duc de Saxe au Roy.

« Promptum complacendi animum sinceramque
« fidem et observantiam, christianissime potentis-
« simeque Rex et domine illustrissime observandis-
« simeque mittimus ad regiam Vestram Maiestatem
« nobilem et fidelem nobis dilectum Symonem de
« Ryeschache cancellarium Phrisiae qui nonnulla ves-
« trae regiae celsitudini nomine nostro referre habet
« et precamur regiam Vestram Maiestatem velit eidem
« ex innata clementia et mansuetudine pias praebere
« aures et quidquid regiae Vestrae Maiestati nostro
« nomine dixerit plenam et indubiam dare fidem nec
« minus existimare ac si nos coram essemus. In qui-
« bus regia Vestra Maiestas faciet nobis rem gratissi-
« mam perpetuis temporibus deservituram cui etiam
« omnem nostram operam ad quaevis mandata et
« beneplacita offerimus quam paratissimam.

« Ex Lurardia[2] xx novembris, anno Domini mille-
« simo quingentesimo quarto decimo. »

Cramoisy, 1649, 2 vol. in-fol., t. I, p. 245-253. — Voir aussi le récit du sacre fait par l'ambassadeur vénitien Pasqualigo dans *I diarii di Marino Sanuto*, t. XX, col. 22 à 34, Venise, 1887, in-4°.)

1. George, dit *le Riche* et *le Barbu*, appartenait à la branche cadette de Saxe, dite *branche Albertine*, à cause de son chef, Albert le Courageux, mort en 1500.

2. Leeuwarden (Hollande).

Et au bas estoit escript :

« Georgius, Dei Gratia, dux Saxoniae, hereditarius
« Gubernator Phrisiae. »

Ledict chancellier de Frize exposa sa créance en la forme qui s'ensuyt[1] :

« Christianissime, serenissimeque Rex, princeps et
« domine illustrissime observandissimeque, illustris-
« simus princeps et dominus, dominus Georgius dux
« Saxoniae Romanae Caesareaeque Maiestatis sacrique
« eiusdem Imperii hereditarius Gubernator Phrisiae
« sese ad quaevis Maiestatis Vestrae vota paratissi-
« mum offert.

« Christianissime, serenissimeque Rex, temeraria
« contumacia Ederardi comitis de Emden[2] partium

---

1. La « question de Frise » était à ce moment une question singulièrement compliquée. La lettre qui suit n'en révèle qu'un des aspects ; mais il est nécessaire d'en connaître les dessous. Le duc George de Saxe prétendait, on va le voir, avoir été investi par l'empereur et l'empire de la charge de gouverneur héréditaire de Frise. Charles d'Autriche soutenait, au contraire, que la Frise était son vrai patrimoine et dépendait des Pays-Bas : George n'avait jamais reçu de l'empereur ni de l'empire la qualité de gouverneur héréditaire ; la Frise lui avait été seulement engagée avec la stipulation d'un rachat de 250,000 florins. Or, Charles déclarait vouloir maintenant effectuer ce rachat et l'empereur appuyait cette prétention. Entre Charles et le duc de Saxe, le duc de Gueldre était alors intervenu et avait résolu de s'approprier la Frise en soutenant la révolte du comte de Emden contre George. Le duc de Gueldre étant allié de la France, le duc de Saxe, on va le voir par la lettre suivante, demandait à François Ier d'intervenir auprès de son allié et de mettre un terme à ses belliqueux projets.

2. Emden, ville de Prusse, district d'Aurich, dans le Hanovre.

« Phrisiae in illustrissimum principem dominum Geor-
« gium Saxoniae ducem, Maximiliani, imperatoris
« Romanorum invictissimi, ac sacri eiusdem Imperii
« hereditarium gubernatorem Phrisiae commissa satis
« superque omnibus manifesta esse constat, qui cum
« vassallus locumque tenens Phrisiae orientalis illus-
« tris suae dominationis esset nullam tamen sibi,
« quamvis sepe monitus et requisitus esset, obedien-
« tiam et fidelitatis iuramentum praestare voluit verum
« subditos et incolas Phrisiae ad rebellandum principi
« publice et occulte sollicitando, cum quibusdam nefa-
« rias iniens conspirationes Phrisiam per fraudem et
« scelus occupare conatus est et quamvis perfidus ille
« comes a Caesarea Maiestate saepius monitus et requi-
« situs sit, a synistra tamen sua machinatione desis-
« tere noluit. Tandem ob multiphariam et nimiam
« eius inobedientiam temerariam contumaciam, per-
« fidiam et rebellionem ab invictissimo Romanorum
« Imperatore moderno unanimi omnium Sacri Impe-
« rii Electorum, principum et procerum consensu ut
« rebellis et temerarius suae Caesareae Maiestatis ac
« Sacri Imperii in bannum imperiale sententiatus,
« denunciatus, declaratus ac publice proclamatus
« exstitit. Quapropter illustrissimus princeps Saxoniae
« comiti in perfidia et rebellione sua perseveranti
« bellum, de licentia tamen Caesareae Maiestatis, indi-
« cere non distulit, validoque comparato exercitu,
« plura castra et oppida ad comitatum Eyndensem
« pertinentia accipit pluribusque levibus tamen prae-
« liis vincit, tandemque civitatem Groningensem imme-
« diate Sacro Imperio subiectam Illustrissimus Saxo-
« niae dux obsidione cingit. Jamque comes ipse et

« Groningenses qui in fide et amicitia eius fuerant, expu-
« gnati erant, nisi illustris princeps Carolus Geldriae
« dux, magno congregato exercitu, comitem et Gro-
« ningenses ab obsidione liberare conatus fuisset, quem
« etiam illustrissimus dux Saxoniae per oratores suos
« rogare fecerat, quum nulla a sua dominatione illus-
« tri lacessitus esset iniuria, ne comiti aut Groningen-
« sibus opem aut auxilium praestare neve exemplo
« novo eos qui ab altera parte defecerant in suos reci-
« pere ducique Saxoniae inobedientes rebellantesque
« defendere (non) velit; ad quae illustris Geldriae dux
« respondit se regiae Maiestatis Vestrae servitorem
« ac devinctum esse, at, quia comes Emdensis, cuius
« fidem Groningensis civitas sequitur, regiae Vestrae
« Maiestatis confederatus existat, sibi a regia Vestra
« Maiestate mandatum esse ut eidem comiti, tanquam
« confederato nomine regiae Vestrae Maiestatis, assis-
« tentiam et opem ferret oportereque eum regiae Ves-
« trae Maiestatis praeceptis obtemperare; et exercitu
« in Phrisiam adducto Groningenses ab obsidione libe-
« rare voluit. Misitque idem illustris dux Geldriae ex
« tempore, prout illustrissimus Saxoniae dux certa
« quadam relatione compertum habet, quosdam ad
« cives Groningenses quibus ipsi cives nomine et loco
« regiae Vestrae Maiestatis fidelitatis et obedientiae
« prestiterunt iuramentum. Quum vero illustrissimus
« Saxoniae dux litteris serenissimi Angliae regis cer-
« tior factus sit in foedere novissime inter regiam
« vestram Maiestatem et serenissimum Angliae regem
« icto sacrum Romanum Imperium comprehendi, civi-
« tasque Groningensis ut pars totaque Phrisia imme-
« diate Sacro Romano Imperio subiecta sit, cuius illus-

« trissimus Saxoniae dux a Caesarea Maiestate, ab
« omnium totius Imperii Electorum et principum con-
« sensu, perpetuus hereditariusque gubernator decla-
« ratus est ego, quamvis indignus suae illustrissimae
« dominationis servitor, ad regiam Vestram Serenita-
« tem missus nomine suae illustrissimae dominationis
« humiliter debita cum reverentia supplico ex quo
« aequitas hoc suadeat ut Vestra regia Maiestas illustri
« duci Geldriae stricte precipere et mandare velit ne
« comitem aut Groningenses in fidem accipiat neve
« ipsis quovis modo opem aut auxilium praestet et si
« Groningenses suae dominationi illustri, ut supra
« relatum est, aliquod prestiterunt iuramentum, id
« ipsis remittat et quominus illustrissimum Saxoniae
« ducem Groningensem civitatem, ut gubernator Caesa-
« reus, sibi subiugam reddere et gubernationis iura
« in ea exercere impediat, in quo regia Vestra Sere-
« nitas non solum rem faciet iustam sed et principi
« Saxoniae gratissimam perpetuis temporibus deser-
« vituram. »

Le Roy feyt faire responce audict chancellier de Frise et escripvit unes bonnes lettres au duc de Gueldres pour l'affaire pour laquelle icelluy chancellier estoit venu [1].

1. Quelques jours après la mission du chancelier de Frise, Charles d'Autriche envoya, on le verra, des ambassadeurs à François Ier. Entre beaucoup d'autres instructions, ces ambassadeurs reçurent en particulier celle de prier, eux aussi, le roi d'intervenir auprès du duc de Gueldre. L'attitude de ce dernier ne pouvait, en effet, que compliquer le débat qui avait surgi entre le duc de Saxe et Charles. Cédant à ces sollicitations, François Ier fit partir un ambassadeur chargé d'agir auprès du duc de Gueldre dans le sens où on lui deman-

Le XXVIIe jour de janvier, le Roy partit de Reims pour s'en retourner à Paris et vint à Sainct-Marcou[1] et de là s'en veint à Compiègne, où il y avoit quelques ambassadeurs qui l'actendoient, et y séjourna huict jours.

En la ville de Compiègne, ledict seigneur ouyt Charles, duc de Suffortz[2], et le doyen de Vindesore[3],

dait de le faire. (Lanz, *Correspondenz des Kaisers Karl V*, t. I, p. 45.) Quelque temps après, par sa médiation, une trêve fut conclue entre l'archiduc et Gueldre. Pour en finir avec cette question de Frise, disons que, d'autre part, une composition intervint entre Charles d'Autriche et George de Saxe, qui rétrocéda la Frise pour une forte somme d'argent. Il est fait allusion à cette rétrocession dans une lettre de Maximilien à son petit-fils du 18 mai 1518. (Le Glay, *Négociations entre la France et l'Autriche*, t. II, p. 125.) A cette date, Charles, roi de Castille, n'avait pas encore désintéressé complètement le duc de Saxe.

1. Saint-Marcouf (Marne, commune de Reims). — « Et de là le Roy vint à Sainct-Marcou, où il fit la neuvaine, et est un sainct de grand mérite et qui donne grande vertu aux roys de France, car par ce moien ilz guérissent les escroelles. » (*Mémoires de Fleuranges*, dans Michaud et Poujoulat, *Nouvelle collection de mémoires*, 1re série, t. V, p. 47.)

2. Charles Brandon, duc de Suffolk, était un ancien veneur de la cour d'Angleterre qui, devenu favori de Henry VII, avait été fait par lui grand écuyer d'Angleterre, vicomte de l'Isle, enfin duc de Suffolk en 1513 pour continuer l'ancienne maison de Suffolk éteinte quelques années auparavant. Louise de Savoie le qualifie « d'homme de basse condition ». (Louise de Savoie, *Journal*, dans Michaud, 1re série, t. V, p. 89.) Il avait accompagné la reine Marie quand elle était venue en France pour son mariage et était déjà à ce moment assez avant dans ses bonnes grâces. Il allait, peu de temps après, l'épouser.

3. Nicolas West, doyen de Windsor de 1510 à 1515, ensuite évêque d'Ély de 1515 à 1533. — L'ambassade envoyée par Henry VIII comprenait, outre Suffolk et West, sir Richard Wingfield. (Cf. lettre de Henry VIII à François Ier, du 14 jan-

ambassadeurs du Roy d'Angleterre; lequel doyen de Vindesore feyt une oraison assez longue. Par icelle déploroit le trespas du feu Roy Loïs XII⁰, dernier decedé, exhortoit et pryoit le Roy que, en suivant les bonnes alliances et traictez qui estoient entre le feu Roy et le Roy leur maistre, ledict seigneur eust à les observer et entretenir et demourer bon frère et allié dudict Roy leur maistre; aussi recommanda très affectueusement la Royne Marie, vefve dudict feu Roy Loïs XII⁰ dernier[1].

Le Roy leur fit très bonne response et dist que de brief feroit son entrée à Paris et après communiqueroit avec eulx plus au long. Et lesdicts ambassadeurs allèrent à Paris faire la révérence à la Royne et veoir la Royne Marie qu'on appeloit la Royne blanche.

Pareillement en ladicte ville de Compiègne, le Roy ouyt le comte de Nassau[2], le comte de Sainct-

vier 1515, dans *Letters and papers...*, vol. II, part. ı, n° 24.) L'audience des ambassadeurs anglais eut lieu le 2 février. (Lettre de Suffolk, West et Wingfield à Henry VIII du 3 février. *Ibid.*, p. 33.)

1. Les ambassadeurs de Charles d'Autriche eurent audience, comme on le verra, le 4 février à Compiègne. Voici comment l'un d'eux, Mercurin de Gattinara, apprécie la harangue de West : « Leur arengue fut en latin et trouva l'on estrangie qu'ilz consoloient le Roy du trespas de son prédécesseur et qu'ilz y bailloient la règle des vertuz et qualitez que ung roy y doibt avoir en persuadant le Roy présent de adhérer à icelles vertuz, combien que aulcuns louent ladicte arengue, disans qu'elle estoit bonne et élégante. » (De Mercurin de Gattinara à Marguerite d'Autriche, du 4 février 1515, de Compiègne. Le Glay, *op. cit.*, t. II, p. 46.)

2. Henry, comte de Nassau, Vianden, Dillembourg, vicomte d'Anvers, baron de Bréda, né en 1483, mort en 1538, était fils de Jean III, dit *le Jeune*, comte de Nassau, et d'Élisabeth de

Py[1], le président de Dolle[2] et autres ambassadeurs de Charles, prince des Espaignes, comte de Flandres, etc.

Pouvoirs délivrés par l'archiduc à ses ambassadeurs.

Charles, par la grâce de Dieu prince des Espaignes, des Deux-Sicilles, de Jhérusalem, archiduc d'Autriche, duc de Bourgogne, etc..., à tous ceulx qui ces présentes lettres verront, salut. Comme ainsi soit que à l'honneur de Dieu nostre créateur, pour le bien de la chrestienté et de la

---

Hesse. Il se distingua à la fois comme général et comme diplomate. (Cf. Le Glay, *op. cit.*, préf., p. xxvi-xxviii.)

1. Michel de Croy, seigneur de Sempy, était à ce moment conseiller et chambellan de l'archiduc.
2. Mercurin de Gattinara, né en 1465, au château d'Arborio, non loin de Verseil, dans le Piémont, d'une des familles les plus illustres de la Lombardie. Il avait d'abord été professeur à l'Université de Dôle et conseiller du duc de Savoie Philibert le Beau, puis de sa veuve Marguerite d'Autriche. En 1508, Maximilien l'avait nommé premier président du parlement de Bourgogne séant à Dôle. Il fut mêlé à un grand nombre de négociations et mourut le 5 juin 1530. (Cf. Le Glay, *op. cit.*, préf., p. xxx-xxxiv.) — Les trois ambassadeurs nommés par Barrillon n'étaient pas les seuls envoyés par Charles, on va le voir par la pièce qui suit. Faisaient aussi partie de l'ambassade : Michel Pavie, doyen de Cambray, confesseur de l'archiduc ; Philippe Dalles, son maître d'hôtel ; Jean Caulier, seigneur d'Aigny, conseiller et maître des requêtes ; Gilles Van den Damme, secrétaire. L'instruction générale de ces ambassadeurs, un des premiers actes importants signés par l'archiduc après son émancipation, qui eut lieu le 5 janvier 1515, est datée de Louvain du 19 janvier 1515. Elle est dans Le Glay (t. II, p. 2 à 8). Barrillon ne donne que le texte des pouvoirs délivrés par l'archiduc à ses ambassadeurs. Nous intercalons ici ces pouvoirs à leur place naturelle. Dans tous les manuscrits ils se trouvent, beaucoup plus loin, à la suite du texte du traité de Paris.

chose publicque d'icelle, au repos de nostre conscience et
à la seureté, commodité et prouffict de nous, noz royaumes,
païs, terres et seigneuries et subjectz, tant de ceulx que
nous possédons, comme de ceulx qui escheuz nous sont
et cy aprez escheoir pourront, nous désirons vivre en
bonne paix, amytié et confédération avecques les roys et
princes chrestiens et par espécial avec monsieur le Roy
très chrestien, ses royaumes, païs, seigneuries et subjectz,
et à ceste fin renouveller les alliances et amitiez d'entre
feu, de très digne mémoire, le Roy dernier trespassé,
auquel Dieu soit miséricord, et nous, et icelle, tant que
en nous sera, emplier et accroistre et que, pour plus
grande seureté d'icelle amytié et intelligence avec mondict
seigneur, et pour les grans grâces et bénéfices que entendons
Dieu et nature avoir mis en la personne de Madame
Renée, fille de feu mondict seigneur [le Roy dernier trespassé],
et aussy de très digne mémoire Madame Anne de
Bretaigne, Royne, sa compaigne, que Dieu absolve, et
belle-sœur de mondict seigneur [le Roy très chrestien],
nous soyons très affectez et de tout notre cœur désirions
parvenir à alliance par mariage avec ladicte dame Renée
et icelle recouvrer et avoir pour compaigne et future
espouze, si avant que ce fust le plaisir de mondict seigneur
et d'elle, et à ceste cause et pour aultant que, obstans
noz affaires, en nous ne soit pouvoir en besongner,
ne nous entourner en nostre personne devers mondict seigneur,
besoing nous soit depputer aulcuns bons personnaiges
à nous féaulx et aggréables. Savoir faisons que
pour les sens, prudence et aultres vertuz que, par expérience,
congnoissons estre et l'entière confiance que avons
ès personnes de noz très chers et féaulx, messire Henry,
comte de Nassau et de Vienne, et de messire Michel de
Croy, seigneur de Sempy, noz cousins, chevaliers de
nostre ordre, et de messire Michel de Pavye, docteur en
théologie, doyen de l'église de Cambray, nostre confes-

seur, et de Philippes Dales, escuier, nostre maistre d'hostel, et de messire Mercurin de Gattinaire, docteur, président de nostre court de parlement de Bourgogne, de maistre Jehan Caulier, maistre des requestes ordinaires de nostre hostel, tous noz conseilliers, et de M° Gilles Vandendame, nostre secrétaire, nous les dessus nommez avons commis, ordonnez et establis, commectons, ordonnons et establissons par ces présentes noz ambassadeurs, procureurs et messagers spéciaulx, et leur avons donné et donnons par ces présentes et aux six, cinq, quatre ou trois d'iceulx, qui mieulx vacquer pourront, pourveu que nozdictz cousins de Nassau et de Sempy en soient les deux, plain pouvoir, auctorité et mandement spécial de soy transporter et tirer par devers monseigneur le Roy très chrestien et de nostre part et en nostre nom luy requérir de la continuation et ampliation de l'amytié que dessus et aussy, en tant que besoing est, du renouvellement d'icelle entre luy, ses royaumes, païs, seigneuries et subjectz et nous et les nostres, tant ceulx que nous possédons et qui escheuz nous sont, comme ceulx que cy aprez escheoir nous pourront; et oultre, en nostre nom, luy requérir et demander en mariaige pour nous madame Renée, et desdictz amytié et mariage traiter, appoincter et conclure avec mondict seigneur ou ses commiz et depputez à ce, de demander et accepter dot et partement de mariage pour madicte dame, de luy accorder douaire coustumier ou conventionnel, de, à l'entretenement desdictz amytié et mariage, demander et recevoir, offrir, présenter et bailler les seuretez soit de villes, païs et seigneuries de estatz ou aultres que adviséz seront; mesmement de pour ce nous soubzmectre et obliger en la forme de la Chambre appostolique, avec peynes et censures d'icelle et de à ce passer toutes lettres et procurations requises, de jurer en nostre âme et de, quant au faict desdictz amytié et mariage, en les seuretez d'iceulx et ce qui en deppend, faire tout ce entièrement que bons et loyaulx ambassadeurs et procureurs susdictz peuvent et doibvent faire et que bon leur semblera et que nous mesmes en nostre personne faire pourrions, promectans en parolle de prince, sur nostre honneur et obligation de tous et quelzconques noz biens présens et advenir, avoir pour agréable, ferme et estable, fournir et accomplir tout ce que par noz ambassadeurs les six, cinq, quatre ou trois d'iceulx, qui mieulx y vacquer pourront, pourveu que nosdictz cousins de Nassau et de Sempy en soient les deux, comme dict est, sera au faict desdictes amytié et mariage leurs seuretez susdictes et ce que en deppend faict et besongné, et d'en bailler et fournir nos lectres d'acceptation et rattiffication pertinentes, toutes fois que requis en serons. En tesmoing de ce, nous avons signé ces présentes de nostre nom et, absent nostre scel, y faict mectre celluy duquel durant nostre minorité a esté usé. — Donné en nostre ville de Louvain, le xxiii[e] jour de janvier, l'an de grâce mil V[c] et XIIII. Ainsi signé : Charles.

Et sur le reply : Par monseigneur le Prince : du Blioul. Scellé en cire rouge sur double queue.

Lesquelz [ambassadeurs], parlant par la bouche dudict président de Dolle, déplorèrent la mort dudict feu Roy Loïs, dernier décedé, excusèrent ledict prince leur maistre de ce qu'il ne s'estoit trouvé en personne au sacre dudict Roy à Reims, comme comte de Flandres et l'un des pairs de France, prièrent icelluy seigneur qu'il voulsist faire quelque bonne et indissoluble amitié et confédération conferrmée par quelque mariage avec ledict prince des Espaignes, leur maistre, etc.[1].

1. En dehors des pouvoirs dont nous avons donné le texte et

Le Roy leur feyt semblable response qu'il avoit faicte aux ambassadeurs d'Angleterre[1] et lesdictz ambassadeurs de Flandres allèrent devant à Paris faire la révérence à la Royne[2].

Cependant que ledict seigneur estoit à Compiègne, la court de l'Eschiquier de Normandye envoya devers icelluy seigneur ung président et ung conseiller d'icelle court, pour luy supplier que son plaisir feust commuer le nom d'Eschiquier en nom de Parlement, actendu que ledict Eschiquier avoit esté institué par le

de l'instruction générale citée plus haut, les ambassadeurs avaient reçu une instruction spéciale pour négocier l'union de l'archiduc et de Renée de France. (Le Glay, t. II, p. 21-25.)

1. Sur la réception faite aux ambassadeurs à Compiègne le 4 février, voir la lettre de Mercurin de Gattinara à Marguerite d'Autriche, datée de Compiègne du 4 février (Le Glay, t. II, p. 41-48), et la lettre de ses ambassadeurs à l'archiduc de la même date. (Lanz, t. I, p. 5-9.) — Les négociations furent entamées alors beaucoup plus avant que ne semble le laisser entendre Barrillon. La question du mariage de Renée notamment fut abordée et « le Roy nous dist qu'il vous merchioit, monseigneur, tant de sa part comme pour ou nom de madame Renée, qui est encore jeusne, de l'honneur que luy faistes de la demander en mariage, congnoissant qu'il ne la pouvoit mieulx ne plus haultement allyer comme à vous. » (Lanz, t. I, p. 6 et 7.)

2. « Nous vinsmes faire la révérence à la Royne, laquelle du visage ressemble fort la Royne sa mère ; au demourant elle est bien petite et d'estrangie corpulence et est desjà fort grosse. Et la pluspart craignent le dangier à enfanter et mesmes pour ce que le Roy est puissant et qu'il y ha signe et apparence que l'enfant qu'elle porte sera gros et puissant. En luy faisant la révérence, elle baisa monsieur de Nassau et, quant à monsieur de Sainct-Py et nous aultres, elle bailla la main. » (Lettre de Gattinara à Marguerite d'Autriche du 14 février, de Paris, dans Le Glay, t. II, p. 53.)

feu Roy Loïs XII° à l'instar de la court de Parlement de Paris et aultres courtz de Parlement de ce royaume, ce que le Roy accorda et ordonna par ses lettres patentes en laz de soye et cire vert que ladicte court de l'Eschiquier de Normandye, le temps advenir, seroyt appelée la court du parlement de Rouen[1].

Depuis et après que le Roy eut faict son entrée à Paris, aucuns prélatz et barons de Normandye, qui avoyent accoustumé du temps du Roy Charles huictiesme et de tout temps auparavant estre comme princes en Normandye, et parcequ'on ne tenoit le grand Eschiquier dudict païs que de cinq ans en cinq ans ou aultres temps qu'il plaisoit au Roy, et auquel grand Eschiquier se vuydoyent les causes d'appel des matières civiles et ne duroit que six sepmaines, et, pendant le temps que on ne tenoit ledict grant Eschiquier, pour la longueur de la justice plusieurs estoient contrainctz de renoncer à leur bon droict et acquiescer aux sentences des bailliz du païs et par ce moyen iceulx prélatz et barons, qui avoient grosse familiarité avecques les juges du païs, faisoient ce qu'ilz vouloient et faisoient pugnir ou absouldre ceulx qu'il leur plaisoit, car ès matières criminelles n'y avoit poinct d'appel, et, pour ce que iceulx prélatz et barons pensoient que le Roy, au commencement de son règne, deust abollir ledict Eschiquier ordinaire et le remectre en la forme ancienne qu'il estoit auparavant que par le Roy Lois XII° eust esté faict ordinaire[2], quant congnurent que ledict seigneur avoit confermé ledict

---

1. Cet acte est du 6 février 1515. (Arch. nat., U. 757, p. 74. — Cf. Floquet, *op. cit.*, t. I, p. 435.)
2. En avril 1499. (Floquet, t. I, p. 324-333.)

Eschiquier ordinaire, qui plus est avoit commué le nom d'Eschiquier en nom de Parlement, affin qu'il fust perdurable, lesdictz prélatz et barons vindrent devers le Roy et luy remonstrèrent que ladicte commutation de nom d'Eschiquier en nom de Parlement estoit contre les libertez et privilèges du païs de Normandye, luy supplièrent que son plaisir feust de la révocquer et que l'Eschiquier ne feust plus ordinaire, ains tenu comme estoit auparavant qu'il feust ordinaire, remonstrans que ledict Eschiquier avoit esté institué quant et la court de Parlement de Paris; sur ce, ledict seigneur les renvoya devant monsieur le Chancellier et, après qu'ilz eurent esté amplement ouys, furent déboutez de leur requeste et entre gens scavans et grans personnages furent peu estimez comme ceulx qui ne tendoyent qu'à leur proffict particulier et non au bien publicq[1].

En ce temps, le Roy érigea la comté de Vendosme en duché et voulut qu'elle feust appelée la duché de Vendosme[2].

Ledict seigneur partit de Compiègne le VIIe jour de febvrier et veint à Sainct-Denis en France, où demoura quelques jours, actendant que l'entrée à Paris feust preste[3].

1. Floquet, t. I, p. 434-437.
2. L'érection du comté de Vendôme en duché pairie en faveur de Charles de Bourbon, comte de Vendôme, est datée de Paris de février 1515. (Arch. nat., X^{1a} 8611, fol. 4 v°.)
3. « Puis aprez s'en vint à Sainct-Denis en France, où il a esté couronné roy, comme les roys ont accoustumé estre. Il y eut une moult belle et sumptueuse feste et très excellente, où il y avoit moult de princes et seigneurs. » (*Journal d'un bourgeois de Paris*, p. 3.)

Le xv⁰ jour de febvrier, le Roy feit son entrée à Paris, qui fut fort triumphante, aultant ou plus que nulles entrées de ses prédécesseurs[1].

Deux jours après l'entrée, ledict seigneur avec la Royne veindrent loger aux Tournelles et le tiers jour commancea le tournoy en la grande place près lesdictes Tournelles, qui dura dix ou douze jours[2].

Le tournoy finy, le Roy et la Royne veindrent loger au palais et meist ledict seigneur toute sa cure à pourveoir aux affaires du royaume, à ouyr les ambassadeurs qui venoient devers luy et à en envoyer devers les princes chrestiens pour avoir alliance avecques eulx, et alloit icelluy seigneur souvent à son conseil, qui se tenoyt le plus souvent en la chambre du sieur de Boisy, grand maistre de France.

Audict temps, le pape Léon dixiesme octroya ung jubilé et indulgence génerálle à tous ceulx qui, ung des dimanches de caresme à l'option du Roy, vray confez et repentans, diroient en une église de Paris trois foys *Pater noster* et trois foys *Ave Maria* pour la prospérité dudict seigneur, de la Royne, de son fruict et de tout le sang royal[3].

En ce temps, le Roy commist monsieur le Chancellier, le mareschal de Lautrec, le bastard de Savoie et quelques aultres seigneurs pour capituler une bonne

---

1. Cf. l'*Ordre observé à l'entrée du roy François Ier à Paris, en l'an 1514 (v. st.), au retour de son sacre*, dans Godefroy, *Cérémonial françois*, t. I, p. 266-278. — Voir aussi la lettre de Gattinara à Marguerite d'Autriche du 16 février 1515 (Le Glay, t. II, p. 59-63).

2. Cf. *Journal d'un bourgeois de Paris*, p. 4; *Mémoires de Fleuranges*, p. 47.

3. *Journal d'un bourgeois de Paris*, p. 11-12.

confédération avecques le comte de Nassau et aultres
ambassadeurs de Charles, prince des Espaignes.

Pouvoirs donnés par le roi François Ier
à ses commissaires[1].

Françoys, par la grâce de Dieu roy de France, à tous
ceulx qui ces présentes lettres verront, salut. Comme
nostre très cher et très amé cousin le prince d'Espaigne,
archiduc d'Autriche, comte de Flandres et d'Arthois, ayt
envoyé par devers nous messire Henry, comte de Nassau
et de Vienne, messire Michel de Croy, seigneur de Sempy,
chevalier de son ordre, messire Michel de Pavye, docteur
en théologie, doyen de l'églize de Cambray, Philippes
Dales, escuier, son maistre d'hostel, messire Mercurin
Gattinaire, docteur, maistre Jehan Caulier, maistre des
requestes de son hostel, et Gilles Vandendamne, son
secrétaire, ses ambassadeurs pour traiter amytié, alliance
et confédération avec nous et aussy pour demander en
mariage nostre très chère et très amée belle-sœur Renée
de France; Savoir faisons que à plain confians des sens,
loyaulté, dilligence et expérience de noz amez et féaulx
conseillers Anthoine du Prat, chevalier, docteur ès droictz,
nostre chancellier, Jehan d'Albret, seigneur d'Albret, Odet
de Foix, seigneur de Lautrec, noz cousins, René, bastard
de Savoye, nostre oncle, comte de Tende, et Humbert de
Batarnay, seigneur du Bouschaige[2], nostre chambellan,

---

1. Le texte de ces pouvoirs, comme celui des pouvoirs délivrés par Charles à ses ambassadeurs, est donné par Barrillon à la suite du texte du traité de Paris. Nous les intercalons ici à leur place naturelle.
2. Ymbert de Batarnay, seigneur du Bouchage, conseiller des rois Louis XI, Charles VIII, Louis XII et François Ier, né vers 1438 au château de Batarnay, en Dauphiné, mort en 1523. (Voir

iceulx avons constituez, créez et ordonnez, constituons, créons et ordonnons noz procureurs spéciaulx pour capituler, traicter et conclure avec lesdictz ambassadeurs et procureurs de nostredit cousin sur lesdictz amytié, alliance et confédération et mariage, leurs circonstances et deppendances, pour en nostre nom et ainsy que nous ferions ou pourrions faire en personne, promectans en bonne foy et parolle de Roy avoir agréable et ratiffier tout ce que par eulx sera faict et conclud en la matière et ne venir jamais au contraire, directement ou indirectement, en quelque manière que ce soit. En tesmoing de ce, nous avons signé ces présentes de nostre main et faict sceller de nostre scel. — Donné à Compiègne, le lundy cinquiesme jour de febvrier, l'an de grâce mil V^c et XIIII et de nostre règne le premier. Signé : FRANÇOYS, et sur le reply : ROBERTET.

Pareillement ledict seigneur commist ledict seigneur chancellier pour s'accorder avec le duc de Suffort et le doyen de Vindesor, ambassadeurs du Roy d'Angleterre, touchant la moitié des meubles et bagues que la Royne Marie demandoit par le trespas du feu Roy Loïs XIIe, sans voulloir paier la moictié des debtes[1].

Durant ce temps, le Roy fut adverty que le pape

---

sur lui : *Ymbert de Batarnay, seigneur du Bouchage*, par Bernard de Mandrot, Paris, 1886, in-8°.)

1. Cf. lettre de Suffolk, West et Wingfield à Henry VIII du 10 février 1515 (*Letters and papers...*, vol. II, part. I, p. 50); de Wolsey à Suffolk de février 1515 (*Ibid.*, p. 67); de Suffolk à Wolsey de février 1515 (*Ibid.*, p. 68), etc., et la préf. des *Letters and papers...*, par Brewer, p. XXI-XXIII. Après de longues négociations, Marie finit, du reste, par abandonner ses bijoux et sa vaisselle plate. Mais elle conserva le superbe diamant connu sous le nom de « Miroir de Naples. » (Lettre de

Léon Xe avoit continué le concille de Latran, convoqué par le feu pape Julles second, et qu'il avoit décerné deux citations, affin de abroger du tout la pragmatique sanction[1]. Par quoy ledict seigneur envoya à Romme devers le pape le sr de Montmor[2] pour défendre ladicte abrogation.

Oultre, ledict seigneur envoya devers le duc de Savoye[3] le sr de Lansac[4] pour praticquer ledict duc, qui estoit bourgeois des Suisses, affin de trouver moyen que icelluy seigneur peust avoir paix et alliance avec lesdictz Suisses[5], car icelluy seigneur avoit désir

West à Henry VIII, du 21 avril 1515, dans *Letters and papers...*, t. II, part. i, p. 107, et la préf., p. xxx-xxxi.)

1. La célèbre pragmatique sanction de Bourges, qu'une docte et religieuse assemblée, d'accord avec Charles VII, avait établie le 7 juillet 1438 conformément aux décrets réformateurs de Constance et de Bâle, était attaquée depuis plus d'un demi-siècle par la cour de Rome, parce qu'elle consacrait d'anciens droits et de libres élections dans l'Église gallicane. François Ier, se conformant d'ailleurs ainsi aux vœux de ses sujets, la défendit d'abord à Rome. Mais sa politique l'entraîna bientôt, on le verra, à la sacrifier à l'animadversion du pape.

2. Louis de Hangest, seigneur de Montmor, de Chaleranges, avait été grand écuyer de la reine Anne de Bretagne. Il était conseiller et chambellan du roi et fut plus tard gouverneur de Mouzon. Il vivait encore en 1526.

3. Charles III, duc de Savoie, frère de Louise de Savoie, né en 1486, mort en 1553, avait succédé à son frère Philibert II en 1504.

4. Alexandre de Saint-Gelays, seigneur de Lanssac, conseiller et chambellan ordinaire du roi, mort en 1522. Il fut le père de Louis de Saint-Gelays, seigneur de Lanssac.

5. François Ier avait déjà fait une première avance aux Suisses. Dès le 2 janvier, il avait écrit aux cantons pour leur proposer une entente. (Mignet, *Rivalité de François Ier et de Charles-Quint*, Paris, 1875, 2 vol. in-8⁰, t. I, p. 70-71.)

de reconquester la duché de Milan que Maximilian Sforce[1] et iceulx Suisses occuppoient[2]. Toutesfois, ledict s[r] de Lansac ne feyt riens, car lesdictz Suisses, qui s'appelloient les seigneurs des Ligues, ne voulloient entendre à aucun traicté de paix pour le grand proffict qu'ilz avoient de la duché de Milan[3], synon que le Roy promist entretenir de poinct en poinct le traicté de Dijon faict par le s[r] de la Trémoille, gouverneur de Bourgogne, pour le feu Roy Loïs XIIe, par lequel traicté icelluy feu Roy Loïs renonçoit à tout le droict qu'il prétendoit à la duché de Mylan, ce que le Roy pour riens n'eust voulu faire[4].

Pendant ce temps, Jehan, Roy de Navarre, veint à Paris devers ledict seigneur et feut reçeu honorable-

---

1. Maximilien Sforza, fils aîné de Ludovic Sforza, né en 1491, mort en France en 1530.

2. Définitivement, depuis la bataille de Novarre (1513). Quatorze à quinze mille Suisses environ, à la solde de Maximilien Sforza, tenaient garnison dans le Milanais.

3. Maximilien Sforza avait payé aux Suisses 200,000 ducats comme prix de l'aide qu'ils lui avaient prêtée pour défendre le duché contre Louis XII. Il leur avait de plus cédé les vallées de Domodossola, de Lugano, de Locarno, par lesquelles ils descendaient facilement dans la Lombardie, et leur avait accordé l'exemption de péages jusqu'aux portes de Milan. Enfin, il leur faisait une pension annuelle de 40,000 ducats.

4. Après Novarre, les Suisses avaient envahi la France par la frontière de l'Est et s'étaient avancés jusque sous les murs de Dijon. La Trémoïlle, qui n'avait pas de forces suffisantes pour leur résister, avait cru devoir outrepasser ses pouvoirs et les avait éloignés, en convenant avec eux que Louis XII renoncerait à ses droits sur le Milanais et leur payerait 400,000 ducats en différents termes (13 septembre 1513). (Mignet, *op. cit.*, t. I, p. 55.)

ment et confermèrent le traicté d'alliance qu'il avoit faict avec le feu Roy Loïs XII[e][1].

Durant cedict temps, la Royne donna au s[r] de Boisy, grand maistre de France, la compté d'Estampes pour en jouyr par luy sa vye durant seullement.

Audict temps veint à Paris devers le Roy ung ambassadeur de par l'empereur Maximilian, affin de faire quelque alliance avec le Roy. Touteffois, parceque ledict ambassadeur n'avoit pouvoir exprès et suffisant pour ce faire et que on congneut qu'il y avoit quelque faintise de la part dudict Empereur, et qu'il n'envoyoit icelluy ambassadeur que pour entendre les affaires du Roy, pour belles parolles que ledict ambassadeur dict, on lui donna belle responce[2].

Aussy veint une ambassade devers ledict seigneur de Venise et fut publicquement ouye en la salle Sainct-Loïs. L'ung des ambassadeurs fit l'oraison. Par icelle déploroit le trespas du feu Roy Loïs, pryoit très instamment le Roy que l'alliance et confédération qui

---

1. Jean III d'Albret, roi de Navarre, fils d'Alain, sire d'Albret, épousa en 1484 Catherine de Navarre, sœur et héritière de François Phœbus, et devint ainsi roi de Navarre. Allié de Louis XII contre Ferdinand le Catholique, il fut dépouillé en 1512 par ce dernier de la Haute-Navarre. Il ne conserva que la Basse-Navarre et fit plusieurs tentatives infructueuses pour reconquérir son bien. Il laissa un fils, Henry II, père de Jeanne d'Albret. (Cf. le traité entre François Ier et Jean d'Albret du 23 mars 1515, Arch. nat., J. 917, n° 2. — Voir aussi Boissonnade, *Histoire de la réunion de la Castille à la Navarre*, Paris, 1893, in-8°, p. 433.)

2. Cet ambassadeur est sans doute Conrad Renner, prévôt de la collégiale de Louvain. (Lanz, t. I, p. 30, 32; Le Glay, t. II, p. 36.)

estoit entre ledict feu seigneur et la seigneurie de Venise fust par luy confermée et plusieurs aultres choses qu'il dict un peu de temps aprez; et y eut quelque secret traicté entre le Roy et ladicte seigneurie de Venise[1].

Durant ces jours, le comte de Nassau fiança à Paris la fille du feu prince d'Orange[2] et après Pasques ensuivantes l'espousa en ladicte ville de Paris.

Environ la fin de mars, l'an M V^c XIIII avant Pasques, l'Université de Paris veint devers le Roy au

---

1. L'audience des deux ambassadeurs de Venise, Pietro Pasqualigo et Sebastiano Giustiniano, eut lieu le 25 mars. « Or, avoit le roy Loïs XIIe, par accord faict avecques les Vénitiens, renvoyé messire Barthélemy d'Alvienne, leur général, pris à la bataille de Pandin (Agnadel), et messire André Grity, leur providadour, pris à Bresse, avec certaines conditions, lesquelles le Roy confirma. Et furent les conditions telles : les Vénitiens estoient tenus de secourir le Roy à la conqueste et conservation de son duché de Milan et aussy le Roy les debvoit secourir et assister à conquérir les terres que l'empereur Maximilien leur usurpoit, comme Bresse, Véronne et aultres places. » (*Mémoires de Martin du Bellay*, Michaud, 1re série, t. V, p. 122.) — Voici la description, par le secrétaire des ambassadeurs vénitiens, du costume porté par François Ier à cette entrevue : « Sua Maesta era vestita somptuosissimamente; havea uno saglio de soprarizo d'oro con una capa de soprarizo d'arzento stricato de sopra rizo d'oro fodrata di lame d'oro, in capo una bareta di veludo, calze et scarpe bianche, con uno zipone di restagno d'oro et arzento. » (Lettre de Nicolo Sagudino du 25 mars 1515, dans Marino Sanuto, *Diarii*, t. XX, p. 105. — Voir aussi Baschet, *la Diplomatie vénitienne*, Paris, 1862, in-8°, p. 372-374.)

2. Claude de Chalon, fille de Jean II, prince d'Orange, et sœur de Philibert de Chalon, prince d'Orange, tué devant Florence en 1530.

palais et l'ung des docteurs feyt une oraison audict seigneur que j'ay cy couchée par escript selon ma fantasye :

Harangue pour l'Université.

« Très excellent et très chrestien Roy, nostre souverain et naturel seigneur, vostre très humble et première fille l'Université de Paris, nostre mère, nous a transmis et envoyez par devers vostre très haulte Majesté pour la saluer et congratuler de vostre joyeulx advènement à ce noble sceptre et couronne de France. Et, quant sceut vostre joyeulx advènement, elle fut remplye de grande jubilation, et certes elle a eu bien cause de s'esjoyr pour plusieurs raisons : la première, pour ce qu'estes parvenu à la couronne de France par droicte ligne et vraye succession ; la seconde, pour ce qu'estes parvenu à ladicte couronne jeune de l'aage de XXI ans, beau prince et premier de ce nom ; la tierce, pour ce que y estes parvenu vaillant, très prudent et exercité au faict de la guerre ; la quarte, pour ce que y estes parvenu en grand paix, sans nul trouble de sédition ou guerre intestine, et avez commancé vostre règne par clémence et bénignité ; la cinquiesme, pour la grande espérance que chascun a de vivre en repos et tranquillité par le moyen de la grande prudence dont vostre très noble personne est décorée.

« Très excellent et très chrestien Roy, nostre souverain et naturel seigneur, pour spéciffier la première raison, combien que ce soyt chose assez notoire, la très noble maison d'Angoulesme dont estes yssu est venue en droicte ligne de la très chrestienne maison de France et du très saige et très victorieulx Roy Charles le Quint, lequel eut deux filz : le premier fut nommé Charles, le second Loïs. Charles, après le trespas de son père, fut Roy de France, appellé Charles VIe, et Loïs fut duc d'Orléans. Ledict Charles VIe eut plusieurs enffans et entre aultres eut Charles, comte de Ponthieu, qui, après son trespas, fut Roy de France et appellé Charles VIIe. Ledict Charles VIIe eut Loïs XIe et Loïs XIe eut Charles VIIIe, auquel défaillit la ligne masculine et, pour ce que cela est indubitable, passeray briefvement pour éviter ennuyeuse prolixité.

« Loïs, duc d'Orléans, feut frère de Charles sixiesme. Après que, par la mauldicte et damnée envye de Jehan, duc de Bourgongne, eut esté occis à Paris[1], il laissa de madame Valentine, son espouse[2], troys filz, assavoir : Charles, qui fut duc d'Orléans[3], Philippes, qui fut comte de Vertus[4], et Jehan, qui fut comte d'Angoulesme[5], vostre très noble ayeul. Charles, duc d'Orléans, eut ung seul filz de madame Marie de Clèves, sa seconde espouse, qui fut appellé Loys; et tost après sa nativité ledict Charles, son père, mourut, et fut ledict Loys duc d'Orléans et, après le décès du Roy Charles huictiesme, la ligne masculine deffaillant en luy, fut Roy de France, et est dernièrement décedé sans délaisser aucuns masles enffans. Philippes, comte de Vertuz, second filz, n'eut aussy aucuns enffans masles. Mais vostredict et très noble

---

1. Le 23 novembre 1407.
2. Valentine de Milan.
3. Né en 1391, mort en 1465.
4. Né en 1396, mort en 1420.
5. Né en 1404, mort en 1467.

ayeul Jehan, comte d'Angoulesme, après plusieurs grans et très recommandables services qu'il feyt à la couronne de France, décedda très glorieulx prince, plain de saincte vye et salutaires opérations qu'il avoit faictes en son vivant, et délaissa ung seul filz appellé Charles, vostre père, que Dieu absolve[1]. Par quoy en suivant la juste loy salique et immémorialle coustume observée en ce royaume par droict et vray tiltre, comme le plus prochain héritier masle du Roy Loïs XIIe et venu de la maison d'Orléans, estes parvenu à ceste très noble couronne de France en la fleur de vostre aage, assavoir de XXI ans. Qui est la première raison qui faict esjoyr vostredicte fille l'Université de Paris.

« Très excellent..., etc..., pour spéciffier la seconde raison qu'estes parvenu à ceste très noble couronne de France en la fleur de vostre aage, assavoir de XXI ans, c'est une grande grâce de Dieu, car peu de voz très nobles prédécesseurs y sont parvenuz en cest aage. Nous lisons que Philippes-Auguste, second de ce nom, aultrement appellé Dieudonné, pour ce qu'il fut né durant la vieillesse de Loys VIe, son père, fut sacré et couronné à Reims en l'aage de treize ans et peu avant le trespas de son père, qui ainsy le voulut. Et fut ung des plus vaillans princes et roys qui eussent esté en France depuis sainct Charles Maigne, empereur et roy, vostre prédécesseur, car il alla deux foys oultre-mer en la terre saincte contre Saladin et les infidelles, lesquelz greva très fort et leur porta de grans dommaiges. Aussy eut une grande bataille contre

---

1. Charles d'Angoulême, fils de Jean, comte d'Angoulême, et de Marguerite de Rohan, né en 1460, avait épousé en 1488 Louise de Savoie. Il mourut en 1496.

l'empereur Othon, lequel, accompaigné de Jehan, Roy d'Angleterre, et de Ferrand, comte de Flandres, avec une inestimable armée, estoit descendu en France pour conquester ce royaume, ausquelz ledict Philippes-Auguste résista si virillement, combien qu'il eust petite armée, que près du pont de Bouvynes, en champ de bataille, les descousit et mit en désarroy, après grande occision faicte et fut prins ledict Ferrand, comte de Flandres, et lesdicts empereur Othon et Jehan, Roy d'Angleterre, par grande fuyte évadèrent. Et depuis monstra bien ce victorieulx Roy fervent désir à l'exaltation de la saincte foy catholicque, car peu avant son décès Corrasdin, filz de Salladin susdict, reprint la cité de Jhérusalem sur les chrestiens, de quoy adverti ledict Roy Philippes, estant lors consterné en maladye, de laquelle il mourut, par son testament laissa cent mille livres au Roy d'Acre pour recouvrer ladicte cité de Jhérusalem et aultant à ceulx de Roddes et semblable somme aux chevaliers du Temple pour mesme cause. Et pareillement nous lisons du Roy sainct Loïs, vostre prédécesseur, que, en l'aage de quatorze ans, fut faict Roy de France. Les glorieulx faictz et mérites duquel sont sy congneus et manifestes qu'il n'est besoing en faire récit. Aussy, le Roy Charles VIe, en l'aage de douze ans, fut couronné Roy de France, et de nostre temps le Roy Charles VIIIe, en l'aage de XIII ans, que Dieu absolve, fut couronné Roy de France. Tous lesquelz ont esté vaillans et vertueux princes.

« Oultre, estes parvenu à ceste très noble couronne de France, estant de grand beaulté corporelle, auquel nature n'a laissé aulcung deffault, tellement qu'estes ung des plus beaulx personnaiges et des mieulx formez qui soyent non seullement en vostre court[1], mais en tout le royaume de France, qui sont toutes grâces de Dieu. Aussy estes parvenu à la couronne portant ung premier nom, car vous nouvel François premier de ce nom; qui est chose singulière et les Roys de France, vos prédécesseurs, qui ont esté premiers du nom ont tous esté très vaillans en armes ou en quelques prérogatives plus que les aultres. Nous lisons de Pharamond, qui fut premier Roy de France, lequel fut vaillant et saige et feyt la loy salique, dont encores l'on use en ce royaume, laquelle a esté cause de sa conservation et longue durée d'icelluy; aussy de Clovis, premier Roy chrestien, qui fut très vaillant prince, au baptesme duquel, faict par le glorieulx sainct Remy, archevesque de Reims, la saincte-ampolle fut miraculeusement apportée; pareillement Mérovée, qui chassa les Huns du royaume de France, qu'ilz pilloient; aussi Dagobert, lequel fonda l'églize Monsieur-Sainct-Denis en France et fut ung très vaillant prince; Charles Martel, qui fut tant vaillant prince et augmenta le royaume de France; Pépin, son filz, qui délivra les papes Estienne et sainct-siège appostolique de la tirannye de Aistulphe, Roy des Lombards, et feyt plusieurs aultres glorieulx faictz dont mérita à luy et à ses successeurs nom de Roys très chrestiens; et glo-

1. Voici le portrait que trace du roi le secrétaire des ambassadeurs vénitiens après l'audience du 25 mars : « La bellezze di Sua Maestà sono tale, bella facia ma non molto delicata, il naso un poco grande, capelli negri in fondo bianco de carne, aperto ne le spale, grande più di me cinque deda, de età de anni 22, li comenzano spontar le lanugine. Le gambe uno poco sotile, rispecto la grandezza et grosseza. » (*Diarii*, t. XX, col. 105.)

rieulx sainct Charles Maigne, Roy de France, qui, tant vertueusement, déchassa les infidelles des terres chrestiennes, principallement de toutes les Espaignes, fît de sy grans services au sainct-siège appostolique que l'empire, qui estoit aux Grecs, fut translaté à luy et fut faict Empereur et alla oultre-mer visiter le sainct-sépulchre, apporta plusieurs sainctes reliques, feyt de si grans sumptueux édifices que les vestiges en restent à voir à présent en France et en Allemaigne et sera perpétuelle mémoire de ses très victorieux faictz; pareillement ce très dévost Empereur et Roy Loïs premier de ce nom, qui, pour sa grande bénignité et clémence, fut appellé le Débonnaire; davantaige le Roy Robert, qui fut sy savant prince et composa tant de beaulx hymnes que l'on chante en l'églize; aussi le très vaillant prince Philippes, premier de ce nom, au temps duquel le preux Goddefroy de Bouillon, duc de Lorraine, avec l'ayde dudict Roy Philippes, conquesta la terre saincte et Jhérusalem et en fut faict premier Roy; et finalement le Roy Jehan, qui fut sy vaillant et hardi prince. Et, avec ceste prérogative de porter le premier nom de Roy, vous avez esté faict Roy le premier jour de l'an, le premier jour du mois, le premier jour de la sepmaine et en la première et principalle ville de tout vostre royaume, et le premier, en faisant vostre entrée en ceste ville, avez passé pardessus le pont Nostre-Dame, par quoy, non sans cause, vostre fille l'Université de Paris s'est estonnée.

« Très excellent..., etc..., pour spéciffier la tierce raison qu'estes parvenu à la couronne de France vaillant en armes, ce a peu estre clairement congneu quand le feu Roy Loïs XIIe, que Dieu absolve, vostre beau-père, vous feyt son lieutenant général en Guyenne et gouverneur de toute son armée, en laquelle charge vous vous conduisites si vertueusement qu'il n'est possible mieulx, car le Roy d'Espaigne, accompaigné d'une grosse armée, ayant desjà prins le royaume de Navarre, voulloit entrer en la Guyenne; d'aultre part, les Anglois, en grand nombre, estoient descenduz à Fontarabie, en l'intention de se joindre audict Roy d'Espaigne pour conquester toute la Guyenne et rentrer plus avant au royaume de France. A quoy si virillement résistates que iceulx Anglois ne peurent se joindre avec les Espaignols ne aller avant en païs et furent contrainctz demourer audict lieu de Fontarabie l'espace de trois moys, en grande pénurie de vivres, et tellement furent oppressez par faim et aultres indigences, avec la peste qui se meist en leur camp, que, à leur très grande perte et confusion, furent contrainctz se mettre en mer et retourner en Angleterre. D'aultre part, les Espaignolz, qui estoient à Sainct-Jean-Pié-de-Porc, sur les limittes de Navarre et de Guyenne, furent longtemps sans pouvoir partir de là pour la bonne conduicte que y aviez donnée. A la fin, le Roy d'Espaigne, qui pensoit en brief temps gaigner toute la Guyenne et qui avoit cherché tous les moiens à luy possibles de lever argent sur ses subjectz, sans grand honneur fut contrainct retourner en Castille[1].

1. Tout ce récit de la campagne de septembre-décembre 1512 est étrangement fantaisiste. Ferdinand n'avait nullement l'intention de conquérir la Guyenne. Il défendit seulement la Navarre, sa conquête contre l'entreprise du roi dépossédé Jean d'Albret; il y réussit et, en somme, la campagne ne fut guère à l'honneur du duc de Valois. (Cf. Boissonnade, *op. cit.*, p. 376-398.)

— Et du depuis, quand le Roy d'Angleterre descendit à Calays, avecques très grande armée, auquel se joignit l'Empereur Maximilien, avec grosse armée de Flamans et Hennuyers, en intention de conquérir une grande partie de ce royaume, le feu Roy Loÿs XII**e**, congnoissant vostre grande prudence et vaillance, vous feyt son lieutenant général, et résistates à iceulx Empereur et Roy d'Angleterre sy vertueusement que ne firent ce qu'ilz avoient délibéré de faire, combien que eussent de la force assez et que ce royaume feust lors assailly de tous costez. Et de sorte y besongnastes que le Roy d'Angleterre, aprez avoir faict de grandz fraiz, fut contrainct repasser la mer et sans avoir faict grand chose retourner en Angleterre[1]. Daventaige, estes parvenu à ceste noble couronne très prudent et sage et vostre grande prudence a esté bien congneue du temps du feu Roy, vostre beau-père, car, en tous les conseilz où avez présidé, vous estes si prudemment et modestement gouverné qu'il n'est possible de mieulx. Et, en toutes matières qui s'offroient, fust du faict de la guerre, de la police du royaume ou du faict de la justice d'icelluy, oyez bénignement et patiemment les opinans et, quant venoit à vostre oppinion, en répilogant toutes aultres oppinions et les raisons alléguées d'ung costé et d'aultre, sy y avoit diversité d'oppinions, concluyez si pertinemment et discrettement, en prenant les meilleures oppinions et

---

1. Le rôle que joua le duc de Valois à ce moment est singulièrement exagéré. Il était à Amiens avec le roi lorsqu'on apprit la *Journée des éperons*. Il courut avec Bourbon sur le lieu du désastre, y rallia les restes de l'armée, mais ne put rien faire pour sauver Thérouanne ni Tournai.

délaissant les aultres, qu'il n'estoit possible mieulx. Que sont touttes choses qui font esjoyr vostre fille l'Université de Paris[1].

« Très excellent..., etc..., pour spéciffier la quatrième raison, qu'estes parvenu à la couronne en grand paix, et c'est une singulière grâce que Dieu vous a donnée et que plusieurs de voz prédécesseurs n'ont eue. Desquelz je citerai Charles le Chauve, lequel, au commancement de son règne, eut de grans guerres et divisions, car Loïs et Carloman, ses frères bastardz, vouloient usurper le royaume et luy feirent plusieurs guerres ; d'aultre part, les Normans, venuz nouvellement de Dannemart, luy faisoient grosse guerre en sondict royaulme. Aussy Philippes de Valloys, au commancement de son règne, fut troublé par le Roy d'Angleterre, Édouard de Vindesore, qui querolloyt le royaume de France et aussy le Roy Jehan, son filz, lequel trouva le royaume en grans guerres après la journée de Crécy. Pareillement, le Roy Charles le Quint, au commancement de son règne, fut grandement troublé tant par les Anglois, qui estoient lors en grandes compaignies parmy le royaume, que pour les séditions et mutineries qui régnoient lors en cedict royaume, car le Roy Jehan, son père, estoit mort en Angleterre, le Roy de Navarre estoit en France, qui avoit secrète intelligence avec les Anglois et faisoit

---

1. Tout ceci est encore pure flatterie. François Ier, au moins jusqu'en 1514, fut tenu assez à l'écart du gouvernement et, d'ailleurs, avant son avènement s'occupa beaucoup plus de ses plaisirs que des affaires de l'État, qu'il ne suivit que d'une manière interrompue. (De Maulde, *Louise de Savoie et François Ier*, ch. IX et X.)

guerre audict Charles pour cause de ce qu'il avoit esté longuement détenu prisonnier par le Roy Jehan et aultres frivolles querelles qu'il mectoyt en avant. Ceulx de ceste ville de Paris estoient en grande sédition ; les ungs tenoient la part du Roy Charles et les aultres la part du Roy de Navarre et de Estienne Marcel, prévost des marchans, qui favorisoyt audict Roy de Navarre ; il y avoit parmy ce royaume grandes compaignyes d'Anglois, Gascons, Allemans, Navarrois et aultres pillars qui faisoient infiniz maulx et estoient secrettement favorisez par le Roy d'Angleterre contre le traicté de Brétigny. Et, dernièrement, le Roy Charles VIIe, quand succéda à la couronne, le royaume de France estoit plain d'Anglois, qui avoient quasi tout gaigné icelluy, speciallement la ville principalle, qui est ceste ville de Paris, et la court de Parlement se tenoit au nom de Henry Lencastre, Roy d'Angleterre, et le sceau de la chancellerie estoit imprimé aux armes de France et d'Angleterre. Oultre, Philippes, duc de Bourgongne, estoit allié avec ledict Henry, Roy d'Angleterre. Toutesfois, ledict Charles septiesme reconquesta tout son royaume. — Daventaige, avez commencé règne par clémence et bénignité et avez très humainement traicté voz subjectz et, en imitant le bon feu Roy dernier déceddé, avez mis en oubly toutes injures et aultres offenses qu'aucuns particuliers vous pourroient avoir faictes avant vostre advènement à la couronne et n'avez nul désappoincté de son estat et office, mais conservé ung chascun, en réduisant en mémoire que clémence faict les Roys dignes d'estre monarches et qu'il n'est fondement plus seur pour commancement d'un règne que clémence et justice[1]. Et pour ces causes vostre fille l'Université de Paris s'est esjoye.

« Très excellent..., etc..., pour la spéciffication de la cinquiesme raison qui est grande espérance que voz subjectz ont de vivre en bonne paix, leur espérance peult estre fermement fondée en ce que, depuis vostre advènement à la couronne, avez voulu que justice ayt esté et soit administrée, laquelle est la princesse des vertuz cardinalles, le siège de paix, et par icelle les Roys règnent, les princes dominent et leur sceptre n'est ferme ne permanent s'il n'est coroboré par ceste belle vertu de justice, et vous avez confermé toutes les courtz de Parlement de ce royaume[2] et les privillèges et libertez des églizes et bonnes villes de cedict royaume. D'aultre part, ont très grande espérance en ce que veoyent vostre très noble couraige estre enclin à paix, considérant que paisyble vye est la bienheureuse des hommes, et l'avez bien démonstré quant avez envoyé ambassadeurs par devers les princes chrestiens pour avoir alliance et amytié avec eulx, avez bénignement receu et ouy les ambassadeurs des Roys et princes qui sont venuz devers vous et démonstré avoir désir de confirmer les alliances et confédérations faictes par voz prédécesseurs. Par quoy

---

1. Des louanges décernées au roi dans ce discours, celle-ci est la moins contestable. François Ier, on doit le reconnaître en effet, fit preuve à son avènement de beaucoup de prudence et de modération. Il récompensa, il est vrai, ses anciens serviteurs, mais n'éloigna pas pour cela de la cour ceux de Louis XII ; et le royaume resta tout d'abord administré comme il l'avait été sous le *Bon roi*.

2. Voir plus haut, p. 13.

vostre fille l'Université de Paris a bien eu cause de s'esjouyr.

« Très excellent..., etc..., vostre très humble et première fille l'Université de Paris, nostre mère, vous supplie qu'il vous plaise la tenir tousjours en vostre bonne grâce et conferrer les privillèges que voz très nobles ancestres ont donné à icelle et ses suppostz pour sa décoration. Et nous, qui sommes suppostz et enffans de ladicte Université, avons délibéré, moyennant la grâce de Nostre-Seigneur et soubz l'ombre de vostre très prudente Majesté, vivre en bonne concorde les ungs avecques les aultres et mectre peyne, ensuivant les vertueux actes de noz anciens, faire florir icelle nostre mère, laquelle vous présente et offre toutes les prières, oraisons et aultres fructueuses œuvres qui se font chascung jour en icelle, pour intercéder nostre Sauveur et rédempteur Jésus-Christ pour l'entretenement et augmentation de ce très noble royaume en bonne paix et unyon, pour la continuation de vostre bonne prospérité et de la Royne vostre espouse, de Madame, de Messeigneurs les princes du sang et de vostre bon conseil. — Et quant à moy, vostre très humble et très obéissant subject, je supplie Vostre très haulte Majesté qu'il luy plaise me pardonner sy j'ay prins la hardiesse de l'ennuyer d'ung sy maigre et inculte langage, combien que l'ay faict par commandement et pour faire fin.

« Très excellent..., etc..., je prye le benoist Créateur et Rédempteur du monde qu'il vous doint longue et grande paix et triumphe et prospérité en ce très noble royaume de France et après vous couronne en paradis. »

Amen.

Ladicte oraison finie, monsieur le Chancellier dist ce qui s'ensuit, que j'ay cy couché selon ma fantasye :

« Messieurs, le Roy, nostre souverain seigneur, a entendu ce que, de par l'Université de Paris, sa première aisnée fille, lui a esté proposé, et est très joyeulx de ce que vous, qui estes les suppostz et enffans d'icelle, avez bon voulloir et envye de vivre en amour et concorde les ungs avecques les aultres, ce que ledict seigneur désire de tout son cœur et est le plus grand service que luy sçauriez faire. Par concorde les petites choses croissent et par discorde les grandes s'anéantissent. Tant que la chose publicque de Rome a esté en paix et concorde et que les citoiens d'icelle, hors mis toute cupidité et proffict particulier, ont vescu en amour et unyon les ungs avecques les aultres, elle a triumphé et prospéré, en sorte qu'elle a submis soubz sa domination le reste du monde. Mais quant, par la damnée sédition qui fut entre Marius et Sylla, les cytoiens romains ont esté partiaulx et que l'infame table de proscription faicte par ledict Sylla a eu lieu, ilz ont esté tant persécutez de guerres civiles et intestinnes qu'ilz ont esté faictz pauvres et subgectz. Et vostre estat et vaccation est de vivre en repoz et, quant ainsi le ferez et continuerez, pouvez estre asseurez que n'eustes jamais Roy ne prince qui tant vous aymast ne vous donnast tant de privilèges et grâces que fera le Roy.

« Ledict seigneur vous exhorte que, ensuivant les bonnes et louables coustumes de voz anciens, qui ont esté vertueux et sçavans, vous continuez l'estude en toute ferveur et faciez florir ceste Université, qui, de tout temps, a esté en grand bruict et renom sur toutes aultres universitez de la chrestienté, pour la décoration et exaltation de laquelle les très chrestiens Roys de France ont donné plusieurs beaulx privilèges et franchises, affin que les suppostz de cette Université eussent plus occasion d'estre fervens à l'estude et que ne feussent aulcunement troublez ne discontinuez par les gens séculiers ne aultres. Ceste Université a produict plusieurs vertueux et sçavans personnages qui, par leur éminente science, non seullement l'ont décorée, mais ont esté clères lumières à toute la chrestienté.

« Pour continuer icelle ferveur d'estude et ensuyvre les meurs de voz anciens, sera besoing, premièrement, que viviez en bonne amour les ungs avec les aultres, sans avoir procez ne querelles s'il est possible. Par ce moyen, donnerez bonne exemple à voz escolliers et les animerez à l'estude et à faire bon fruict, qui est la principalle cause pour laquelle on les envoye devers vous. — Daventaige, sera besoing que ne preniez soucy et ne vous entremectiez aulcunement des affaires publicques, ains seullement de voz affaires privez et qui concernent vostre estude. Par ce moien ne vous discontinuerez de vostre estude ne donnerez cause à voz escolliers d'estre brigueux et discolles, et les estrangers qui demeurent en vostre Université, lesquelz souventesfois s'estudient à porter dommaige, en ce que leur est possible, à ce royaume, n'auront occasion de faire, dire ou conseillier quelque mauvaise chose aux François et autres regnicolles estudians en ceste Université, qui, pour leur jeunesse, légièreté et incapacité d'entendement, ne considèrent et dicernent le bien du mal et ne demandent que nouvelletez. On en peult congnoistre les expériences du temps du Roy Charles sixiesme et, dernièrement, au commancement du règne du feu Roy Loÿs douziesme pour les ordonnances[1]. Aussy vous sera besoing tenir et faire tenir bon ordre et discipline scolastique à voz escolliers et prendre garde que les maistres et suppostz et officiers de l'Université ne commectent aulcunes frauldes et abbuz en leurs privilèges et exemptions, qui sont grandes, et leur ont esté données affin que deuement et justement en usassent. Toutesfois, on a trouvé que, par succession de temps, aulcuns d'iceulx suppostz, par leur grande avarice et ambition, en ont voulu abuser, et de droict commun ung privilège se perd sy on en abuse. Par quoy aurez l'œil et regard que nulles frauldes et abbuz ne se commectent et que on en use bien et deuement. Vous mectrez voz privilèges par devers le conseil du Roy et on vous y pourvoyera en sorte que vous aurez cause d'estre contens, car ledict seigneur désire plus vous les augmenter que diminuer, et le plus grand plaisir et joye que sçauroit avoir sera de veoir sa première et aisnée fille, l'Université de Paris, florir et prospérer, que tous ses vraiz ministres et suppostz vivent en bonne union et concorde et que chascung, selon son estat, vaccation et auctorité, s'estudye et s'esvertue de faire et continuer tousjours de mieulx en mieulx. En ce faisant, congnoistrez que le Roy

---

1. Sur les ordonnances du 31 août 1498 et du 12 mai 1499 restreignant les privilèges de l'Université, voir Du Boulay, *Historia Universitatis parisiensis*, t. V, p. 830-834, et Crévier, *Histoire de l'Université de Paris*, t. V, p. 1-15.

vous sera bon prince et vous aymera et chérira en tout ce qui lui sera possible[1]. »

En ce temps, les gouverneurs et gens du conseil du païs d'Escosse envoyèrent devers le Roy pour le supplier que son plaisir feust laisser aller en Escosse le duc d'Albanye, prochain parent de leur Roy, qui n'avoit que cinq ou six ans, affin qu'il feust régent du païs d'Escosse durant la mynorité de leur Roy[2]. Ce que ledict seigneur accorda. Et envoya devers lesdictz gouverneur et gens du conseil d'Escosse pour son ambassadeur Me Jehan de Plains, conseillier en son grand conseil[3], lequel partit de Paris quant et le duc d'Albanie pour aller en Escosse. Toutesfois, avant que ledict duc d'Albanye partist, il vendit au Roy la Grand Nef d'Escosse, qui estoit lors en France, avec tous ses appareilz, pour le pris de XL^m livres.

Durant ce temps, la Royne Marie, vefve du feu Roy

1. Le roi confirma les privilèges de l'Université en avril 1515. (Voir cette confirmation, Arch. nat., X^ta 8611, fol. 140-143. — Cf. Du Boulay, *op. cit.*, t. VI, p. 70-72, et Crévier, *op. cit.*, t. V, p. 87-89.)
2. Jacques V, fils de Jacques IV, tué en 1513 à la bataille de Flodenfield. John, duc d'Albany, fils d'Alexandre, duc d'Albany, frère du roi Jacques III, venait d'être nommé régent du royaume et tuteur du jeune Jacques V, parce que la reine douairière Marguerite d'Angleterre, veuve de Jacques IV, ayant épousé en secondes noces Archibald, sixième comte d'Angus, avait ainsi perdu ses droits à la régence et à la tutelle de son fils.
3. L' « Instruction à maistre Jehan de Plains, docteur ès droictz, conseillier du Roy, ambassadeur par devers le Roy, régent et seigneur du conseil d'Escosse » (s. d.), est dans Teulet, *Papiers d'État relatifs à l'histoire de l'Écosse*, Paris, 1862, 5 vol. in-8°, t. I, p. 1-3.

Loïs XIIe, espousa assez secrettement Charles, duc de Suffort, ambassadeur du Roy d'Angleterre[1], et peu de temps après il y eut quelque composition faicte des meubles du feu Roy Loïs XIIe[2].

Le dernier jour de mars, l'an M V^c XIIII, à Paris, fut faict et conclud ung traicté d'alliance et confédération entre le Roy et les ambassadeurs de Charles, prince des Espagnes, duquel traicté, qui fut appellé le traicté de Paris, la teneur ensuit[3].

1. Le mariage eut lieu le 31 mars 1515 (*Journal de Louise de Savoie*, Michaud, 1re série, t. V, p. 89). Malgré le récit de Fleuranges, qui représente François Ier comme fort irrité de ce mariage, on peut croire qu'il ne s'accomplit pas à son insu et qu'il ne lui déplut pas. — Une dépêche de Louis Maroton à Marguerite d'Autriche, du 9 février 1515 (citée par Le Glay, t. II, p. 73), nous apprend que l'empereur Maximilien et aussi le duc de Lorraine avaient eu des vues sur la veuve de Louis XII. Voir aussi à ce sujet la lettre de Suffolk, West et Wingfield à Henry VIII du 10 février 1515 (*Letters and papers*, t. II, part. I, p. 50).

2. Nous avons dit plus haut comment se termina l'affaire des bijoux de la reine Marie.

3. Ce traité fut conclu le 24 mars après de longues discussions dont le détail est contenu dans les dépêches des ambassadeurs impériaux à leur maître (Lanz, t. I, p. 5-41) et de Mercurin de Gattinara à Marguerite d'Autriche (Le Glay, t. II, p. 40-82). Il arrête le mariage de Charles d'Autriche et de Renée de France et stipule en outre une ligue offensive et défensive entre les contractants. Les clauses du mariage portent que la princesse Renée sera remise à Charles dans les deux mois après l'accomplissement de sa douzième année; que sa dot sera de 600,000 écus d'or au soleil; que le duché de Berry lui sera donné pour 400,000 écus, en y réservant au roi la souveraineté, l'hommage lige, les églises cathédrales et royales et tous les cas royaux. Dans le cas où le mariage ne s'accomplirait pas, soit par la volonté du roi, soit par celle de Mme Renée, le

Le dimanche, premier jour d'avril M V° XIIII, avant Pasques, le Roy alla ouyr vespres en la grande églize Nostre-Dame de Paris, et après vespres jura de tenir ledict traité sans enfraindre, en la présence des ambassadeurs dudict prince des Espaignes.

Le jeudy ensuivant, cinquiesme jour d'avril avant Pasques, en la ville de Londres en Angleterre, fut conclud et approuvé par messire Jehan de Selve et Pierre de la Guysche, ambassadeurs du Roy, le traicté faict par feu le Roy Loïs XII°, dernier décedé, avec le Roy d'Angleterre, et le dimanche VIII° jour d'avril, l'an M V° XV, jour de Pasques, les nouvelles en vindrent au Roy à Paris [1].

Le XVI° jour d'avril M V° XV, la Royne Marie, qui, peu de temps auparavant, avoyt espouzé le duc de Suffort, partit de Paris pour aller en Angleterre. Le Roy la convoya jusques hors la ville et luy bailla pour l'accompaigner jusques à Calays le duc d'Alençon et la comtesse de Nevers [2].

Le Roy, du consentement de ladicte Royne Marie, donna à Monsieur le grand maistre, s[r] de Boissy, povoir et faculté de nommer aux offices royaulx qui vacqueroient au païs de Xainctonge et Lodunois et aultres pays qui avoient esté baillez à ladicte Royne Marie pour son douaire.

prince Charles recevra, à titre de dédit, le comté de Ponthieu, les villes de Péronne, Montdidier, Roye, Saint-Quentin, Corbie, Amiens, Abbeville, etc. — Le traité fut définitivement ratifié par les ambassadeurs impériaux le 30 mars. Le texte se trouve dans Du Mont, *Corps universel diplomatique*, t. IV, part. I, p. 199 et suiv.

1. *Letters and papers*, vol. II, part. I, p. 95.
2. Femme de Charles II, comte de Nevers, mort en 1521.

Durant ce temps, le Roy avoyt grant désir de reconquester la duché de Millan, que Maximilian Sforce, avec l'ayde des Suysses, occupoyt, et, pour à ce parvenir, avoyt envoyé plusieurs ambassadeurs tant vers le pape Léon X[e], l'empereur Maximilian, Ferdinand, roy d'Espaigne, que les Suisses, pour cuyder avoir amytié avec eulx, affin que ne luy donnassent empeschement à la conqueste dudict duché, ce qu'il ne peut obtenir pour ce que le Pape occuppoyt sur la duché de Milan Parme et Plaisance, deux belles villes, l'empereur occuppoyt la ville de Vérone et tout le païs de Véronnois, le Roy d'Espagne occupoit la ville de Bresse[1] et tout le pays de Bressan, les Suisses occuppoyent les villes de Lugan, Lucarne, Bellinsonne et le païs de Vautelline; d'aultre part, le cardinal de Syon[2], conducteur et gouverneur des Suisses, avoyt grosse pension dudict Maximilian Sforce avec la seigneurye de Vigefve[3], une des belles seigneuries de la duché de Milan et se disoit légat d'Ytalie ; par quoy iceulx Pape, Empereur, Roy d'Espagne, Suisses et cardinal de Syon, craignans que, si le Roy recouvroyt la duché de Milan, il ne voulsist aussy recouvrer les villes et païs qu'ilz détenoient, pour riens ne voulurent avoir amytié et alliance avec ledict seigneur, ains conclurent entre eux d'empescher de tout leur pouvoir que ledict seigneur ne recouvrist ladicte duché de Milan et feirent ensemble une ligue, qu'ilz appellèrent la Saincte-Ligue, laquelle estoit deffensive et offensive contre icelluy

1. Brescia.
2. Mathieu Schinner, cardinal de Sion, né vers 1470, dans le Valois, mort en 1522.
3. Vigevano, prov. de Pavie.

seigneur, s'il se vouloit mectre en armes pour recouvrer ladicte duché de Milan, et fut comprins en ladicte ligue Maximilian Sforce, occupateur de ladicte duché[1].

Le Roy, adverti de la délibération desdictz princes et conclusion de ladicte ligue et que quelque dilligence qu'il eust faicte n'avoit peu avoir amytié avec lesdictz princes, se résolut et conclud par armes recouvrer ladicte duché de Milan et y aller en personne. Et, pour ce que le seigneur Jean-Jacques de Trévolse, mareschal de France, estoit souvent adverty des nouvelles de Milan, ledict seigneur l'envoya en Daulphiné pour mectre peyne de trouver quelque passage par ces montaignes, par où ledict seigneur et l'armée qu'il entendoyt mener avec luy peust passer sans aller par le mont Genesvre et le mont Senys[2], et aussi affin de faire quelques praticques et advertir souvent icelluy seigneur des nouvelles de Milan.

Pendant ce temps, le Roy print en son service le comte Petre de Navarre, Espaignol, qui estoit prisonnier en France dès le vivant du feu Roy Loïs XIIe, et luy paya sa rançon et le feist son chambellan ordinaire[3].

Après que le Roy se fut résolu recouvrer la duché

---

1. Le traité fut conclu le 17 juillet 1515. Les confédérés s'unissaient pour la défense et la liberté de l'Italie. (Jean de Müller, *Histoire de la confédération suisse*, trad. Monnard, 1840, t. IX, liv. VI, ch. iv, p. 431.)

2. Ces passages étaient défendus par les garnisons des Suisses à Pignerol et à Suze.

3. Pedro Navarro, l'un des capitaines les plus distingués de l'époque. Fait prisonnier à la bataille de Ravenne (1512), il avait vainement supplié Ferdinand le Catholique, son souverain, de le racheter.

de Milan, qui à bon droict et tiltre luy appartenoyt[1] et à Madame Claude de France, son espouse[2], commancea à faire ses apprestz et envoya quelques cappitaines allemans, qui avoyent pension de luy, en Allemaigne pour lever des lansquenetz. Oultre envoya le comte Petre de Navarre en Gascongne pour lever des gens de pied. Ledict Petre de Navarre estoit renommé bon capitaine et fort expérimenté à myner villes ou chasteaux. Et, pour ce que ledict seigneur avoit délibéré mectre sus une grosse armée, pour icelle souldoyer, augmenta les tailles en son royaume, vendyt et engagea de son domaine, feyt des empruns généraulx et particuliers sur les villes franches de son royaume et aucuns de ses subjectz[3] et feyt fondre la vaisselle d'or qui estoit demourée après le décès du feu Roy Loïs XIIe.

En ce temps, le Roy envoya en Flandres monsieur de Vendosmes, le s[r] Deschenetz[4] et quelques aultres seigneurs[5] pour recevoir le serment de Charles, prince des Espaignes, du traicté faict peu de temps para-

1. Comme descendant de Valentine Visconti.
2. Le 28 juin 1515, François Ier se fit faire par la reine Claude une donation régulière du duché de Milan, qu'elle tenait de son père Louis XII. (Du Mont, *Corps diplomatique*, t. IV, part. I, p. 211.)
3. Il emprunta notamment 10,000 écus au chancelier Du Prat.
4. Jacques Dinteville, seigneur des Chenetz, grand veneur.
5. Étienne Poncher, évêque de Paris, Louis Guillart, évêque de Tournai, et Adrien de Hangest. (Voir les pouvoirs délivrés à ces commissaires le 27 avril 1515, Arch. nat., KK. 1407, fol. 281.) — Adrien de Hangest, seigneur de Genlis, après la mort de son frère Jacques (voir p. 76), conseiller et chambellan du roi, bailli et capitaine d'Évreux, grand échanson de France.

vant entre ledict seigneur et les ambassadeurs dudict prince d'Espaigne, lequel prince feyt le serment et ratiffia ledict traicté.

Le XXIIIe jour d'avril M V^c XV, le Roy, la Royne et Madame se partirent de Paris pour aller à Blois, et se mirent sur la rivière de Seyne pour aller par Meleun [1] et Montereau-Fault-Yonne et descendre en la rivière de Loyre. Mais, parce que la rivière d'Yonne estoit en ce temps trop basse pour porter grand basteau, vindrent par terre à Montargis.

Audict Montargis le Roy conferma le traicté faict à Londres par messire Jehan de Selve et Pierre de la Guyche, ses ambassadeurs, avec le Roy d'Angleterre, et feyt le serment de garder et entretenir icelluy traicté en la présence du doyen de Windesore, ambassadeur dudict Roy d'Angleterre [2].

En ce temps, envoya Monsieur de Bourbon en Champaigne pour recevoir quelques lansquenetz qui venoient pour le voiage d'Ytalie.

Audict lieu de Montargis, Madame envoya secrettement en habit dissimulé ung nommé Pierre Buisson [3] devers le comte palatin, électeur de l'Empire [4], cousin

---

1. « Où ilz furent environ quinze jours. » (*Journal d'un bourgeois de Paris*, p. 13.)

2. Cette confirmation eut lieu le 8 mai. (*Letters*, vol. II, part. I, p. 123. — Cf. Rymer, t. VI, part. I, p. 99.)

3. Pierre Buisson, « mareschal des logiz de la bande » de Robert de la Mark. « Il estoit provençal, gentilhomme sage et parloit aussi bien allemant que françois. » (*Mémoires de Fleuranges*, p. 59.) — C'est par son intermédiaire que Fleuranges et Franz de Sickingen, — dont il est question plus loin, — se lièrent d'une étroite amitié « et qui dura jusqu'à la mort. »

4. Louis V de Bavière. Voir une lettre originale de lui à

de ladicte dame, pour le praticquer, le cas advenant de la vaccation de l'Empire, à eslire le Roy, et dès l'heure on commancea à praticquer les électeurs de l'Empire, qui fut commancement des grandes guerres et divisions que on a depuis eues et fut l'origine et racine d'icelles.

De Montargis, le Roy veint à Gyen et là se meist sur la rivière de Loire et veint à Blois[1], où feyt son entrée, et y séjourna quinze jours. Pendant ce temps, le Roy envoya derechef le sr de Lansac par devers le duc de Savoye pour essayer par le moien dudict duc, qui estoit bourgeois et allié des Suysses, d'avoir quelque sauf-conduict pour traicter avec iceulx Suisses; ce que ne peult obtenir et demoura devers ledict duc de Savoye pour advertir souvent le Roy des nouvelles d'iceulx Suisses, lesquelz avoient délibéré mectre sus une grande armée de leurs gens pour empescher les passaiges audict seigneur et à son armée.

Durant ce temps se menoient quelques praticques pour accorder les Genevoys avec le Roy[2], et à la fin ledict accord se feyt assez secrettement et par icelluy

---

Louise de Savoie, du 21 juin 1515, à propos de la mission de Buisson, aux Arch. nat., J. 995{A}, n° 4.

1. Le roi arriva à Blois le 23 mai. (Dépêche de Pandolfini, ambassadeur toscan en France, du 25 mai 1515. — Desjardins, *Négociations de la France avec la Toscane*, Paris, 1861, in-4° [Coll. de doc. inédits], t. II, p. 692.)

2. Louis XII, en s'emparant du Milanais sur Ludovic Sforza, avait pris facilement possession de la seigneurie de Gênes, qui, un moment révoltée contre lui, en 1507, avait été ramenée assez vite sous son obéissance. Mais, après Novarre, elle avait été soustraite à la domination française par les confédérés victorieux, qui lui avaient donné pour chef Octavien Frégose, créé doge de la république affranchie.

accord ledict seigneur pardonnoit aux Genevoys toutes offenses passées, promectoyt ne faire rédifier chasteau ne forte place au lieu où estoit le chasteau de Gaudefa, constituoyt messire Octavien Frégose gouverneur de Gennes et quelques autres articles qui estoient audict accord, moyennant que lesdictz Gennevoys demoureroyent le temps advenir bons et loyaulx subjectz et ayderoyent audict seigneur de tout leur pouvoir à recouvrer la duché de Milan[1].

En ce temps, le duc de Gueldres promist au Roy venir en personne avec ledict seigneur pour luy ayder à recouvrer la duché de Milan. Et, par le moien d'icelluy seigneur, y eut une trefve faicte entre le prince des Espagnes et ledict duc de Gueldres, lesquelz estoient pour lors en guerre à raison du païs de Frize[2]. Semblablement le duc de Lorraine promist venir en personne avec le Roy pour ayder à conquester ladicte duché.

Le IIIe jour de juing, le Roy partyt de Blois et vint à Amboise, où il feyt son entrée et y séjourna trois sepmaines. Durant ce temps, il teint plusieurs conseilz pour mectre ordre à son voiage d'Ytalie, qu'il avoit merveilleusement à cœur. Et, combien que plusieurs le dissuadassent d'y aller en personne, toutesfois demoura ferme en son oppinion et manda à tous les pensionnaires gentilzhommes de sa maison et archiers

---

1. Paul Jove semble dire que les Génois conclurent l'entente assez à contre-cœur : « Ligures paulo ante Octavianus Fregosus necessario magis quam honesto consilio vel invitos in partes Gallorum traduxerat. » (*Pauli Jovii historiarum sui temporis*, tomus primus, Paris, Vascosan, 1558, in-fol., fol. 164 v°.)

2. Voir plus haut, p. 18-23.

de sa garde qu'ilz se trouvassent à Lyon le xv® jour de juillet et suivant tous en ordre et prestz à passer les monts, et oultre le nombre de sa garde créa de nouveau deux [cent] arbalestriers à cheval qui seroient toujours quant et luy.

Le xxvi® jour de juing M V°XV, au chasteau d'Amboize, le duc de Lorraine espousa Madamoiselle de Montpensier[1], seur du duc de Bourbon, connestable de France.

En ce temps, le Roy envoya le s^r de Genly[2] devers le prince des Espaignes, M® Robert de Bapammes, président au parlement de Rouen, devers le Roy d'Angleterre[3], et M® Pierre Cordier, docteur en décret, vers l'Empereur pour signiffier auxdictz princes la volunté que ledict seigneur avoyt d'aller en personne recouvrer la duché de Milan, qui estoit son vray héritage, et de la Royne, son espouse, et les pryer que, en ensuivant les alliances qui estoient entre eulx, durant son absence ilz eussent son royaume pour recommandé. Et ledict seigneur donna charge ausdictz ambassadeurs de demourer devers iceulx princes pendant son voiage, affin de luy faire scavoir toutes nouvelles.

Aprez que le Roy eut pourveu aux plus urgens et nécessaires affaires de son voiage et qu'il eut donné ordre de faire des munitions de vivres aux villes du

1. Renée de Bourbon, morte en 1539.
2. Jacques de Hangest, seigneur de Genlis et de Maigny, de la Taule, conseiller et chambellan du roi.
3. Henry VIII accusa réception à François Ier des lettres que lui avait apportées Bapaumes le 20 août 1515. (*Letters*, t. II, part. i, p. 221-222.)

païs de Daulphiné par où l'armée devoyt passer, voullut aller à Lyon et avant son partement constitua Madame sa mère régente en France durant son voiage de Milan et luy donna très ample pouvoir, qui fut publié et enregistré aux cours des parlemens de ce royaume[1].

Le XXIXᵉ de juing, le Roy partit d'Amboise environ trois heures du matin, pour ce qu'il seloyt le jour de son partement à la Royne, qui estoit fort ensaincte, et veint à Romorantin, jusques auquel lieu Madame sa mère le convoya.

De Romorantin[2] vint à Bourges, où il feyt son entrée. De Bourges vint à Moulins, où pareillement feyt son entrée, et de Moulins vint à Lyon le XIIᵉ jour de juillet et y feit son entrée, qui fut triumphante.

Pendant ce temps, les Suisses, advertiz, comme dict est, du voulloir que le Roy avoyt d'aller en personne recouvrer sa duché de Milan, envoyèrent xv ou xvɪᵐ hommes de leurs gens en Piedmont pour garder les passages du mont Cenys et du mont Genesvre contre ledict seigneur et son armée.

Pendant le temps que le Roy estoit à Lyon, l'armée, tant de gens de pied que de cheval, passoyt chascun jour et alloyt vers Grenoble, où desjà estoit monsieur

---

1. Les lettres du roi notifiant son départ pour l'Italie et la régence de la duchesse d'Angoulême, sa mère, sont en effet datées d'Amboise et du 26 juin 1515. (Arch. mun. d'Angers, BB. 16, fol. 24.) — Mais les lettres patentes, investissant proprement de la régence Louise de Savoie, furent seulement données à Lyon et le 15 juillet. (Isambert, t. XII, p. 38.)

2. Le roi en partit le 4 juillet. (*Journal de Louise de Savoie*, p. 89.)

de Bourbon et plusieurs cappitaines mectant ordre au faict du voyage de Milan.

Le mareschal de Trevolce, qui estoit à Ambrun, trouva ung chemyn entre les montaignes, aultre que le mont Cenys et le mont Genesvre, pour passer l'armée du Roy, combien que icelluy chemyn fust très difficile[1], et le feyt scavoir à Monsieur le connestable, lequel incontinant le manda au Roy, et fut ce tenu fort secret, car peu de gens le sceurent jusques à ce que on veint à l'heure qu'il falloit passer.

Le Roy séjourna à Lyon environ trois sepmaines, tenant chascun jour conseil pour donner ordre au faict de son voiage. Et chascun jour venoient plusieurs de ce royaume et gens de guerre pour aller avec ledict seigneur. Et ordonna que Monsieur le chancellier passeroit les montz avec luy et que messire Mondot de la Marthonnye, premier président de Paris, demoureroit en France avec Madame et auroit la garde du petit sceau.

Le Roy envoya à Sainct-Denis en France, affin de faire descendre les corps sainctz, comme il est accoustumé faire quand les Roys de France vont en personne en quelque guerre loingtaine.

Le Pape et le Roy d'Espaigne, advertiz du voulloir que le Roy avoit de passer les montz pour recouvrer

---

1. Ce passage, placé plus au sud que les autres et qui, par le col de l'Argentière, pouvait conduire des Alpes du Dauphiné dans la plaine du Piémont, des bords de la Durance aux sources de la Stura, était presque entièrement barré sur deux points : du côté de la France par le rocher de Saint-Paul, entre Embrun et Barcelonnette, et du côté de l'Italie par le rocher de Pié-di-Porco, entre Sambuco et Rocca-Esparvero.

la duché de Milan, délibérèrent y résister et envoya le Pape Prosper Coullonne[1] avec trois cens lances, hommes d'armes et sept ou huict cens chevaulx-légiers pour se joindre avec les Suisses qui estoient en Piedmont. Et le Roy d'Espaigne envoya le Vice-Roy de Naples[2] avec six cens hommes d'armes en la duché de Milan.

Le pénultième jour de juillet, le Roy partit de Lyon pour aller à Grenoble, où il arriva le premier jour d'aoust. Cependant, Monsieur le connestable, avec grande partye de l'armée, partit de Grenoble et vint à Ambrun pour donner ordre de faire accoustrer en plusieurs lieux le chemyn trouvé par le mareschal de Trévolce. Et convint avoir mil ou douze cens pion-

---

1. Prospero Colonna, un des plus célèbres généraux de l'Italie, fils d'Antonio Colonna et petit-neveu du pape Martin V. Il mourut en 1523. (Voir sur lui Brantôme, liv. I, ch. xii.) — Martin Du Bellay dit que Colonna avait 1,500 chevaux. (*Mémoires*, p. 123.) — Le pape envoya aussi son neveu Laurent de Médicis à Plaisance. « Erat autem Placentiae Laurentius Medices cum cohortibus quattuordecim Italici generis et tribus millibus equitum. » (Paul Jove, t. I, fol. 173 r°.) Laurent avait été envoyé à la place de son oncle Julien, capitaine général de l'Église, alors malade. D'autre part, le cardinal Jules de Médicis était à Bologne pour tout surveiller.

2. Raimon de Cardona, vice-roi de Naples. « Cardonio autem aderant octingenti cataphracti et levis armaturae equitis mille, cum legione una veterana. » (Paul Jove, t. I, fol. 173 r°.) — Cardona et Médicis auraient pu se prêter un mutuel appui et compromettre le succès des armes françaises. Mais la division se mit entre eux. Ils s'accusèrent réciproquement de négocier avec François Ier et aucun d'eux n'osa se mettre en campagne de peur d'être trahi par l'autre. (Jove, t. I, fol. 173 r° et v°; Guichardin, *Histoire d'Italie*, trad. F. Favre, Paris, 1738, in-4°, t. II, p. 411-413.)

niers qui incessamment besongnèrent à coupper les rocz pour faire chemin à passer les gens de cheval et l'artillerye, pour ce que on n'avoit jamais par là passé à cheval. Et, pendant que on besongnoit audict chemyn, on faisoit tenir le champ entre Embrun et Brianson, faignant qu'on deust passer par la montagne du mont Genesvre.

Le Roy séjourna à Grenoble environ huict jours et commanda que tous les muletz de coffres estans en sa court fussent chargez de vivres et farines pour porter au champ où dessus est dict. Aussy envoya le s^r Émard de Prye[1] avec trois cens lances monter sur mer à Marseille pour aller se joindre avec quelque armée que les Genevoys mectoient sus pour ayder audict seigneur.

Oultre, envoya devers les Vénitiens pour les prier mectre sus quelque armée pour luy ayder, ce que lesdictz Vénitiens feirent depuis et constituèrent le seigneur Barthélemy Dalvienne chef de leur armée[2].

Quant le Roy fut adverty que son armée estoit preste et ne restoit que cinq mil cinq cens lansquenetz, que on appelloit la bande noire, laquelle bande estoit jà près de Lyon[3], il partit de Grenoble et ordonna que

---

1. Aymar de Prie, seigneur de Montpoupon et la Mothe, grand maître des arbalétriers de France.

2. Bartholomeo d'Alviane, capitaine général, avec Domenico Contarini comme provéditeur. — De Grenoble, le roi écrivit aussi au duc de Ferrare pour le prier d'agir de concert avec les Vénitiens. (Lettre de François Ier, du 5 août 1515, dans Desjardins, *Négociations avec la Toscane*, t. II, p. 698.)

3. La bande noire commandée par le sieur de Tavennes rejoignit le roi à Novare. (Martin Du Bellay, *Mémoires*, p. 124.) « Se chiama banda negra per esser di una montagna appresso

Monsieur le connestable meneroit l'avant-garde, ledict seigneur meneroyt la bataille et Monsieur d'Alençon meneroit l'arrière-garde.

On estimoyt l'armée du Roy trois mil hommes d'armes d'ordonnance, trente mil hommes de pied, dont y avoit vingt mil lansquenetz et dix mil hommes de pied françois, dont une partie estoient gascons, soubz la charge de Petre Navarre, et les pensionnaires et aultres seigneurs non ayans charges, qui estoient en l'armée avec le Roy, et une grosse bande d'artillerye[1].

Ensuivent les noms d'une grande partie des princes et seigneurs qui passèrent les mons avec le Roy pour luy ayder à recouvrer la duché de Milan :

Charles, duc d'Alençon.
Charles, duc de Vendosme.
Charles, duc de Gueldres.
Loïs de Bourbon, prince de la Roche-sur-Yon.
Charles, comte de Nevers.
François du Bueil, comte de Sancerre[2].
Loïs, Monsieur de Nevers[3].
René, bastard de Savoye, comte de Tende.
Jacques de Chabannes, seigneur de la Palice, mareschal de France.

Friburg in confin de sguizzari chiamata Montenegro, etiam perche per ditto de ogniuno sono vestiti di negro. » (Marino Sanuto, *Diarii*, t. XXI, col. 25.)

1. L'artillerie était commandée par le sénéchal d'Armagnac, Jacques de Genouillac, seigneur d'Acier, dit Galiot.

2. Il doit s'agir ici de Charles de Bueil, comte de Sancerre, qui fut tué à Marignan. François de Bueil, frère de Charles, fut archevêque de Bourges de 1520 à 1525.

3. Frère de Charles de Clèves, comte de Nevers, † 1545.

Arthus Gouffier, seigneur de Boisy, grand maistre de France.

Anthoine, duc de Lorraine.

François, duc de Châtellerault.

François de Bourbon, comte de Sainct-Pol.

Odet de Foix, seigneur de Lautrec, mareschal de France.

Loïs, duc de Longueville[1].

Loïs de la Trémoïlle, vicomte de Thouars[2].

Charles de la Trémoïlle, prince de Talmont[3].

François de Laval, baron de Chasteaubriant[4].

Le sire Jean-Jacques de Trévolce, mareschal de France[5].

Gaspard de Colligny, seigneur de Chastillon[6].

1. Louis Ier, marquis de Rothelin, puis duc de Longueville (1515), avait été fait prisonnier à Guinegate (1513) et dans sa captivité avait négocié le mariage de Louis XII avec Marie d'Angleterre. Il mourut en 1516.

2. Louis II de la Trémoïlle, né en 1466, mort en 1525. C'était lui qui avait signé avec les Suisses le traité de 1513, dont il a été parlé plus haut.

3. Fils du précédent, né en 1486. Il fut tué à Marignan.

4. Barrillon commet ici une erreur; il s'agit de Jean de Laval (fils de François), baron de Châteaubriant. Il avait épousé Françoise de Foix, sœur d'Odet de Foix. Il mourut en 1542.

5. Jean-Jacques Trivulzi, né en 1448, à Milan, en avait été chassé par Ludovic le More en 1483, s'était réfugié en France et avait été fait maréchal de France en 1499. Il s'était distingué pendant les guerres d'Italie. Il mourut en 1518. Son testament est aux Archives nationales, J. 963, n° 12.

6. Gaspard de Coligny, premier du nom, seigneur d'Andelot, de Châtillon-sur-Loing, maréchal de France en 1516, mort à Dax en 1522. Il avait épousé, en 1514, Louise de Montmorency, sœur d'Anne, le futur connétable.

Claude de Lorraine, comte de Guise[1].
Pierre de Laval, seigneur de Montafillant[2].
Charles de Rohan, seigneur de Gyé[3].
Guillaume Gouffier, seigneur de Bonnyvet[4].
Jehan d'Amboise, seigneur de Ranel et de Bussy[5].
Thomas de Foix, seigneur de Lescun[6].
Jehan de Chabannes, seigneur de Vendenesche[7].
Loïs de Brézé, grand sénéschal de Normandye[8].
Jehan de Poictiers, seigneur de Sainct-Vallier[9].

1. Claude de Lorraine, comte de Guise, né en 1496, mort en 1550. A la suite de démêlés avec son frère aîné, Antoine, il vint s'établir en France, où François Ier le créa duc et pair en 1527.

2. Pierre de Laval, seigneur de Montafilant, Beaumanoir, etc., cadet de la branche des Laval-Châteaubriant, mort en 1524, frère de Jean de Laval.

3. Charles de Rohan, seigneur de Gié et vicomte de Fronsac, bailli et gouverneur de Touraine, fut premier échanson du roi (1498) et exerça cette charge jusqu'en 1516.

4. Guillaume Gouffier, seigneur de Bonivet, né en 1488, mort à Pavie en 1525. Il avait été élevé avec François Ier, qui le nomma amiral de France en 1517 et le chargea de diverses missions diplomatiques (en Angleterre et en Allemagne) et militaires (en Navarre et en Italie).

5. Jacques (et non Jean) d'Amboise, seigneur de Bussy, Reynel, Vignori, Saxe-Fontaine, fils de Jean d'Amboise, l'un des frères du cardinal, mourut à Marignan.

6. Thomas de Foix, seigneur de Lescun, frère d'Odet de Foix seigneur de Lautrec, maréchal de France en 1518, mourut en 1525 des suites de blessures reçues à Pavie. (Voir sur lui Brantôme, liv. II, ch. xxxvi.)

7. Jean de Chabannes, seigneur de Vandenesse, frère du maréchal de la Palice. Il mourut à la retraite de Romagnano en 1524.

8. Louis de Brézé, comte de Maulévrier, grand sénéchal de Normandie, mari de Diane de Poitiers, mort en 1531.

9. Jean de Poitiers, seigneur de Saint-Vallier, l'un des com-

Michel de Poisieu, dit Cadorat, seigneur de Saincte-Mesme[1].

Jehan de la Barre, seigneur dudict lieu[2].

Galléas de Sainct-Séverin[3].

Méry de Rochechouart, seigneur de Mortemart[4].

Aymar de Prie, seigneur de Toussy.

François des Cars, seigneur dudict lieu[5].

Petre de Navarre, chambellan du Roy.

Le baron de la Tour[6].

Charles de Couesmes, seigneur de Lucé[7].

---

plices du connétable de Bourbon, condamné à mort, puis gracié par François Ier, père de Diane de Poitiers.

1. Michel de Poisieu, dit Capdorat, seigneur de Sainte-Mesme et de Saint-Valéry, bailli et capitaine de Sens, maître des eaux et forêts de Champagne et de Brie.

2. Jean de la Barre, seigneur de Véretz, comte d'Étampes, gouverneur, prévôt et bailli de Paris.

3. Galéas de Saint-Séverin, seigneur de Mehun-sur-Yèvre, passé du service de Ludovic Sforce à celui de Charles VIII, chevalier de l'ordre, conseiller et chambellan du roi, grand écuyer de France en 1505. Il mourut à Pavie en 1524.

4. Aimery de Rochechouart, seigneur de Mortemart, de Tonnay-Charente, successivement sénéchal de Saintonge, gouverneur de Saint-Jean-d'Angély, viguier de Toulouse. Il avait fait les guerres d'Italie sous Louis XII.

5. François d'Escars, seigneur de la Vauguyon, la Coussière, etc., chambellan et gentilhomme ordinaire de la chambre du roi. Il accompagna le connétable de Bourbon dans sa retraite, mais revint en France et testa en 1536.

6. Gilles de la Tour, seigneur de Limeuil, deuxième fils de Antoine de la Tour, vicomte de Turenne.

7. Charles de Coesmes, seigneur de Pruillé, de Lucé et de Madrelle après la mort de son père Nicolas, en 1508. (Voir sur l'histoire de la famille jusqu'à cette dernière date les articles de M. Alouis dans la *Revue historique du Maine*, t. XII-XVI.)

François de Rochechouart, seigneur de Champ-denier[1].

François d'Alègre, seigneur de Précy[2].

Claude de Challençon, seigneur de Rochebaron[3].

Merlin de Sainct-Gelays, seigneur de Sainct-Séverin[4].

André de Sainct-Gelays, seigneur de Lansac.

Adrien Tiercellin, seigneur de Brosse[5].

Anne de Montmorency, seigneur de la Rochepot[6].

Philippes Chabot, seigneur de Brion[7].

François de Sainct-Marsault, seigneur dudict lieu[8].

1. François de Rochechouart, seigneur de Chandenier, conseiller et premier chambellan du roi, sénéchal de Toulouse, gouverneur de la Rochelle et pays d'Aunis, ambassadeur en Allemagne, à Venise, à Bruxelles, mort en 1530.

2. François d'Alègre, comte de Joigny, baron de Viteaux, seigneur de Précy, chambellan du roi, grand maître enquêteur et général réformateur des eaux et forêts. (Conf. de cette charge le 10 janvier 1515, Arch. nat., X^{1a} 8611, fol. 12.) Il mourut vers 1525.

3. Claude de Chalençon, seigneur de Rochebaron. (Cf. *Actes de François Ier*, t. I, p. 430, 492.)

4. Mellin de Saint-Gelais, seigneur de Saint-Séverin, né à Angoulême en 1491, fils naturel ou neveu d'Octavien de Saint-Gelais. Il est surtout connu comme poète. Mort en 1558.

5. Adrien Tiercellin, seigneur de Brosses, fut gouverneur de Dauphiné, sénéchal de Ponthieu, capitaine des villes et châteaux de Bayeux, d'Argentan et de Loches. Il mourut en 1548.

6. Anne de Montmorency, seigneur de la Roche-Pot, plus tard connétable.

7. Philippe Chabot, seigneur de Brion, comte de Charny et de Buzançois, né vers la fin du xve siècle, mort en 1543. Grand amiral en 1525, il fut accusé de malversations en 1541, mais peu de temps après rentra en grâce contre le chancelier Poyet.

8. François de Saint-Marsault, chevalier, gentilhomme ordinaire de la chambre du roi, plus tard sénéchal de Périgord.

Jacques de Genoillac, dict Gaillot, séneschal d'Armaignac et maistre de l'artillerye.
Baudouin de Champaigne, seigneur de Bazoges[1].
Pierre de la Guyche, baillif de Mascon.
Olivier de la Vernade, seigneur de la Bastie[2].
Jehan d'Oilhac, prévost de l'hostel du Roy[3].
François de Théligny, séneschal de Rouergue[4].
Gabriel, baron d'Alègre, prévost de Paris[5].
Anthoine de Créquy, seigneur de Pont-de-Rémy[6].
Robert Stuart, seigneur d'Aubigny[7].
Jacques de Crussol, seigneur de Lévis[8].
Gabriel de la Chastre, seigneur de Nansay[9].

1. Baudouin de Champagne, seigneur de Bazoges, mort en 1527, fut chargé en 1518 d'une mission en Allemagne.

2. Olivier de la Vernade, seigneur de la Bastie et de l'Argentière, maître des requêtes, puis conseiller et chambellan du roi. Il fut ambassadeur en Allemagne, en Angleterre. (Cf. Le Glay, *op. cit.*, t. I, préf., p. 8.)

3. Jean de Doulhac, prévôt de l'hôtel du roi jusqu'en 1518.

4. François de Théligny, seigneur de Lierville, conseiller et chambellan du roi, sénéchal de Rouergue. (Brantôme, t. II, p. 418-421.)

5. Gabriel d'Alègre, seigneur de Saint-Just, chambellan de Louis XII, maître des requêtes en 1509, prévôt de Paris en 1513 et bailli de Caen.

6. Antoine de Créquy, seigneur de Pontdormy, avait combattu à Ravenne, où il commandait l'artillerie, mort en 1523.

7. Robert Stuart d'Aubigny, comte de Beaumont-le-Roger, maréchal de France en 1514, mourut en 1543. Il s'était distingué en Italie sous Charles VIII et Louis XII.

8. Jacques de Crussol, seigneur de Lévis, grand panetier de France, mort en 1525.

9. Gabriel de la Chastre, seigneur de Nançay et de la Maisonfort, conseiller d'État, chambellan et maître d'hôtel du roi, maître des cérémonies de France, gouverneur de l'un des fils de François Ier, mort en 1538.

Loïs Miette, seigneur de Chevrières[1].
Jehan le Roy, seigneur de Chavigny[2].
René de Puyguyon, seigneur de Bois-René[3].
Jehan de Lévis, seigneur de Chasteau-Morant[4].
Loïs de Hangest, seigneur de Montmort.
Le seigneur du Fou[5].
François du Fou, seigneur de Vigen, son frère[6].
Le capitaine Bayard[7].
Le capitaine Hymbercourt[8].
Le capitaine Loïs d'Ars[9].
Le bastard de la Clayette[10].
Le seigneur de Monstereuilbouyn[11].

1. Louis Miette, seigneur de Chevrières. La famille Miette de Chevrières fut connue surtout au xviie siècle par Melchior Miette de Miolans, marquis de Saint-Chamond.

2. Il doit être question ici de Louis Le Roy, seigneur de Chavigny, mort en 1554.

3. René de Puyguion, seigneur de Bois-René, sénéchal d'Agenais en 1517. (Bibl. nat., nouv. acq. fr. 3644, n° 1003.)

4. Jean de Lévis, seigneur de Châteaumorant, gentilhomme de la chambre, sénéchal d'Auvergne en 1538.

5. Jacques du Fou, général réformateur des eaux et forêts, maître d'hôtel ordinaire du roi. Il mourut vers 1516.

6. François du Fou, seigneur du Vigean, de Chantolière, avait servi sous Charles VIII et Louis XII. Il mourut en 1536. Frère du précédent.

7. Pierre du Terrail, seigneur de Bayard, né en 1476, mort en 1524.

8. Adrien de Brimeu, seigneur d'Humbercourt. (Cf. Brantôme, t. II, p. 402-408, qui lui a consacré une notice.)

9. Louis d'Ars, d'une famille noble du Berry, s'illustra par la défense de Venosa (Basilicate), en 1503. Il mourut à Pavie.

10. Marc de Chantemerle, bâtard de la Clayette, gouverneur du Charolais.

11. Raoul Vernon, seigneur de Montreuil-Bonnin, grand fauconnier de France, mort en 1516.

Le sʳ de Roye¹.

Le sʳ de Buquenho, filz de Monsieur de Piennes².

François de Vyenne, seigneur de Lystenois³.

René d'Anjou, seigneur de Maisières⁴.

François de Silly, bailly de Caen⁵.

Jacques de Montgommery, seigneur de Lorges⁶.

Jehan d'Arbouville, seigneur de Buno⁷.

Jacques, bastard de Vendosme⁸.

Jehan de la Roche-Aymon, seigneur du lieu⁹.

Anthoine Du Prat, chancellier de France.

1. Frère de Robert de la Mark, seigneur de Fleuranges.

2. Philippe de Halluin, fils de Louis de Halluin, seigneur de Piennes, Bugenhoult, Saint-Amand, mort en 1517.

3. François II de Vienne, seigneur de Lystenois, d'Arc-en-Barrois, mort en 1537, à Turin.

4. René d'Anjou, baron de Maisières, seigneur de Saint-Fargeau et de Charny, sénéchal du Maine, l'un des otages emmenés en Suisse après la levée du siège de Dijon.

5. François de Silly, seigneur de Lonray et du Fay, conseiller et chambellan du roi, premier écuyer tranchant en 1502, bailli de Caen en 1503. Le duc d'Alençon, dont il était aussi chambellan, le fit lieutenant de sa compagnie de gendarmes, gouverneur et maître des eaux et forêts d'Alençon et du Perche. Il fut capitaine de Chantilly en 1523 et mourut devant Pavie en 1524.

6. Jacques de Montgommery, seigneur de Lorges, fils d'un seigneur écossais, Robert de Montgommery; il se distingua dans les guerres contre Charles-Quint et mourut en 1562.

7. Jean d'Arbouville, seigneur de Buno, capitaine d'Yèvre-le-Châtel, mort en 1526.

8. Jacques, bâtard de Vendôme, chevalier, seigneur de Bonneval, bailli de Vermandois, conseiller et chambellan ordinaire du roi, mourut en 1524.

9. Jean de la Roche-Aymon, valet tranchant du roi, prévôt de l'hôtel, mort en 1522.

Adrian de Boysy, évesque de Coustances[1].
Estienne le Veneur, évesque de Lysieux[2].
François le Roy, grand aulmosnier[3].
Florimond Robertet, trésorier de France[4].
Thomas Bohier, général de Normandye[5].
Raoul Hurault, général d'Oultre-Seyne[6].
Pierre de la Vernarde, maistre des requestes[7].
Anthoine le Viste, maistre des requestes[8].
Nicolas de Neufville, seigneur de Villeroy[9].

1. Adrien Gouffier, frère du grand maître, dit le cardinal de Boisy, évêque de Coutances de 1510 à 1519, archevêque d'Albi de 1519 à 1523, grand aumônier de François Ier; il mourut en 1523.

2. Le Veneur, qui fut évêque de Lisieux de 1505 à 1539, s'appelait Jean et non Étienne. Il fut élevé au cardinalat en 1533 sous le nom de cardinal de Tillères. Il mourut en 1543.

3. François Le Roy, grand aumônier, protonotaire du saint-siège, mourut le 18 octobre 1515.

4. Florimond Robertet, seigneur de Bury, né en 1522 à Montbrison, fut successivement conseiller à la chambre des comptes du Forez, trésorier de France et secrétaire des finances sous Charles VIII. Il conserva ces dernières fonctions sous Louis XII et François Ier. Il mourut en 1533. (Cf. inventaire des lettres trouvées en la possession de M. le trésorier Robertet : Arch. nat., J. 964, n° 1.)

5. Thomas Bohier, chevalier, conseiller du roi, seigneur de la Tour-Bohier, Saint-Cyr, général des finances de Normandie.

6. Raoul Hurault, général d'outre-Seine, seigneur de Cheverny, de la Grange, de Vibraye, baron d'Huriel, secrétaire du roi et général de ses finances.

7. Pierre de la Vernade, maître des requêtes de l'hôtel. Nous le retrouverons au cours du récit comme ambassadeur.

8. Antoine Le Viste, seigneur de Fresnes, Saint-Gobert, Vivier, Arcy et Montmorillon, conseiller et maître des requêtes ordinaires de l'hôtel du roi. Il fut ambassadeur en Suisse.

9. Nicolas de Neufville, seigneur de Villeroy, secrétaire du

Guillaume de Beaune, audiancier de France[1].

Philbert Babou, trésorier de l'extraordinaire[2], et plusieurs aultres barons, seigneurs et gentilzhommes qui passèrent les mons quant et le Roy.

Et fault noter que ledict seigneur, avant qu'il partist de Lyon, avoit ordonné les lieutenans et gouverneurs des provinces de son royaume, comme le seigneur d'Esparros[3], lieutenant en Guyenne, le comte de Laval[4], lieutenant en Bretaigne, le s^r d'Aumont[5], lieutenant en Bourgongne, le s^r d'Orval[6], lieutenant ou gouverneur en Champaigne, le s^r de Tournon, lieutenant en Languedoc[7], et conséquemment des aultres provinces de son royaume.

De Grenoble, le Roy vint à Ambrun et y arriva le

roi, audiencier de la chancellerie, puis trésorier de France, mourut vers 1553.

1. Guillaume de Beaune, fils du célèbre Jacques de Beaune de Semblançay, surintendant des finances.

2. Philibert Babou, successivement secrétaire et argentier du roi, trésorier de France et de l'épargne, surintendant des finances, mort en 1557 maître d'hôtel du roi.

3. André de Foix, seigneur de l'Esparre ou d'Asparros, comte de Montfort, frère d'Odet et de Thomas de Foix, mourut en 1547.

4. Guy XVI, comte de Laval, Montfort et Quintin, seigneur de Vitré, de Gavre, de la Roche-Bernard, mort vers 1531.

5. Jean d'Aumont, baron de Conches, fut lieutenant en Bourgogne en l'absence de la Trémoïlle.

6. Jean d'Albret, comte de Rethel, seigneur d'Orval. Barrillon commet ici une erreur. Le seigneur d'Orval était dès avant l'avènement de François Ier gouverneur de Champagne, puisque celui-ci lui confirma sa charge le 7 janvier 1515. Le roi le fit, le 26 août 1515, lieutenant général en Dauphiné. (Arch. de l'Isère, B. 2907, fol. 86.)

7. Il remplaçait le connétable de Bourbon.

xie d'aoust. Ung peu paravant, Monsieur le connestable en estoit party avec une grande partye de l'armée et estoit venu à Gilestre[1]. Quant sceut que le Roy estoit à Ambrun, il feyt passer l'armée par le nouveau chemyn, laquelle mist trois jours à passer, et cependant ledict connestable envoya deux ou trois cens lances à Ours pour amuser les Suysses qui estoient à Suze, pensans que le Roy deust passer par le mont de Genesvre ou le mont Senys.

Le Roy demoura deux jours à Ambrun, et, quant fut adverty que Monsieur le connestable et une grande partye de l'armée estoyent passez, fut fort joyeulx. Lors fyt cryer que tous ceulx de sa suyte se pourveussent de vivres pour trois jours et qu'on ne portast poinct de bagages et que tous les mulletiers, qui portoient vivres, tentes et aultres choses nécessaires, n'eussent à se mectre en chemyn jusques à ce que les gens de cheval et de pied fussent partis, ains demourassent derrière.

Le Roy partit d'Ambrun le xiiie jour d'aoust et veint à Guyllestre, et le lendemain partit pour passer le nouveau chemyn, se feyt armer de toutes pièces, excepté l'armet, et ordonna que tous les princes et seigneurs fussent armez.

De Guillestre, ledict seigneur vint disner à ung village qui se nomme Sainct-Pol[2], distant de trois grandes lieues dudict Guillestre.

Audict lieu eust nouvelles que Prosper Coullonne,

---

1. Guillestre, dép. des Hautes-Alpes, arr. d'Embrun.
2. Saint-Paul-sur-Ubaye, arr. de Barcelonnette (Basses-Alpes).

qui estoit envoyé par le Pape pour se joindre aux Suysses contre ledict seigneur, avoit esté prins et toute sa bande rompue et deffaicte.

Ladicte prinse fut faicte comme s'ensuyt, ainsy que j'entendis lors audict lieu de Sainct-Pol.

Après que Monsieur le connestable eut passé les monts et fut venu en la playne de Piedmont, le mareschal de Chabannes fut adverty par ung espye, qu'il avoit envoyé sur le champ[1], que ledict Prosper Coullonne avec sa bande estoit en une petite vallée nommée Villefranche[2], près Montcallier[3], de la rivière du Pau, lequel Prosper ne scavoit pas que nostre avantgarde eust passé les montz et ne faisoit pas grand guect. Ledict mareschal en advertyt le capitaine Bayard, le s[r] d'Ymbercourt et le s[r] d'Aubigny, lesquelz, après l'avoir signiffié à Monsieur le connestable, délibérèrent d'aller courir avec leurs gens jusques audict lieu de Villefrance ; ce qu'ilz firent et passèrent à gué la rivière du Pau, qui lors estoit basse, et arrivèrent jusques aux portes de Villefranche sans estre descouvertz ne apperceuz ; et, quand ceulx qui faisoient le guect en ladicte ville veirent les Françoys, voullurent clorre les portes et lever les pontz-levys, mais lesdictz François à course de chevaulx arrivèrent sy tost ausdictes portes que ne peurent estre closes et feurent gaignées. Et, combien que ledict Prosper eust esté ung peu paravant adverty de la venue desdictz François, toutesfoys n'en voulloyt riens croire, ains s'en

1. M. de Pommerville, d'après le *Journal d'un bourgeois de Paris*, p. 17.
2. Villafranca, à 25 kilomètres de Pignerol, sur le Pô.
3. Moncalieri, à 9 kilomètres de Turin, sur le Pô.

mocquoyt et jamais n'eust pensé que les François feussent passez les mons en telle sorte et de sy grande subtilité. Par quoy fut prins au dépourveu et toute sa bande rompue et deffaicte. Ladicte prinse donna grand craincte aux Suisses quant en feurent advertiz[1].

Monsieur le connestable et toute l'avant-garde arrivèrent en la ville de Conny, qui est au commancement de Piedmont, et, quant les Suisses furent advertiz de ce, furent fort estonnez et eulx qui estoient en trois bandes, une partie à Pignerol, l'aultre partie à Saluces et la tierce à Suze, s'assemblèrent et conclurent de s'en retourner en leur païs et se mirent en chemyn, faisans grandes journées et de grandz maux par le païs de Piedmont[2]. Toutesfoys ilz estoient costoyez par les advanturiers de France et, quant aucuns d'iceulx Suisses s'escartoyent, ilz estoient deffaictz par les advancoureurs. Le duc de Savoye estoit dedans Thurin et ne s'esmouvoit poinct,

---

1. *Histoire du Chevalier sans peur et sans reproche* (éd. Soc. hist. de Fr.), p. 371-380; *Mémoires de Fleuranges*, p. 49. La date de ce fait d'armes est le 14 août. Jove ajoute aux noms de Bayard, Ymbercourt et d'Aubigny, celui du comte de Sancerre. (Paul Jove, t. I, fol. 169 v°.) — Cette action d'éclat eut un grand retentissement; Louise de Savoie la mentionne dans son *Journal*, pourtant si bref. (Cf. Desjardins, *Négociations de la France avec la Toscane*, t. II, p. 700-701, 706-708.)

2. Ils passèrent par Rivoli, près de Turin, pillèrent Septima et Chivasso, traversèrent Verceil, laissèrent à Novare leurs gros canons et, après s'être formés en deux colonnes, marchèrent, ceux de Berne, de Fribourg et de Soleure sur Arona, à la pointe du lac Majeur, ceux de Zurich, d'Uri, de Schwitz et des autres cantons sur Varese, non loin de Como, et sur Monza, un peu au-dessus de Milan. (Mignet, t. I, p. 79.)

sinon qu'il faisoit fermer les portes des villes de Piedmont devant iceulx Suisses.

Le Roy partyt de Sainct-Pol et veint coucher à un village nommé l'Arche[1], distant de trois grandes lieues dudict Sainct-Pol ; et le lendemain veint coucher à sept grandes lieues de là, à Desmons[2], et est au bout

1. Larche, cant. de Saint-Paul, arr. de Barcelonnette, dép. des Basses-Alpes, à 17 kilomètres de Saint-Paul.
2. Demonte, à 7 lieues de Larche, prov. de Cuneo. — Un secrétaire de Venise, Maffeo Bernardo, vit défiler l'armée à Demonte, qu'il appelle *Tamonte*, et que les éditeurs des *Diarii* identifient par inattention avec Chaumont-en-Bassigny. Voici la description que fait de l'armée Maffeo Bernardo : « ... Mi convene star duo zorni a veder li passar, el qual passar vi dirò per ordine. Li primi fono da zercha 300 stratioti, poi il signor Zuan Jacomo con la sua compagnia, simelmente suo fiol, da poi monsignor de Lutrech, monsignor de Torna, monsignor el gran contestabele ducha de Barbon superbamente, monsignor de Visdon. El zorno sequente passò monsignor de Santo Andrea, el fradelo del ducha de Lorena, monsignor de la Cletta, Pietro Navaro con 6,000 fanti, el ducha de Gelder con 17 milia lanschenechi, buona zente et ben armati. El terzo zorne passò, che incontrassimo al passar l'Arzentiera, monsignor de la Tremoja con gran zente e a di 13 el Bastardo de Savoja. L'artellaria lassono tutta indietro, se non che condusseno a li 13 vinti canoni per un camin, ch'è cossa incredibile che fusseno strade per passar charete. A di 14 ussì di strada, che credo passava il Re con la retroguarda. Questa è stà una bella vista ; ma ho patido assai, e de primo son stà tre zorni che non ho bevuto vin, et ho auto desasio de pan et formazo, ho dormito in terra, che questo paese è sterilissimo maxime de vin, che come si mostrorno, lo bevete tutto... Tutavolta, a hora che sono passati, hanno del zerto vinto, che non tegno Hanibal passasse de là da' monti più potente exercito, avvegna forsi che fosse de più numerosa zente, ma non de la sorte de questo, nè si ben a ordine, con tanti capetanii de la sorte de sti signori, nè si corazoxa zente, tanto che per me, se fusse Roy, non solamente

des grandes montaignes. Il fallut, durant ces deux jours, que chascun portast des vivres, car on n'en trouvoit aucuns, et la plus grande partye de la suite du Roy, qui estoit grosse et grande, durant ces deux jours ne beurent que de l'eau.

Plusieurs s'esbahirent, non sans cause, comme une si grosse multitude de gens et chevaulx, et spéciallement artillerye, peust passer par ce nouveau chemyn, lequel en plusieurs lieux estoit faict de neuf et avoyt convenu trancher des rocz et faire pontz de bois; daventaige, le chemyn estoit fort estroict et n'y pouvoit passer que ung cheval à la fois, et falloit aller l'ung aprez l'aultre et estre la pluspart du jour à pied pour descendre les vallées, qui estoient fort grandes et droictes, tellement que ung cheval avoit grand peyne à descendre. D'aultre part y avoit grant multitude de gens, et les lieues estoient grandes, en sorte que ce que on pouvoit faire en ung jour estoient six lieues, encore falloit partir matin et arriver tard; et estoit le chemyn si hault entre les montaignes que, sy ung cheval faisoit un faulx pas et tumboyt, il estoit précipité plus de demye lieue en bas, que n'estoit que roqz et grans torrens d'eaues des neiges qui fondoient, lesquelz torrens sont sy impétueux que ung cheval ne s'y pourroyt tenir le pied ferme; et avoit convenu faire des pontz de bois ausdictes vallées pour passer iceulx torrens. Oultre, on ne trouvoit personnes aux

---

non mi contenteria del stado de Milan, ma de haver el dominio del mondo, che io voria trovar forma di expugnar el cielo, e costui non credo sarà una bestia che si contenti de andar a banchetare a Milan. » (Marino Sanuto, *Diarii*, t. XXI, col. 12-13.)

villages, car les habitans s'enfuioient au hault des montaignes et laissoient leurs maisons vuydes. Et il y eut plusieurs chevaulx et muletz qui pour la grande presse furent précipitez esdictes vallées[1].

De Desmont, le Roy veint à Conny et aprez veint à Laignas[2], où estoit Monsieur le connestable et toute l'armée, et là veit son armée en ordre, et du depuis marcha tousjours en ordre de bataille. De Laignas, le

1. Pour ce passage des Alpes, voir *Voyage et conqueste du duché de Milan, en 1515, par François I*er, *rédigé en vers et en prose par Pasquier le Moyne, dict le Moyne sans froc, portier ordinaire du Roy.* Paris, Couteau, 1520, in-4°. Voir aussi la lettre de François I*er* à sa mère, citée par Mignet, t. I, p. 77 : « Madame, nous sommes dans le plus estrange païs où jamais fut homme de ceste compaignie. Mais demain j'espère estre en la plaine de Piedmont avec la bande que je mène, ce qui nous sera grand plaisir, car il nous fasche fort de porter le harnois parmi ces montaignes, parceque la pluspart du temps nous fault estre à pied et mener nos chevaux par la bride. A qui n'auroit veu ce que voyons seroit impossible de croire qu'on pust mener gens de cheval et grosse artillerye comme faisons. » — « Sequenti die, dit Paul Jove, in Barcelloniam vallem descensum. Ea ingentibus saxis et iniquissimis collibus interpositis impedita magnam rerum desperationem afferebat. Nam ligonibus dolabrisque proscindere saxeos colles, exaequare crepidines et quum nullus per dirupta equorum usus foret subiectis militum humeris tormenta transvehere necesse erat. Interdum ea magnis funibus ad scopulos et stipites arborum circumductis suspendebantur et versatilibus machinis ergatarum et trochlearum artificio de rupe ad rupem intercedentibus profundissimis vallibus, cum summa admiratione totius exercitus trahebantur. Nonnullis etiam in locis nudarum rupium latera ubi via deerat suppositis tibicinibus, interiectisque longuriis muniebant et insuper iniectis stratisque virgultorum fascibus cespitibus ac glebis pensiles vias transeuntibus curribus parabant. » (Paul Jove, t. I, fol. 169 r°.)

2. Lagnasco, prov. de Cuneo.

Roy vint à Scarnafiz[1] et de là à Carmaignolle[2] et de Carmaignolle à Turin[3], où trouva le duc de Savoye, et n'y séjourna que demy-jour. Quant voulut partir manda audict duc de Savoye par Monsieur le chancellier et par Monsieur de la Trimoïlle qu'il vouloit qu'il le suivist, pour ce que on se doubtoit qu'il usast de simulation ; ce que feyt ledict duc de Savoye et obéyt au commandement du Roy.

Pendant ce temps, les Suisses estoient en Piedmont, eulx retirans en leur païs, faisans plusieurs maulx, et entre aultres pillèrent la ville de Chivax[4] et bruslèrent le chasteau ; à la fin passèrent par le pont d'Yvrée et se retirèrent en leur païs[5].

Le Roy, adverty de leur retraicte, délibéra aller droict à Milan et partyt de Thurin, vint à Cepte[6], de

1. Scarnafigi, prov. de Cuneo.
2. Carmagnola, prov. de Turin. — Il y était le 19 août, puisqu'il écrivit de là à Barthélemy d'Alviane, général de l'armée vénitienne, pour lui recommander de surveiller avant tout les agissements des troupes espagnoles et de les empêcher de faire leur jonction avec les Suisses. (Desjardins, *op. cit.*, t. II, p. 712-713.)
3. En passant le Pô à Moncalieri, où l'attendait le duc de Savoie, « lequel le conduisit à Turin, où il fut receu en grande magnificence ». (Du Bellay, *Mémoires*, p. 124.)
4. Chivasso, prov. de Turin.
5. Aucun Suisse ne quitta l'Italie à ce moment. Ce fut seulement après l'échec des négociations de Verceil et de Gallarate, — dont Barrillon va parler, — que quelques bandes suisses « se retirèrent en leur païs », notamment celles commandées par Albert de Stein. (Fleuranges, p. 51.) Au contraire, en ce moment s'opéraient dans les cantons, sur l'ordre de la diète, des levées de troupes qui devaient venir rejoindre et soutenir celles d'Italie.
6. Settimo-Torinese, prov. de Turin.

cepte à Chivax[1], où il séjourna ung jour, pour ce que messire Thomas Bohier, général de Normandye, qui avoit la principalle charge de faire venir vivres au camp, dist audict seigneur que ceulx qui conduisoient et menoyent les vivres ne pouvoyent tant faire de chemyn par jour que faisoyt le camp et qu'il falloit actendre les vivres, de paour que n'advint désordre. Ledict général se porta vertueusement et prudemment en ladicte charge.

De Chivax, le Roy vint à Saluges[2], auquel lieu eut

---

1. L'armée arriva à Chivasso le 22 août. (*Copia di letera di sier Piero Pasqualigo, orator nostro appresso il Cristianissimo Re*, du 28 août 1515, dans Marino Sanuto, t. XXI, col. 22.) On jeta là deux ponts de bateaux sur la Dora, l'un pour les cavaliers, l'autre pour l'infanterie. (*Ibid.*)

2. Saluggia, prov. de Novare. — Piero Pasqualigo, ambassadeur de Venise auprès du roi de France, vit à Bianze l'armée défiler devant lui. Voici la description qu'il en a laissée dans sa lettre à son neveu du 28 août 1515 : « Io volsi veder *ad oculum* tutta l'armada in arme caminar per la campagna, era spaciosa. Volsi *etiam* far numerar le zente per le filze, che non credo errar de molto. Venia prima tuta l'artelaria, che sono 12 sacri, 16 pezi grossi ch'el ducha di Savoja ne ha prestati, che tira balote da 50 in 60, et 12 falconeti ; poi la munition de balote, polvere, lanzoni, etc... Da una banda venia l'antiguarda capitano lo gran contestabele e signor Zuan Jacomo Triulzi, de homeni d'arme 400, procedendo un ordene di suoi arzieri. Da l'altra venia la bataglia capitano el Christianissimo re armato, tutto in arme in bianco, de homeni d'arme 800, procedendo *similiter* la sua garda d'arzieri al numero de 400 ; e driedo quelli tre ordeni, vene el redeguardo, capitano monsignor de Lansom che è Dolphin, di homeni d'arme 400, con li soi arzieri *ut supra*, che sono in tutto lanze 1,600 in esser nel campo. Le fantarie erano divise in do capi, zoè li guasconi, baschi et altri francesi al numero precise de 4,500 in bello ordene sotto domino Pietro Navaro, et tutti li lanzechenech al numero de

nouvelles que la Royne estoit accouchée à Amboise d'une fille qui fut nommée Loyse, et la tint sur les fons Madame la Régente[1].

De Saluges, le Roy vint au camp près Syllan[2], et

> 17 milia et cinquecento soto el ducha de Geler, de li qual una mità venia tra l'antiguarda e l'artelaria, et l'altra tra la bataglia e dicta artelaria; et cussi quelli del Navaro driedo immediate. Driedo sta massa, veniano un numero infinito de cariazi, venturieri, bagace e zente inutile. Questo è la pura e mera verità vista *ad oculum* per mi; de che non avete a meterli un minimo dubio. L'è mo vero anche, che questi signori dicono haver con domino Marco de la Pric sotto lanze 400 et a la coda de sguizari lanze zercha 800 sotto al maraschaldo Latrech, e che 150 lanze ne vengono driedo condute per el ducha de Lorena che ritorna a noi, che sono lanze 1,350; le quali, zonte a quelle che hora sono in campo, fanno el numero di lanze numero 2,950. *Item*, dicono che la banda negra sarà fra do di con nui, perchè si sa dil suo esser a Avigliana de qua de Susa, e de fanti usati tutti armati 6,000, et el ducha de Geler me ha dito che con quella vengono 2,000 altri lanzechenech, tutti zentilhomeni senza soldo a sue spexe per l'odio hanno a' sguizari e per meritar con la Maesta Christianissima. A questo modo sariano in tutto lanzechenech 26,000. *Item*, dicono haver in diversi lochi dispersi a diversi ofici da 5,000 fanti francesi di quelli di Pietro Navaro, che sariano in tutto fanti 9,500, li quali azonti con diti lanzechenech sariano fanti 35 milia e 500. Con dicti lanzechenech de la banda negra vien l'artelaria grossa di Franza, pezi 16, quale ne li di passati io vidi fra monti; ma sia come si voglia, lo exercito è bello, numeroso, rico, ardito et ben ordinato et vien avanti con diligentia incomparabile. »
> (Marino Sanuto, *Diarii*, t. XXI, col. 22-23.)

1. « Madame Loyse, fille aisnée de mon filz, fut née à Amboise en 1515, le dix-neufviesme jour d'aoust, à 10 heures 47 minutes aprez midi. » (*Journal de Louise de Savoie*, p. 89.) — « Sua Maestà ne ha senti pocho allegreza perche sempre penso di haver uno fiol maschio. » (Pasqualigo à la Seigneurie, du 28 août 1515, dans Marino Sanuto, t. XXI, col. 23.)

2. Cigliano, prov. de Novare.

fut le premier camp d'ordre que l'on commencea à tenir. Audict camp le duc de Savoye, qui avoit grand désir trouver quelque moien de paix entre le Roy et les Suisses et qui estoit allé devant à Verseil[1], escripvit au Roy que aucuns des seigneurs des ligues de Suysse luy avoient mandé que, sy ledict seigneur voulloit envoyer quelques ambassadeurs à Verseil, ilz y en envoyeroient pour faire une paix et alliance entre eulx. Ce que le Roy, désirant éviter effusion de sang chrestien et la paix plus que la guerre, accorda et envoya le bastard de Savoye, auquel fit bailler instructions desquelles la teneur ensuyt.

Instructions à messire René, bastard de Savoye, comte de Villars et de Tende, conseillier et chambellan ordinaire du Roy, grand séneschal et gouverneur de Provence, ambassadeur dudict seigneur, pour traicter avec les seigneurs des Ligues paix, amytié, alliance, confédération et bonne intelligence[2].

Et premièrement, jacoyt que le Roy ne leur soyt en riens tenu ne obligé et que sa force et puissance soyt sy grande et telle que avec l'ayde de Dieu, s'ilz entrent en bataille, il est vraysemblable à tous de bon sens et entendement qu'il les vaincra et aura victoire d'eulx; néantmoings, pour éviter effusion de sang et pour l'amour qu'il a tousjours porté ausdictz seigneurs des Ligues et affin de se servir de leurs hommes à la guerre qu'il entend faire

---

1. Vercelli, prov. de Novare.
2. Le texte de ces instructions a été collationné sur le ms. de la Bibl. nat., fonds Clairambault 317, fol. 4613, et sur le ms. f. fr., 16945, fol. 190. — On ne peut dater cet acte que de la fin d'août 1515.

de brief contre les Infidelles et pour conserver pour icelle guerre ceulx qui pourroient périr et estre occis, s'ilz venoient à avoir bataille, ensemble sera content ledict seigneur, pour avoir paix, amytié et intelligence avec eulx, faire ce qui s'ensuit.

C'est assavoir que entre ledict seigneur et eulx sera faicte une paix, amytié, alliance et confédération perpétuelle et indissoluble, sans fraulde ne malengin, et telle qu'ilz seront amys des amys et ennemys des ennemys, à la tuition, garde et deffence de leurs personnes, terres et seigneuryes et aussy pour offenser ceulx qui leur tiendroyent aulcun tort et contre lesquelz auroient juste querelle. Et en ladicte paix, amytié et confédération seroient comprins les amys, alliez et confédérez d'ung costé et d'aultre, lesquelz pourroient nommer dedans trois mois prochainement venant; et, si d'ung costé ou d'aultre estoit nommé quelqu'un qui teint tort à l'aultre, il ne sera comprins que préalablement il n'ait réparé icelluy tort. Sy le Roy avoit affaire de leurs hommes pour la guerre qu'il veult faire contre les Infidelles ou pour la tuition et deffense de son royaume, païs, terres et seigneuryes, ou pour offenser quelqu'un qui luy tiendroit tort ou contre lequel auroit juste querelle, lesdictz seigneurs des Ligues seront tenuz bailler de leurs hommes audict seigneur à tel nombre qu'il en demandera en payant. Aussy ledict seigneur, pour la tuition et deffence de leur païs et pour offenser ceulx qui leur tiendroient tort et contre lesquelz auroient juste querelle, leur baillera de ses gens à cheval jusques à tel nombre qu'il sera entre eulx advisé. Et, moyennant ladicte paix, alliance, amytié et confédération, ledict seigneur leur donnera quatre cens mil escuz d'or payables pour une fois à quatre termes, dont le premier commencera à la feste de Noël prochainement venant et le reste se payera d'an en an audict jour jusques à fin de payement. Plus, ledict seigneur leur donnera ung chascun an sur sa duché de Milan, tout ainsy et par la forme et manière que faisoit Maximilian Sforce, quarante mil escuz, moyennant lesquelz seront tenuz faire semblables obligations et promesses qu'ilz avoient faictes audict Maximilian pour la garde et conservation de la duché de Milan. Aussy ledict seigneur payera trois souldes et payes aux hommes desdictz seigneurs des Ligues estans de présent au camp contre luy, dont la première sera baillée contant, la seconde au bout de six mois prochains et l'autre au bout de six mois lors ensuivans.

Pareillement leur donnera ledict seigneur trois cens mille escuz soleil payables en cinq ans, dont le premier commancera au premier jour de juillet prochainement venant et le reste sera payé d'an en an audict jour jusques à fin de payement; et par ce moien seront dès à présent tenuz bailler et délivrer royaument et de faict iceulx seigneurs des Ligues Lugan et Lucarne et aultres terres qu'ilz tiennent en ladicte duché de Milan depuys la guerre en çà. Et, pour la seureté desdicts payemens et chascun d'iceulx payables aux termes dessusdictz, obligera ledict seigneur ladicte duché de Milan et comté d'Asti tant et sy avant que on pourra faire en tel cas. Et oultre pour l'amour d'eulx sera ledict seigneur contant donner à Maximilian Sforce une duché en France de bonne valleur, cens lances et une grosse pension, et le marier haultement à quelque dame de lignage d'icelluy seigneur, et le traictera en sorte qu'il aura cause et matière de se contenter. Et, si le frère d'icelluy Maximilian veult estre homme ecclésiastique, procurera ledict seigneur luy faire avoir des bénéfices en son royaume et aultrement de le pourveoir en la sorte et manière qu'il appartient à son estat. — Et, s'il sortoit quelque différend sur les choses susdictes ou aucunes d'icelles tant sur les termes de payement et seureté d'iceulx que aultrement, ledict ambassadeur pourra d'heure en autre advertir le Roy qui sur ce luy fera scavoir son bon vouloir. Et finablement fera ledict messire René, bastard de Savoye, sur les choses dessusdictes, leurs circonstances et deppendances le mieulx que faire pourra au bien, proffict et utillité du Roy, ainsi qu'il scaura très bien faire, et ledict seigneur a en luy sa parfaicte fiance. Et dira de par ledict seigneur à monsieur de Savoye, son oncle, que en ensuivant ce qu'il a mandé au Roy, tant par les seigneurs d'Orsinges et Lansac que aultres, que en temps et lieu il se déclaireroit pour ledict seigneur le secouroit et ayderoit de son pouvoir à son entreprinse, ce que ledict seigneur l'a prié de faire par plusieurs lettres, que à ces fins luy a escriptes, toutesfois n'a congneu ne apperceu que ledict seigneur duc se soit mis en debvoir pour ce faire, dont le Roy ne se peult trop esmerveillier, actendu la proximité du village qui est entre eulx, le bien, proffict et utillité qu'il luy peult advenir de la maison de France et que la victoire que ledict seigneur pourra avoir en ceste affaire redondera, non seullement au proffict du Roy, mais aussi d'icelluy duc, car moyennant icelle sera hors de la subjection et servitude en laquelle le tenoient lesdictz seigneurs des Ligues et ne trouvera jamais le temps mieulx propre ne plus disposé pour ce faire que à présent, et pour ce derechef le Roy le prye ne différer plus de se déclairer à l'ayder à son entreprinse, car aultrement ledict seigneur présumera qu'il n'a aucune volunté de ce faire et sur ce advisera comment et de quelle sorte il se devra gouverner avec luy. »

Du camp de Sillan, le Roy veint au camp près Sainct-Germain[1], et le lendemain veint au camp près l'abbaye de Montoner[2], qui est à trois mil de Verseil. Audict

1. San Germano Vercellese, prov. de Novarre.
2. Montonero, prov. de Novarre.

camp, environ dix heures du soir, le feu fut mis au logis de monsieur de Vendosme et brusla la plus grand part du logis et de celluy de monsieur le Chancellier, qui estoit joignant ; à cause dudict feu y eut plusieurs de la court qui y perdirent de leurs biens et de leurs chevaulx. Aussy, le Roy envoya le mareschal de Trévolce, avec bon nombre de gens de cheval et de pied, pour mectre le siège devant la ville et le chasteau de Noare, où il y avoit aucuns souldoiers de par Maximilien Sforce[1].

Pareillement audict camp arriva le bastard de Savoye, qui venoit de Verseil, lequel dist au Roy qu'il avoit faict quelque traicté d'accord avec les ambassadeurs des Suisses et que iceulx ambassadeurs avoient promis dedans quelque temps apporter la ratiffication de leurs supérieurs dudict traicté de Verseil.

Du camp de Montoner, le Roy veint à Verseil[2] et feit soigneusement garder les portes de la ville, affin que les gens de pied n'entrassent dedans, et fut ordonné que le camp seroit assis à Commarien[3], my chemyn entre Verseil et Noarre. Et, le lendemain, ledict seigneur vint audict camp de Commarien, où eut nouvelles que la ville et chasteau de Noarre avoyent esté prins par composition. Du camp de Commarien, le Roy veint à Noarre[4] et visita le chasteau, et estant

---

1. « A l'impresa di la rocha de Novarra il Christianissimo ha mandato erī Pietro Navaro con fanti 10 milia et domino Zuan Jacomo Triulzi con lanze 700. » (Lettre de Marco-Antonio Contarini à son frère, du 29 août, de Verseil, dans Marino Sanuto, t. XXI, col. 25.)

2. Il dut y arriver le 27 août.

3. Cameriano, prov. de Novarre.

4. Le roi y entra le 30 août. « Quel dì di 29 la rocha di

audict chasteau fut adverty que plusieurs lansquenetz estoyent entrez dedans la ville et commanceoyent à piller aucunes maisons; lors ledict seigneur commanda que on fermast toutes les portes de la ville, affin qu'il n'y en entrast plus, et subitement monta à cheval, accompaigné des gentilzhommes de sa maison et archiers de sa garde, tous en armes, et veint dedans la ville pour faire cesser le pillage. Il y eut aucuns lansquenetz qui se voullurent muttiner et baissèrent leurs picques; toutesfois furent appaisez et ledict seigneur feit ouvrir une des portes de la ville, par où saillirent tous lesdictz lansquenetz, et vinrent au camp, qui estoit assis à ung mille de ladicte ville de Noarre. Et furent pendant ce temps mis en l'obéissance du Roy aucunes villes de la duché de Milan comme Pavye, Tracas[1], Vigesve[2] et quelques aultres petites places.

De Noarre, ledict seigneur vint au camp entre Tracas et Bupharolle[3], où il séjourna ung jour et demy. Et ce pendant on faisoit ung pont de basteaulx dessus la rivière du Thesin pour passer l'armée. Audict camp, le Roy fut adverty que le s^r de Lisle et Grand Jehan le Picart, capitaines des gens de pied, estoient devant Tracas et voulloient piller la ville; de quoy ledict seigneur fut merveilleusement esmeu et soubdainement se feit armer, monta à cheval, accompaigné des gen-

---

Novara si rese, e a dì 30 intrassemo con el Re in quella terra e ritrovassemo l'artelaria che hora do anni, in la rota di Francesi, sguizari tolse de la qual 4 pezi grossi sono sta conduti in campo. » (Lettres des ambassadeurs vénitiens, du 2 sept. 1515, dans Marino Sanuto, t. XXI, col. 41.)

1. Trecate, prov. de Novare.
2. Vigevano, prov. de Pavie.
3. Bufalora, prov. de Pavie.

tilshommes de sa maison et archiers de sa garde, et veint audict Tracas, pensant y trouver lesdictz capitaines, lesquelz eust faict pendre et estrangler. Mais paravant, advertis de la venue dudict seigneur, s'estoient absentez et icelluy seigneur trouva quelques gens de pied en la campaigne qui estoient de la bande desdictz capitaines, lesquelz, quand aperceurent le Roy, une partye s'enfuyt, des aultres on en occit quelques-ungs; de quoy les habitans du païs furent fort joyeulx et ce conferma leurs cœurs en l'amour dudict seigneur pour ce qu'il avoit préservé les villes de Noarre et de Tracas d'estre pillées.

Durant ce temps, les ambassadeurs des Suisses, qui avoient esté à Verseil, signiffièrent à monsieur de Savoye que leurs supérieurs n'avoient trouvé bon le traicté qu'ilz avoient faict à Verseil et qu'ilz vouloient capituler de nouveau et que, sy le Roy voulloit envoyer ses ambassadeurs à Galleras[1], iceulx ambassadeurs des Suisses s'y trouveroient avec pouvoir suffisant pour conclure une bonne paix; ce que ledit duc de Savoye dist audict seigneur, qui l'accorda et envoya audict lieu de Galleras le mareschal de Lautrec et le bastard de Savoye, ses ambassadeurs; et y alla ledict duc de Savoye pour estre tousjours médiateur de paix entre le Roy et les Suisses. Du depuis, lesdictz mareschal de Lautrec et bastard de Savoye escripvirent audict seigneur la demande que faisoient les Suisses et la responce à icelle faicte par lesdictz mareschal de Lautrec et bastard de Savoye, ambassadeurs du Roy, de laquelle la teneur ensuyt.

1. Gallarate, prov. de Milan.

Nouvelle demande des ambassadeurs des Ligues, pour refaire un nouveau traicté, envoyée au Roy, et responce à ladicte nouvelle demande.

S'ensuit la demande faicte par les ambassadeurs de messieurs des Ligues, au lieu de Galleras, ensemble la responce à icelle faicte par messieurs les ambassadeurs du Roy en la présence de monseigneur le duc de Savoye, oncle dudict seigneur, et premièrement quant à leur premier article, contenant en essence six poinctz, dont le premier s'ensuyt[1].

C'est que lesdictz seigneurs des Ligues offrent au Roy six mil hommes de leurs gens pour la garde, tuition et deffence du royaume de France et duché de Milan, lesquelz ne aultres ledict seigneur ne pourra lever en leurs païs sans l'exprès congé et consentement de la communaulté des Ligues.

Le second point est que lesdictz seigneurs des Ligues n'entendent estre obligez à leurdict office desdictz six mil hommes là où ilz seroient grevez de guerre.

Le tiers est que là où ilz seroient grevez de guerre le Roy leur aydera à ses despens de six cens lances, deux cens chevaulx-légiers avec honneste artillerye.

Le quart est que le Roy leur baillera où ilz seront, comme dict est, grevez de guerre vingt-cinq mil florins d'or de par chascun quartier d'an qu'on leur fera la guerre.

Le cinquiesme, qu'ilz demandent au Roy deux mil livres tournois de pension pour chascun an et pour chascun de leurs cantons, soit des anciens ou nouvellement devenuz cantons.

---

1. Le texte de cette « demande » a été collationné sur les mss. : Bibl. nat., fonds Clairambault, vol. 317, fol. 4612; fonds Brienne, vol. 156, fol. 135.

Le sixiesme et dernier, qu'ilz entendent que leur confédération présente avec le Roy durera sa vye durant tant seullement, avec réservation expresse de leur costé du Sainct-Siège apostolique et Sainct-Empire romain et avec ce de tous ceulx ausquelz ilz ont appoinctement et alliance.

Leur a esté respondu par lesdictz ambassadeurs du Roy et audict premier poinct de leurs articles que lesdictz seigneurs des Ligues, moyennant ceste alliance, amytié et confédération entre ledict seigneur et eulx, seront tenuz de bailler et fournir audict seigneur lesdictz six mil hommes de leurs gens ou tel aultre nombre plus grand ou moindre, à son bon plaisir et volunté, et tout ainsi qu'il en avoit affaire et pour le temps qu'il luy plaira les retenir, non tant seullement pour la garde et tuition de sondict royaume de France et duché de Milan, par eulx seullement exprimez en leurs articles, mais aussy pour la comté d'Ast, seigneurie de Gennes et tous ses aultres païs et seigneuries qu'il tient et qui luy appartiennent, tant deçà que delà les montz; lesquelz six mil hommes, plus ou moins au plaisir du Roy, comme dict est, ledict seigneur souldoyera et fera paier par chascun mois à raison de six livres tournois pour homme dès le temps et jour qu'ilz marcheront de leurs maisons pour le service dudict seigneur.

Quant au second et tiers poinctz, de ne fournir et bailler de leurs gens là et ou cas qu'ilz seront grevez de guerre, leur a esté respondu que le Roy en est et sera content; et, quant ausdictz six cens hommes d'armes, deux cens chevaulx-légiers et honneste artillerye, qu'ilz demandent quant on leur fera la guerre en leur païs, leur a esté respondu que le Roy baillera en ce cas six cens hommes d'armes, mil archiers avec leurs coustilliers et honneste artillerye, le tout à ses propres coustz et despens, ce que ne sera tenu de faire ledict seigneur là et quant il sera pareillement grevé de guerre, affin que l'obligation entre ledict seigneur et eulx, quant à ce second poinct, soyt pareille et réciproque.

Quant au quatriesme poinct, desdictz vingt-cinq mil florins d'or qu'ilz demandent par chascun quartier d'an où ilz seront grevez de guerre, lesdictz ambassadeurs ont respondu que desdictz vingt-cinq mil florins d'or n'en ont rien entendu et leur a semblé que lesdictz seigneurs des Ligues se doibvent très bien contenter du Roy d'avoir de luy à ses propres coustz et despens lesdictz cinq cens hommes d'armes, mille archiers, cinq cens coustilliers et honneste artillerye, de quoy se doibvent et peuvent contenter très honnestement, sans leur estre plus avant tenu ne obligé de bailler ou fournir aultre somme d'argent, oultre les grans sommes cy après escriptes, desquelles bien et honnestement se peuvent et doibvent contenter dudict seigneur.

Quant au cinquiesme poinct, des deux mil livres tournois qu'ilz demandent de pension par chascun an pour chascun de leurs cantons, lesdictz ambassadeurs les ont accordé et accordent.

Quant au sixiesme et dernier poinct, faisant mention de la confédération du vivant du Roy tant seullement et de la réservation de leur part du Sainct-Siège apostolique et Sainct-Empire romain et aultres avec lesquelz ilz ont appoinctement et alliance, leur a esté respondu par lesdictz ambassadeurs du Roy qu'ilz veullent et entendent que ladicte alliance et confédération dure la vye du Roy et cinquante ans après son décès, actendu l'amour et ancienne amytié que ledict seigneur et ses prédécesseurs ont toujours eu à eulx, laquelle ilz ne mectront en oubly non plus que le Roy ne faict de son costé, parce qu'il leur accorde tout ce qu'ilz luy ont demandé, tant à Verseil que en ceste ville. Quant à ladicte réservation du Sainct-Siège apostolique et Empire romain, lesdictz ambassadeurs l'ont pour aggréable en les prenant et acceptant pareillement de la part du Roy, et aussy monsieur le duc de Savoye, son oncle, le duc de Lorraine, son cousin, et aultres qu'il plaira audit seigneur nommer et desclarer pour ses alliez. Et, quant aux aultres avec lesquelz lesdictz seigneurs des Ligues disent avoir appoinctement et alliance, lesdictz ambassadeurs n'entendent ny consentent en aucune manière les excepter, réserver ny comprendre sans plus expresse déclaration d'iceulx que sera faicte présentement.

Et quant au second de leurs articles faisant mention des chapitres qu'ilz avoient avec le feu Roy Loïs, que Dieu absolve, touchant la duché de Milan, péages et sauf-conduictz contenuz en iceulx chapitres et pareillement de la question, où dissension si aucune advenoyt entre les partys, comment ilz doibvent estre traictez, demeurent en leur valleur, selon la teneur desdictz chapitres. Lesdictz ambassadeurs du Roy, en monstrant et faisant apparoir deuement desdictz chapitres, accordent et sont contens qu'ilz demourent en leur valleur sellon la teneur desdictz chapitres et en la forme et manière qu'ilz estoient gardez et observez du temps du feu Roy.

Quant à leur tiers article, par lequel ilz requièrent déclaration de l'appoinctement de Maximilian Sforce, lesdictz ambassadeurs ont déclaré que le Roy luy donnera la duché de Nemours, laquelle il luy fera valoir vingt mil livres tournois de revenu, douze mil livres tournois de pension, cinquante hommes d'armes, et le mariera à une dame de son sang.

Quant à leur quatriesme article, que le Roy leur face rendre entre leurs mains les lettres et obligations que ledict Maximilian a d'eulx, lesdictz ambassadeurs ont respondu que faisant ledict seigneur de sa part le bon traictement que dessus pour amour et contemplation desdictz seigneurs des Ligues et non aultrement, ledict Maximilian aura bonne cause et matière de les remercier à tousjours et par conséquent leur rendre et mectre entre leurs mains toutes et chacunes lesdictes lettres et obligations qu'il a ou pourroyt avoir d'eulx, et quant ainsi ne le vouldroyt faire et seroit refusant le Roy ne luy baillera ne tiendra aucune des choses susdictes que premièrement il ne leur ayt rendu leursdictes lettres et obligations ou quittance libératoire et suffisante d'icelles, et par ce moien ne peuvent faillir lesdictz seigneurs des Ligues de les avoir et recouvrer dudict Maximilian.

Quant aux cinq cens mil escuz que lesdictz seigneurs des Ligues demandent par leur cinquiesme article pour les despenz de leurs gens du camp, tant en Piedmont que du nouveau secours qu'ilz disent avoir eu de leur païs et que ladicte somme leur soit paiée contant pour apaiser leurs gens, leur a esté respondu par lesdictz ambassadeurs que combien que ce soyt chose estrange de souldoyer ceulx qui sont venuz contre ledict seigneur, touteffois, tousjours pour leur montrer de plus en plus l'amour et l'affection singulière que le Roy a à eulx, leur sera baillée et payée la somme de cinq cens mil livres tournois, payables pour les trois payes et souldes de leurs gens, c'est assavoir la première paye contant, la seconde dedans six mois prochainement venant et la tierce au bout d'aultres six mois après ensuyvans, à compter du jour et datte de ce présent traicté.

Et, touchant les trois cens mil escus que lesdictz seigneurs des Ligues demandent par leur sixiesme article, pour rendre au Roy et mectre entre ses mains les chasteaulx de Lugan, Lucarne, Thouen, et la vallée de Thetal avecques toutes leurs appartenances et deppendances, voulans lesdictz seigneurs des Ligues tenir encores en leurs mains lesdictes places jusques à ce que ladicte somme de trois cens mil escus leur soit entièrement payée, lesdictz ambassadeurs du Roy, tant pour leur monstrer de plus en plus l'amour et l'affection qu'il a à eulx que aussi pour le recouvrement entier et préalable, paisible et parfaicte jouissance desdictes places, seigneuryes, chasteaulx, terres et forteresses cy-dessus déclairées, avec leurs appartenances et deppendances, et toutes aultres terres et seigneuryes de la duché de Milan que lesdictz seigneurs des Ligues en général ou particulier et aussy ceulx de la Ligue grise, leurs alliez, tiennent et jouissent de présent, les leur ont accordé et accordent en faisant et accomplissant ce que dessus est dict.

Du camp de Tracas, le Roy passa la rivière du Thesin au pont de basteaulx qu'il avoit fait faire et veint à Bupharolle[1], et laissa quelque nombre de lansquenetz pour garder icelluy pont. Audict Bupharolle vindrent devers ledict seigneur aucuns des députez de par la ville de Milan luy dire que les habitans de ladicte ville voulloient demourer ses bons et loyaulx subjectz et que, s'il plaisoit audict seigneur envoyer quelqu'un de par luy en ladicte ville, qu'il seroit très bien recueilly et tous les François qui y vouldroient venir, aussy que lesdictz habitans administreroyent audict seigneur des vivres pour son camp, et plusieurs d'aultres belles parolles qu'ilz dirent à icelluy seigneur, lequel leur feit très bonne réception[2]. Et, après

1. Le roi arriva à Bufalora le 31 août. (Marino Sanuto, *Diarii*, t. XXI, col. 41.)

2. « A di ultimo (de agosto), zonzessemo a Bufalora, 17 milia de Milan, e li vene 4 oratori da Milan con 100 cavali a dar la terra al Re; et così eri fo facta la deditione et simel ha fatto Pavia. » (Lettre des ambassadeurs vénitiens auprès du roi, du 2 sept. 1515, dans Sanuto, t. XXI, col. 41.)

ce, le mareschal de Tresvolce demanda congé au Roy pour aller à Milan, disant avoir esté adverty par aucuns ses amys que son allée à Milan seroyt proffictable. Le Roy, ne se confiant aux bonnes parolles desdictz députez, n'alla le droict chemyn de Milan et veint à ung village nommé Turbit[1], où il feit asseoir son camp et y séjourna trois jours. Durant ledict séjour, le mareschal de Tresvolce, qui estoit party pour aller à Milan avec sa bande, arriva à un village nommé Sainct-Christofle[2], distant de la ville de Milan environ deux milles.

Estant auquel lieu, la commune de Milan, advertye du retour de ceulx qui avoyent esté à Bupherolle par la suggestion des Gibelins, commancea à se esmouvoir et se assemblèrent environ vingt mil hommes, qui sortirent hors de Milan pour venir assaillir le mareschal de Tresvolse, lequel, peu avant, avoyt mis ses gens en ordre et rallyé quelque nombre d'avanturiers qui n'estoient à la soulde du Roy et s'estoient espartis par le païs. Et, après que lesdictz de Milan furent arrivez et eurent assailly le mareschal de Trévolse, ilz furent si bien recueilliz qu'il y en eut plusieurs mors et blessez et furent contrainctz eulx retirer dedans Milan[3]. Et icelluy mareschal de Tresvolse retourna au camp devers le Roy, rallyant aucuns François qui estoient allez en la ville de Mylan, les aucuns malades pour se faire penser, les aultres pour leur plaisir, lesquelz, durant ledict tumulte, furent les ungs tuez, les

1. Turbigo, prov. de Milan.
2. San Cristoforo, prov. de Milan.
3. Cf. Paul Jove, *op. cit.*, t. I, fol. 174 r°.

aultres, par le moyen de leurs amys, évadèrent. Pareillement lesdictz députez de Milan, qui avoient promis envoyer vivres au camp du Roy, n'en feirent riens. A l'occasion de quoy, y cuida avoir du désordre audict camp pour les vivres, dont ledict seigneur fut très desplaisant; par quoy feit destourner le cours de la rivière qui vad à Milan, affin qu'on ne peust porter aucuns vivres par la rivière dedans Milan, qui s'en esbahyt fort.

Du camp de Turbit, le Roy veint à Rebec[1] et de Rebec veint auprès de Biegras[2], où il feit asseoir son camp. Environ quatre heures du matin feyt sonner un faulx alarme pour faire tenir la gendarmerye plus dilligente, car se doubtoit que ne prandroyt fin sans bataille.

Du camp de Biegras veint à Bynasque[3], où il feyt asseoir son camp, et le lendemain, jour de Nostre-Dame de septembre, veint à la Cherelle[4].

Audict lieu, le Roy fut adverty que le Vice-Roy de Naples, avec sept ou huit cens hommes d'armes espagnolz, estoyt à huit ou dix mille prez de là[5]. Par quoy ledict seigneur délibéra l'aller combattre et feit secrètement dire à monsieur le connestable qu'il fist partir l'avant-garde dès dix heures au soir et qu'il estoit délibéré partir à minuit pour aller combattre iceulx

1. Rebecchino, prov. de Pavie.
2. Abbiategrasso, prov. de Milan.
3. Binasco, prov. de Milan.
4. Lacchiarella, prov. de Milan.
5. Les chefs de l'armée vénitienne écrivaient le 5 septembre que 300 lances de l'armée du pape avaient passé le Pô. (Sanuto, t. XXI, col. 39.)

Espagnolz. Touteffois, peu après, ledict seigneur fut acertené que ledict Vice-Roy de Naples, avec sa bande, s'estoit retiré, sentant les François estre si prez de luy. Par quoy la délibération ne sortit effeict. Le lendemain, deux heures après minuict, arriva ledict seigneur de Sainct-Séverin, premier maistre d'hostel du Roy, qui venoyt de Galleras, lequel apporta audict seigneur un traicté de paix faict et conclud par les ambassadeurs des Suysses, duquel la teneur ensuyt.

Traité de Galleras[1].

Nous, Odet, comte de Foix, seigneur de Lautrec, mareschal de France et lieutenant général pour le Roy très chrestien nostre sire en ses païs et duché de Guyenne, et nous, René, bastard de Savoye, comte de Villard, de Tende et de Sume-Rive-du-Bois, baron de Précigny, seigneur d'Aspremont, grand sénéschal, gouverneur et lieutenant général pour ledict seigneur en ses païs et comté de Provence et son chambellan ordinaire, ambassadeurs, orateurs et procureurs exprès du Roy très chrestien François, premier de ce nom, duc de Millan, comte d'Ast et seigneur de Gennes ; savoir faisons, comme ainsy soit que ledict seigneur nous ait ordonnez, commis et depputtez pour traicter, faire et accorder et conclure la paix, amitié, union, confédération et alliance entre luy et les seigneurs des Ligues, et de ce faire nous ait donné plain pouvoir, auctorité et toute puissance,... lequel, au lieu et jour cy désigné, sommes comparuz, pour icelle

1. Le meilleur texte de ce traité est celui du ms. 16945, fol. 110 du f. fr. de la Bibl. nat. Voir aussi fonds Clairambault, vol. 316, fol. 4049. Les préliminaires et l'approbation du traité par les ambassadeurs du roi ne sont donnés que dans le texte conservé aux Arch. nat., K. 170, n° 38.

traicter, faire, accorder et conclure et mectre en bonne fin, laquelle, par le bon moyen, traicté et soigneuse dilligence de très hault et très puissant prince Charles, duc de Savoye, avons discutée avec lesdictz ambassadeurs desdictz seigneurs des Ligues, ayant aussy de leur part plain pouvoir, auctorité et puissance de ce faire de leurs seigneurs supérieurs, et par-dessus conclue, faicte et accordée selon la forme et teneur des articles cy-dessous insérez et à nous baillez par lesdictz sieurs ambassadeurs des Ligues en iceulx nommez desquelz formellement et de mot à mot la teneur s'ensuit :

Nous, des villes et païs des Ligues, honnorables capitaines, lieutenans, conseil, ensemble les messagiers, ayans plain pouvoir de noz seigneurs supérieurs, à présent assemblez à Galleras, en la duché de Milan, nommément de Zurich, Cunrat Engelhart et Rudolf Roy, tous deux capitaines, Cornellius, advoyer de Berne, monsieur Jehan de Erlach, Anthony Spiluyan et Rudolf Semiser, de Lucerne, Melchior du Lys, Anthony Billy, Caspart Blatinan, Henry Cigly de Undrevalde, Henry Adalras, Aman Marquart Zelgert, Jehan de Einteil, capitaine de Zug, Caspart Yten Amen, Thomas Stodrect, capitaine, Jehan Meiemberg, advoyer de Basle, Hennyan Offemburg, capitaine, Hans Gallation, lieutenant de Fribourg, Jehan Le Seure, capitaine, Pierre Roechy, capitaine, Heinrich Schvetoln, capitaine de Solleure, Melans, advoyer, Thurs, Hugy, tous deux capitaines, Jehan Stocln, banneret de Chaffeusen, Jehan-Jacob Murbach, capitaine, Jehan Seun de Appencel, Hans Tobler et Haury Buman; faisons assavoir comme ainsy soit que par aucuns ans par cy-devant ait esté question et débat entre le Roy de France très chrestien et la communaulté des Ligues touchant la duché de Millan, pour lesquelz questions et débatz chascune partye ayt esté aggravée de gros despens, guerre et effusion de sang que chascune des parties désiroit continuer, et pour ce que seroit chose à craindre que, jour en jour par telles guerres, le sang chrestien griefvement pourroit estre répandu trop, pour à ce obvier et empescher, veu la grande amour et amytié que a esté entre la couronne de France et les Ligues par beaucoup d'ans et de temps et qu'ilz ont monstré l'ung à l'aultre beaucoup d'honneur et de bien, ces choses considérées, le illustre et très noble prince et seigneur Charles, duc de Savoye, nostre gracieulx seigneur et allyé, a tant humilié sa seigneurye et faict si grande dilligence que la régale Majesté et lesdictes Ligues ont consenti à sa requeste que ledict seigneur duc de Savoye ayt parlé comme médiateur d'appaiser ceste présente guerre et à ceste cause a esté assignée par les deux partyes journée à Galleras, où pour et ou nom dudict Roy de France se sont comparuz monsieur le mareschal de Lautrec et monsieur le bastard de Savoye avec plain pouvoir dudict Roy de France, leur maistre, et nous aultres dessus nommez, capitaines, lieutenans et conseilliers, avec plain pouvoir de nos seigneurs et supérieurs des Ligues, auquel lieu nous aultres deux parties, avec l'ayde et assistance dudict seigneur duc de Savoye comme loyal médiateur, avec long labeur avons conclud les articles qui s'ensuivent à l'intention de appointement et paix et entre nous une bonne unyon, laquelle les deux partyes ont accepté et promis observer et tenir, et nommément a esté accordé que le Roy baillera à Maximilian Sforce la duché de Nemours, valant vingt mille livres tournois de revenu par an, cinquante hommes d'armes, et le mariera haultement à quelque dame du sang royal. Et, premièrement, avant d'avoir du Roy l'estat et provision que dessus, rendra et livrera ledict Maximilian entre les mains de nous aultres des Ligues toutes et chascunes les lectres et sceaulx qu'il a ou pourroit avoir d'eulx.

Secondement, le Roy est contant de bailler à nous aultres des Ligues, estans de présent au camp contre sa royalle Majesté, pour les despenz que avons faictz, trois cens mil escuz, c'est assavoir, cens cinquante mil escuz comptant et le demourant de la somme, montant cens cinquante mil escuz, à Noël prochainement venant.

Tiercement, le Roy est contant et accorde, pour luy rendre entre ses mains les places et chasteaulx de Lugan, Lucarne, Dandosse et Eschanthal, ensemble ce que les Ligues grises tiennent appartenant à la duché de Milan avec toutes les aultres terres et places qu'ilz tiennent de ladicte duché de Milan, de bailler et paier en noz mains trois cens mil escuz; c'est assavoir cens mil escuz le premier jour de juillet prochainement venant, et l'année ensuivant, ledict jour mesmes, cent mil escuz et la troisiesme année, encores audict jour, cent mil escuz pour la parpaye desdictz trois cens mil escuz.

Quartement, le Roy est contant de nous donner et livrer en noz mains quatre cens mil escuz payables comme s'ensuit : c'est assavoir, cent mil escuz à Noël prochainement venant, puis aprez à chascune année ensuivant, à semblable jour de Noël, cens mil escuz jusques à la fin de parpaye.

Quintement, affin que nous aultres des Ligues soyons asseurez de toutes les sommes que dessus sans plus grand délay, le Roy de France se obligera envers nous soubz son propre sceau et baillera pour plaige le duc de Lorraine, lequel semblablement soubz son propre sceau s'obligera pour icelle. Et, quant lesdictes obligations scellées seront mises et livrées entre noz mains, alors et non plus tost, nous serons tenuz de vuyder desdictes places et les rendre ès mains du Roy.

Sextement, en ceste conclusion, paix et appoinctement seront comprins les chappitres accordez par le feu Roy touchant la duché de Milan, péages et sauf-conduictz; et semblablement quant il sera question ou discord entre les parties comme l'on les doibt expédier, affin que puis après puissent demourer fermes et stables.

Septiesmement, nous aultres des Ligues réservons expressément la ville de Bellinssonne avec toutes et chascunes ses appartenances.

Le huictiesme et pour le dernier, nous réservons le comté Daronne, le seigneur Galéas Viscontin et tous aultres, lesquelz en ce cas sont tenuz comme voisins et ont tenu nostre party, affin que eulx par le Roy, ses lieutenans ou régens en la duché de Milan ne soient molestez, hays, pugniz ou grevez en corps ne en biens. Et, si aulcuns, tant de la maison de France que desdictes Ligues, sont ou feussent trouvez prisonniers d'une part ou d'aultre, ilz seront délivrez. Et avec cela, pour toutes choses qui sont survenues entre lesdictes parties durant la présente guerre, doibvent estre appoinctées, vuydées et abolyes.

Et, affin que le Roy et les seigneurs des Ligues puissent doresnavant mieulx vivre en paix et en amour et que l'ancienne amytié puisse estre gardée et augmentée, nous deux parties, en ceste journée de nostre unyon, l'avons convenue, décrettée et conclute par ce qui s'ensuit :

Premièrement, sy le Roy à présent régnant eust ou aura guerre en son royaume de France, duché de Milan, comté d'Ast, seigneurie de Gennes et en ses aultres seigneuries, terres ou païs, qu'il tient de présent tant deçà que delà les montz, nous aultres des Ligues devons laisser aller tant de compaignons de noz gens qui luy seront nécessaires à ses despens, pourveu que lesdictz seigneurs des Ligues alors n'aient que faire de leurs compaignons pour leur propre guerre, pourveu aussy que ledict seigneur ne aultre pour luy ne puisse lever lesdictz compaignons sans le sceu et consentement de la communaulté des Ligues.

Semblablement, où lesdictz seigneurs des Ligues seront grevez de guerre, le Roy sera tenu de leur envoyer cinq cens lances et mil archiers et honneste artillerye, le tout à ses propres coustz et despens. Et, s'il advenoit que ledict seigneur pour ledict temps fust grevé de guerre en ses propres terres, en ce cas il ne sera tenu d'envoyer aulcun secours, s'il ne le faisoit de son bon gré.

Oultre, doibt le Roy, durant ladicte unyon en vigueur, bailler à chascun canton des Ligues deux mil livres tournois de pension par an, et doibt durer ladicte unyon en vigueur durant la vye du Roy et dix ans après son trespas.

Et en ceste présente unyon nous aultres des Ligues, de nostre costé, réservons expressément le Sainct-Siège appostolique, le Sainct-Empire romain, l'archiduc Charles, comte de Flandres, nostre gracieulx seigneur, et maison de Savoye, le marquis de Montferrat, le duc de Wirtemberg et la maison de Médicis, et tous ceulx qui sont de nostre confédération, excepté le Roy d'Aragon.

Aussy réserve de son costé le Roy le Sainct-Siège de Rome, le Sainct-Empire romain, le Roy d'Escosse, le Roy d'Angleterre, l'archiduc comte de Flandres, le Roy de Navarre, le duc de Savoie, le duc de Lorraine, le duc de Gueldres, le marquis de Montferrat et tous aultres qui sont de sa confédération et unyon.

Et, pour vray et ferme tesmoignaige de ceste unyon, conclusion et décret, les preux, nobles, haultz et saiges seigneurs Cunrat Eingelhart, capitaine de Zurich, et Anthoine Spiluyan, capitaine de Berne, ont apposé publicquement en ces présentes lettres leurs sceaulx, pour ou nom d'eulx et tous nous aultres dessus nommez. Donné audict lieu de Galleras, le jour de Nostre-Dame de septembre, l'an M V^{c}XV.

Laquelle paix, alliance et confédération comme dessus faicte, nous susdictz ambassadeurs avons, ou nom du Roy très chrestien, nostre maistre, accordée, conclute, promise et jurée, promettons et jurons par ces présentes que ledict seigneur ratifiera, gardera, entretiendra et observera de son costé et de poinct en poinct sans les enfraindre en aulcune manière et selon sa forme et teneur.

En tesmoing de ce, nous avons faict mectre et apposer en ces présentes nos scelz et signé de noz propres mains.

Donné à Galleras, le huictiesme jour de septembre M V°XV.

Et, pour fournir comptant la somme de cent-cinquante mil escus mentionnée audict traicté, le Roy feit des empruns sur les princes, barons et seigneurs qui estoyent avec luy, et en moings de dix heures trouva icelle somme comptant en son camp, qui est bien pour démonstrer la grande amour que les François ont à leur prince.

Après que lesdictz cent cinquante mille escus furent trouvez, les envoya avec bonne et seure conduicte audict lieu de Galleras; et si fut envoyée l'obligation du duc de Lorraine, qui estoit pleige et fidéjusseur pour l'entretenement dudict traicté de Galleras.

De la Cherelle, le Roy vint à Couillebic(?), où feyt asseoir son camp, et tournoyoit ledict seigneur le païs autour de Milan, actendant la ratification du traicté de Galleras, affin que peust prendre la possession de la duché de Milan. Mais les choses advindrent aultrement que ne pensoit, car la plus part des cantons d'iceulx Suysses usoient de simulation et faintise, et le cardinal de Syon, Galléas Visconte[1], Jhéromme Moron[2]

---

1. Galéas Visconti, duc de Bari, Milanais, avait servi Louis XII et avait même été fait chevalier de l'ordre du roi; ce qui ne l'avait pas empêché d'abandonner ensuite le service de la France pour se joindre à Maximilien Sforce.

2. Jérôme Moron, né en 1450 dans le Milanais, avait été au service de Ludovic le More et avait fait preuve de réels talents

et aultres gibelins les persuadoyent d'envoier leurs gens pour combattre le Roy.

De Couillebic, le Roy vint à Marignan[1], et, avant qu'il y arrivast, sur les champs fut adverty qu'il y avoit des advanturiers françois qui s'estoient mis hors de leur ordre et voulloient piller ung village; de quoy ledict seigneur fut marry et incontinant, avecques sa compaignye, print chemyn au lieu où estoyent iceulx advanturiers, lesquelz, quant virent ledict seigneur, s'enfuyrent, et ledict seigneur courut après. En courant, il tumba de son cheval. Lors, l'un de ses advanturiers, voyant son prince à terre, vint à luy et ayda à le remonster et après s'enfuyt avecques les aultres. Quoy voyant, icelluy seigneur ne feyt plus suivre lesdictz advanturiers et du depuis feyt enquérir qui estoit l'advanturier qui avoyt aydé à le remonster, car il luy voullut faire des biens. Mais nul n'apparut qui dist l'avoir faict.

Le Roy fut à Marignan deux jours, actendant nouvelles de Galleras, et ce pendant envoya Loïs d'Ars, avec sa compaignye, à Pavye pour garder la ville et le chasteau, qui s'estoient renduz et réduictz. Mais la plus grande partye des habitants de la ville s'en estoient fuys. Aussi le Roy envoya le bastard de la Clayette avec sa compaignye à Laudi[2], qui s'estoit réduict.

Pareillement le Roy fut adverty que le s[r] messire Barthélemy d'Alvyane, avec l'armée des Vénitiens,

---

de diplomate pendant les précédentes guerres d'Italie. Il mourut en 1529.

1. Melegnano, prov. de Milan.
2. Lodi.

approchoit ledict lieu de Marignan, dont le Roy fut fort joyeulx[1].

Cependant, arriva audict Marignan devers le Roy ung messager du pape[2], lequel dist audict seigneur que le Pape désiroit avoir paix et amytié avec luy et plusieurs aultres belles parolles qu'il dit; auquel le Roy feyt responce que de tout temps il avoit désiré avoir bonne amytié et intelligence avec nostre Sainct-Père le Pape; ce qu'il n'avoit encores peu avoir, mais, au contraire, le Pape avoit envoyé le Magnifique

---

1. Barthélemy d'Alviane, laissant son armée à Lodivecchio, vint saluer le roi à Marignan et « trovò soa Maestà ch'el disnava, qual subito che lo vete comparir si levò di tavola fazendoli gran careze, e lo menò in una camera dove era il ducha di Barbon, gran contestabele, monsignor di Lanson dolfin di Franza, missier Zuan Jacomo Triulzi... » (Sanuto, t. XXI, col. 77.) — Le provéditeur Domenico Contarini vint aussi saluer le roi. Il en trace un portrait intéressant : « El ditto Christianissimo è bellissimo Re, gentilissimo, gratiato molto et molto afabile, et faceto, savio et circospeto, et eloquente, dotato de la natura di costumi et de belleza et sentimento grande. Il a uno poco di prima barba : l'abito con scufia di seta negra in testa, con una bareta de lana in capo cinta di penachi negri sopra, con una figura ne la bareta e uno sajon di veludo negro con verge d'oro, el zipon de raso negro et d'oro a striche *sive* liste, e una camisa con el colaro fino a la gola soto el mento lavorato quatro deda de lavoro de filo biancho in tutta belleza. » (Sanuto, t. XXI, col. 90-91.)

2. Le secrétaire Cinzio. (Paul Jove, *op. cit.*, t. I, fol. 173 v°.) Du Bellay (*Mémoires*, p. 125) parle de plusieurs ambassadeurs. — La politique hésitante de la cour de Rome, envoyant à la fois vers le roi une armée et des ambassadeurs, ressort très bien des lettres du cardinal Jules de Médicis, qui, de Bologne, la dirigeait. (Cf. Lettres du cardinal Jules de Médicis à Laurent de Médicis, des 25, 27, 29, 30 août, dans Desjardins, *Négociations avec la Toscane*, t. II, p. 723-731.)

Julian de Médicis[1], son frère, avec quatre cens hommes d'armes pour empescher que ledict seigneur ne recouvrist sa duché de Milan, et, maintenant, quand voyoit que icelluy seigneur estoit en suspens et ne scavoit s'il auroyt la paix ou bataille avec les Suisses, avoyt envoyé ledict messager sans pouvoir suffisant pour faire paix et trefve, affin d'espyer le guect et cependant amuser ledict seigneur soubz umbre de parolles de paix. Oultre, dist audict messager que, sy Dieu permectoit qu'il y eust bataille et que ledict seigneur obtint victoire, que le Pape le trouveroyt d'aussi bon vouloir pour faire ligue et confédération avec Sa Saincteté après la victoire que devant.

Durant ce temps, le cardinal de Syon et Galléas Visconte, grans ennemys de paix, estoient tousjours après les Suisses pour les persuader d'envoyer grand nombre de gens pour venir contre le Roy, et tant feyrent qu'ilz envoyèrent trente-deux mil hommes en la ville de Milan, où feurent bien receuz et logez aux maisons de la ville. Et cependant les ambassadeurs d'iceulx Suisses, qui estoient à Galleras, entretenoient de bonnes parolles le duc de Savoye, le mareschal de Lautrec et bastard de Savoye, ambassadeurs du Roy, disans que actendoient de jour à aultre la ratiffication de leur traicté par leurs supérieurs, car nos gens ne leur vouloyent bailler l'argent qu'ilz n'eussent ladicte ratiffication. Lesdictz duc de Savoye, mareschal de Lautrec et bastard de Savoye estoient bien accompaignez audict lieu de Galleras, car avoyent quatre cens

---

1. Ce n'était pas son frère Julien, alors malade, mais son neveu Laurent que le pape avait envoyé.

lances d'ordonnance, grand nombre de gentilzhommes et pensionnaires de la maison du Roy[1] et quelques archiers de la garde ; aussy y avoit des gens de finances pour l'argent qui y avoit esté envoyé.

Le Roy fut adverty que le cardinal de Syon et Galléas Visconte avoyent amené grand nombre de Suisses dedans Milan, et ne scavoit le Roy que penser et ne pouvoit croire que iceulx Suisses, qui de toute ancienneté avoient le bruict et renom de garder leur foy, luy voulsissent donner la bataille, considéré qu'il avoit traicté de paix avec eulx et qu'il avoyt envoyé l'argent comptant à Galleras et la caution du duc de Lorraine pour l'entretenement dudict traicté. Touteffois, ledict seigneur délibéra aller vers Milan pour scavoir que vouldroient dire les iceulx Suisses et feit desloger son camp et venir à ung lieu nommé Saincte-Brigide[2], qui est à deux mil de Marignan, sur le chemyn de Milan, auquel lieu fit asseoir son camp, et l'avant-garde estoit à ung mil par delà, à ung village nommé Sainct-Julian[3].

1. Notamment Thomas de Foix, seigneur de Lescun, frère de Lautrec. Après la bataille de Marignan, François Ier écrivait à sa mère : « Madame, vous vous moquerez de messieurs de Lautrec et de Lescun, qui ne se sont point trouvez à la bataille et se sont amusez à l'appoinctement des Suisses, qui se sont moquez d'eulx. » (Lettre de François Ier à la duchesse d'Angoulême, du 14 sept. 1515, dans Michaud et Poujoulat, t. V, p. 597.) Gaillard rapproche ces lignes du célèbre billet de Henri IV : « Pends-toi, brave Crillon, nous avons combattu à Arques et tu n'y étais pas. » (Gaillard, *Histoire de François Ier*, t. I, p. 273-274.)
2. Santa Brigida, prov. de Milan.
3. San Giuliano, prov. de Milan.

Le lendemain, jour de jeudy, xiiie de septembre M V^cXV, le Roy envoya le sire de la Trémoïlle et le sire de Boisy, grand maistre de France, avec leurs compaignyes, pour eslire entre le lieu de Saincte-Brigide et Milan place pour asseoir le camp, car ledict seigneur voulloit partir le jour d'après. Et iceulx s^rs de la Trémoïlle et Boisy furent en ung lieu appellé Charvals[1], et est à trois mil près de Milan, lequel lieu esleurent pour asseoir le camp. Ce faict, ledit s^r de Boisy retourna devers le Roy à Saincte-Brigide luy faire le rapport, et ledict s^r de la Trémoïlle, avec sa compaignye, alla courir jusques aux portes de Milan pour scavoir s'il pourroyt entendre nulles nouvelles des Suisses et de leur commune.

Lesdictz Suisses, qui estoient dedans Milan, n'estoient pas d'ung advis, car les ungs vouloient qu'on gardast le traicté de Galleras que leurs ambassadeurs et commis avoient faict avec les ambassadeurs du Roy[2], les aultres et la plus grande partye estoient d'oppinion contraire et vouloient que on combatist le Roy, actendu qu'ilz n'avoyent ratiffié ledict traicté[3].

Pendant ces altercations, le s^r de la Trémoïlle, avec sa compaignie, vint courir jusques aux portes de Milan, comme dist est; par quoy on sonna le tabourin dedans Milan pour rebouter ledict s^r de la Trémoïlle, auquel son tous les Suisses, jusques au nombre de trente-deux mille, se mirent en ordre de bataille et vinrent en la grande place qui est devant le couvent des Cordeliers, appellée Saincte-Francisque. Eulx ainsy

1. Chiaravalle Milanese.
2. Ceux de Berne, Fribourg et Soleure, notamment.
3. Ceux de Zurich, d'Uri, de Schwitz.

assemblez, le cardinal de Syon arriva, qui leur dist ces parolles que j'ay cy couchées par escript selon ma fantaisie :

« Messieurs, que voulez vous faire en perdant tant de temps en inutilles altercations? Vous avez esté et estes plus que jamais réputez les plus vaillans gens de toute la chrestienté, et maintenant vous voulez abastardir et, par oisiveté et soubz umbre de quelques petites promesses incertaines, perdre une sy grande, louable et fructueuse victoire qui vous actend. Vous voyez le Roy de France qui n'est qu'à huict mille d'icy, jà tout esbahy de ce qu'il a esté sy long temps à sy grans despens et travaux sur les champs sans riens faire; tous les princes, seigneurs et gens d'armes de son armée sont ennuyez, et la plus part d'iceulx, qui n'ont accoustumé la guerre et coucher aux champs, ne demandent que le repos; son armée est séparée, car il y en a une partye à Galleras et des plus usitez à la guerre, et une aultre partye est à Pavye, quelques aultres sont à Laude et au pont de Bupharola. Il se fie en ce petit traicté que voz ambassadeurs, sans pouvoir spécial, ont faict avec les siens. Que voulez vous dire? Sy vous délibérez de l'aller assaillir en son camp, qui n'est aulcunement fortiffyé et qui est fort désavantageux pour les gens de cheval, esquelz gist toute la force de son armée, pour les fossez qui sont plains d'eau où est son camp, sans nulle faulte vous emporterez la victoire. Considérez quelle gloire et réputation se vous sera, car toute la chrestienté branslera soubz vous, sans l'inestimable proffict que y aurez : vous pouvez assez entendre que toute la seigneurie du royaume de France est avec le

Roy; les François, qui de leur nature sont orgueilleux et glorieux et triumphans, ont apporté avec eulx tous leurs plus précieulx biens. Sy vous leur livrez la bataille, vous les mectrez en désarroy incontinant, comme feistes dernièrement à Novarre, et eulx mesmes se desconfirent. D'autre part, le vice-roy de Naples, avec huict cens hommes d'armes, est assez près du camp des François, qui n'actend que nouvelles. S'il scait que soyez sur les champs, il viendra frapper sur le bagaige des François, lesquelz, de craincte de perdre leurs biens, vouldront secourir ledict bagaige et, par ce moyen, facilement se mectront en désordre. Ilz ne pensent pas avoir la bataille; vous les prendrez au despourveu. Il me semble que ne devez récalcitrer contre vostre bonne fortune, qui vous incite et stimule[1]. »

Les Suisses, ainsy exhortez par le cardinal de Syon, dellibérèrent aller assaillir le Roy et sortirent de Milan en ordre. Ledict cardinal de Syon estoit avec eulx, marchant derrière, accompaigné de deux cens hommes à cheval, estant monté sur ung genet d'Espaigne, habillé en cardinal, et faisoit porter la croix devant luy comme légat d'Ytalie. Et monsieur le connestable, qui conduisoit l'avant garde et estoit logé à Sainct-Julien, fut adverti de la venue d'iceulx Suisses, premièrement par quelques pionniers qui faisoient des esplanades aux fossez sur le chemyn de Milan pour passer les gens de cheval et l'artillerye, qui disoient

1. Cf. le discours prêté au cardinal de Sion par Guichardin, *Histoire d'Italie* (trad. Favre, Paris, 1838), t. II, p. 413-415. — Celui mis dans sa bouche par Gaillard est plus fantaisiste encore. (*Histoire de François Ier*, t. I, p. 250-253.)

avoir veu grande poussière vers la ville de Milan, car lors faisoit grand chault; secondement par le guect; tiercement par le sire de la Trimoïlle, qui venoit de courir devant Milan. Incontinant feit sonner alarme et envoya le s^r de Rochebaron devers le Roy[1] pour luy signiffier les nouvelles de la venue des Suisses. Ledict seigneur estoit lors au conseil[2] et y estoit le s^r messire Barthélemy d'Alviane, capitaine général des Vénitiens. Et quant fut adverty d'icelles nouvelles, s'arma, feyt sonner alarme et envoya devers monsieur d'Alençon qui conduisoit l'arrière-garde, affin de le faire tenir prest.

Cependant envoya devers monsieur le connestable l'escuyer Dampierre pour scavoir s'il avoit eu d'aultres nouvelles, car on pensoit que ce ne fust riens; lequel retourna et dist au Roy que pour certain il auroit la bataille et que l'avant-garde estoit jà en ordre et qu'il y avoit veu de bons visages. Incontinant ledict seigneur, armé de toutes pièces excepté le heaulme, monta à cheval et alla veoir l'avant-garde qui estoit en bon ordre.

Les Suisses approchoient fort et marchoient par une grande fierté. La plus part estoient sans bonnetz et sans souliers et sans armeures, et amenoient huict ou neuf pièces de grosse artillerye. Lesdictz Suisses

1. Fleuranges, dans ses *Mémoires*, prétend que c'est lui qui avertit le roi de l'arrivée des Suisses.

2. Fleuranges dit qu'il trouva le roi dans sa chambre, « où il essayoit un harnois d'Allemaigne pour combattre à pied, lequel luy avoit faict apporter son grand escuyer Galéas [de Saint-Séverin], et estoit ledict harnois merveilleusement bien faict et fort aisé, tellement que on ne l'eust sceu blesser d'une esguille ou espingle. » (*Mémoires de Fleuranges*, p. 51.)

avoient délibéré, devant que partir de Mylan, ne prandre aucun prisonnier, excepté le Roy, mais tuer tout, et marchoient fièrement comme ceulx qui s'actendoyent gaigner la bataille[1].

Le cardinal de Syon estoit derrière dont bien luy print.

Quant le Roy fut arrivé à son avant-garde et eust veu que tous ses gens estoient en ordre, pour leur donner courage dist ces parolles que j'ay cy couchées par escript selon ma fantaisie :

« Messieurs, je crois que estes assez certains que puis ung an en çà, par vraye succession, comme le plus prochain de la couronne, j'ay succédé au royaume de France, aussy que à moy et à ma femme, fille du feu Roy dernier décedé, que Dieu absolve, appartient, par droict d'héritage, la duché de Milan; laquelle de présent, contre tout droict et raison, Maximilian Sforce, mon adversaire, détient et usurpe. Pour recouvrer ladicte duché et aussy pour empescher et rompre à mon pouvoir une ligue que on appelle Saincte, laquelle ligue le Pape, l'Empereur, le Roy catholique, les Suisses et ledict Maximilian Sforce ont faicte contre moy pour me destruyre et ruyner s'ilz peuvent, combien qu'ilz n'aient aucune juste querelle à l'encontre de moy, je suis venu par deçà avec vous à grand labeur et despense, délibéré actendre et subir toutes fortunes et vivre et mourir avec vous. Et com-

---

1. « Vous asseure qu'il n'est pas possible venir en plus grande fureur ne plus hardiment. » (Lettre de François Ier à sa mère, du 14 septembre 1515, dans Michaud et Poujoulat, t. V, p. 595.) D'après François Ier, les Suisses étaient environ 28,000.

bien que aye par plusieurs fois sommé ledict Maximilian et lesdictz Suisses qui occupoient icelle duché de me la rendre et que aye demandé et voulu accepter paix avec tous les princes chrestiens, lesquelz n'ont aucune querelle contre moy, touteffois, quelque peyne que aye sceu mectre et pour ambassadeurs que aye envoyez devers eulx, n'ay peu obtenir ce poinct. Par quoy, puisque par amour ne l'ay peu avoir, ay délibéré l'avoir par force s'il m'est possible. Vous voyez, Messieurs, que nonobstant le traicté de paix que les Suisses ont faict avec moy, en me voulant surprandre, me viennent assaillir; vous congnoissez mon bon droict; je vous prye que chascun ayt bon courage de me servir a ce besoing. Quant avons eu passé les mons et sommes venuz à la campagne, vous désiriez combattre les Suisses et ne demandiez que les trouver en la plaine. Maintenant que les y avez trouvez, je vous prie que faciez vostre devoir et que l'effect soyt concordant aux parolles. Je suis vostre Roy et vostre prince, je suis jeune, vous m'avez tous promis fidélité et juré d'estre bons et loyaulx; je ne vous habandonneray poinct et suis délibéré vivre et mourir avec vous. Nous sommes venuz par deçà à grand travail; voici la fin de nostre voiage, car tout sera gaigné ou perdu. Les Suisses disent et nous impropèrent que sommes lasches et couardz et que ne tenons poinct d'ordre et nous reprochent la journée de Novarre. Sy nous avons le cœur sy failly et sommes sy remis que vaillamment et vertueusement ne nous deffendions, avec la perte et dommaige irréparable que aurons, serons perpétuellement deshonorez et diffamez, et toutes aultres nations nous courront sus. Avec le bon droict nous avons le pouvoir, car sommes trop plus que eulx. Ilz sont gens de pied, la plus part sans armes, et n'ont poinct de grosse artillerye, et nous sommes gros nombre de gens de cheval et avons autant de gens de pied que eulx et davantaige grosse quantité d'artillerye. Si nous avons la victoire, comme j'espère que, aydant Dieu et nostre bon droict, aurons, ce nous sera une gloire perpétuelle d'avoir subjugé et vaincu ceux qui se disoient correcteurs et dominateurs des princes et qui tenoient toute la chrestienté en subjection, et sy aurons paix avec toutes aultres nations. Je vous prye derechef que chacun se délibère d'estre aujourd'huy bon combattant. Montrons que l'honneur et la puissance de France n'est poinct sy abolie qu'il n'y ait encores de vaillans gens et preux combattans. Ne dégénérons poinct des mœurs de noz ancestres et prédécesseurs, qui ont faict de sy vertueux actes, tant contre les infidelles que contre les aultres nations de chrestienté. Or, messieurs, ayons tous bon courage, et au nom de Dieu et de monsieur Sainct-Denis, nostre bon patron combattons aujourd'huy virillement, et de ma part suis délibéré ainsy le faire, vous assurant que ceulx qui se monstreront ainsy que doibvent estre, avec l'honneur qu'ilz acquerront, congnoistront avoir faict service à ung prince qui ne sera ingrat, mais qui recongnoistra de bonne sorte le service que on luy aura faict et à tout le royaume de France. »

Ce dict, le Roy mist son heaulme et sa lance en l'arrest et commencea à marcher contre ses ennemys.

Les Suysses avoient délibéré venir premièrement ruer sus l'artillerye du Roy et y avoit ung gros Suisse, du canton de Berne, qui avoyt juré de clouer deux ou trois pièces de l'artillerye dudict seigneur, laquelle estoit gardée par les lansquenetz qui tenoyent bon ordre. Ledict gros Suisse, accompaigné de sept ou huict hommes, vint ruer sur deux ou trois pièces d'artillerie et les cloua. Touteffois une bande de lansquenetz vint frapper sur luy, en sorte qu'il fut tué et tous les Suisses qui estoient avec luy[1].

Lors l'artillerie commencea à tirer. Les Suisses, leurs picques croisées, vigoureusement assaillèrent les lansquenetz et aultres gens de pied françois, lesquelz très vaillamment les reçeurent et commencea la bataille forte et aspre[2]. Le Roy avec les princes, seigneurs et gentilzhommes de sa maison, qui estoient sur les esles, vindrent donner dedans iceulx Suisses et en ruèrent plusieurs par terre[3]. D'aultre part, le comte Petre Navarre et les Gascons arbalestriers estoient d'ung aultre costé, qui commencèrent à tirer fort contre les Suisses et en tuèrent plusieurs.

Il estoit environ quatre heures après midy quand la bataille commencea, et faisoyt grand soleil et fort

---

1. Du Bellay place cet incident le lendemain, lorsqu'au point du jour la bataille recommença. (*Mémoires*, p. 125.)

2. Cette première attaque des Suisses faillit décider de leur victoire et il fallut, on va le voir, le sang-froid et l'intrépidité de François Ier pour redonner confiance à ses troupes.

3. « Me sembla bon les charger et le furent de sorte et vous promets, Madame, que si bien accompaignez et quelque gentilz galans qu'ilz soient, deux cens hommes d'armes que nous estions en defismes bien quattre mille Suisses et les repoussames assez rudement en leur faisant jecter leurs picques et crier : France ! » (Lettre de François Ier à sa mère, du 14 septembre, dans Michaud, t. V, p. 595.

chault, tellement qu'il y avoit grande poussière parmy le camp qui nuysoit aux gens d'armes, et l'arrièregarde arriva en ordre de bataille qui augmenta ladicte poussière. Davantaige, parmy le camp, il y avoit des fossés pleins d'eau qui nuysoient fort aux gens de cheval. Oultre, il y avoit des Suisses qui cryoient : France! et les gens d'armes par la poussière ne pouvoient bien discerner les Suisses d'avecques les lansquenetz.

La bataille dura longuement[1] et jusques à la nuict, tellement qu'on ne scavoit qui avoit du meilleur, et, quand on ne veit plus, tout cessa. Ce nonobstant, les Suisses ne partirent poinct du camp, ayans intention le lendemain recommancer la bataille. Aussy le Roy et toute l'armée demourèrent la nuict au champ de bataille[2].

1. Barrillon est en somme assez sobre de détails sur la bataille. C'est dans la lettre de François Ier à sa mère, déjà plusieurs fois citée, que, malgré des exagérations, sont le mieux présentés les arrangements pris et les incidents survenus dans les deux journées de cette bataille. — Voir aussi les lettres des ambassadeurs vénitiens (Sanuto, t. XXI, col. 80-84 et 100-104) et surtout le récit de Mignet, *Histoire de la rivalité de François Ier et de Charles-Quint*, t. I, p. 86-98.

2. « Et dura le combat jusques à la nuict, qui fut si obscure, mesmes à cause de la grande poulcière que faisoient les deux armées, que nul ne connoissoit l'aultre et mesmes que les Suisses portoient pour leur signal la croix blanche, aussi bien que les Françoys, ne portans pour différence sinon une clef de drap blanc chacun en l'espaule ou en l'estomac ; et, pour mieux surprendre nostre armée, n'avoient porté aucuns tabourins, mais seulement des cornets pour se rallier, et fut la chose en tel désordre pour l'obscurité de la nuit qu'en plusieurs lieux se trouvèrent les François et les Suisses couchez auprez les ungs des autres, des nostres dedans leur camp et

Monsieur le chancellier, quand fut adverty que le Roy demouroyt toute la nuict au champ, se retira au logis dudict seigneur et escripvit trois lettres missives au nom dudict seigneur : l'une au mareschal de Lautrec et bastard de Savoye, qui estoient à Galleras ambassadeurs pour le Roy, les advertissant de la bataille et qu'ilz missent ordre à leur affaire, affin qu'ilz ne feussent surprins; l'aultre à Berthélemy d'Alvienne, capitaine général des Vénitiens[1], affin qu'il se hastast de venir le plust tost qu'il pourroit pour donner secours, sy besoing on en avoit ; la tierce fut à Loys d'Ars, qui estoit à Pavye, affin qu'il gardast bien ladicte ville, qui eust esté une retraicte, sy la nécessité l'eust requis, et furent lesdictes lectres portées, qui servirent bien.

Le lendemain, jour de l'exaltation Saincte-Croix, xiiiie jour de septembre, incontinant que le jour apparut, les Suisses se mirent en ordre de bataille pour recommancer. Au contraire, le Roy et toute son armée se mirent en deffence et la bataille recommencea plus forte que le jour précédent. Et l'artillerye tiroyt incessamment, qui dommageoit les Suisses. Le Roy faisoit bien son debvoir et n'y espargnoit sa personne, tellement qu'il eut trois coups de pique et, s'il n'eust esté bien armé, eust esté bien en danger.

Plusieurs gentilzhommes ayans pauvre courage,

---

des leurs dedans le nostre, et coucha le Roy toute la nuict armé de toutes ses pièces, hormis son habillement de teste, sur l'affust d'un canon. » (Du Bellay, *Mémoires, loc. cit.*, p. 125.)

1. Qui était à Lodi. Barthélemy d'Alviane raconte comment il fut averti dans sa lettre à la seigneurie du 14 septembre. (Marino Sanuto, t. XXI, col. 100.)

quant virent que les Suisses au matin recommanceoient la bataille, de paour et craincte fuirent vers Marignan, les aucuns faignans estre blessez, les aultres non. D'aultre part y eut plusieurs vivandiers qui couroient vers Marignan, crians que tout estoit perdu, et faisoient grand tumulte. Par quoy cuyda avoir du désordre au bagage.

Environ huict heures du matin, le s[r] Barthélemy d'Alviane arriva au camp avec sa compaignye de Vénitiens[1] et donna grant courage à ceulx du bagage, qui estoyent fort estonnez de ce qu'ilz voyoient aucuns se retirer vers Marignan.

Alors les Suisses estoient en désordre, car l'artillerye, qui incessamment tiroit, les grevoit fort, et y en eut environ quinze cens qui se mirent hors leur ordre et vindrent errans parmy les champs jusques près ung petit bois, auquel lieu furent deffaictz par les adventuriers françois avec l'ayde de messire Barthélemy d'Alviane[2].

1. Il n'avait avec lui que sa cavalerie, étant arrivé en toute hâte.
2. Barrillon semble diminuer un peu de parti pris le mérite des Vénitiens, qui, dans leurs récits, se font en revanche la part trop belle. Barthélemy d'Alviane prétend qu'à peine arrivé sur le champ de bataille « avec ses gentilshommes, » il mit en déroute 6,000 Suisses et « furono de modo rebatuti, che dove la vitoria era prima incerta, anzi in grande pericolo, allora fu per noi. » (Lettre d'Alviane à la seigneurie, du 14 septembre 1515, dans Marino Sanuto, t. XXI, col. 101.) Le capitaine d'Alviane et le provéditeur Contarini se décernent du reste l'un à l'autre, dans leurs lettres à la seigneurie, les éloges les plus hyperboliques. Il faut reconnaître d'ailleurs que Contarini ne marchande pas non plus la louange au roi de France. Il écrit après la bataille : « Restami *solum* dir a Vostra Excel-

A la fin, les Suisses furent mis en désarroy, car on les chargeoit vertueusement; mais ce ne fut sans perte de noz gens, car on ne charpente sans esclatz.

Lesdictz Suisses, sans plus tenir ordre, se meirent à la fuicte, la plus part de eulx blessez de coups de traictz, et quelque nombre de eulx se retira dedans le village de Sainct-Julian, au logis de monsieur le connestable, qui estoit grand, et se cachèrent aux greniers. Mais les lansquenetz et advanturiers, qui les suivoyent meirent le feu dedans le logis, par quoy une partie saillit par les fenestres, se cuidans saulver, mais estoient receuz à poincte de picques et de vardins, les aultres furent misérablement bruslez[1].

Quelque temps avant la fin de la bataille, le cardinal de Syon, qui estoit derrière, adverty que les Suisses avoient du pire, à grand course de cheval s'enfuyt et ne s'arresta aulcunement à Milan, ne alla en son païs de Suisse, mais print chemyn droict aux Allemaignes par devers l'empereur Maximilian.

Lesdictz Suisses ainsy deffaictz et rompuz, le reste se retira vers Milan et il y en avoit grande partie de navrez de coups de traictz. A ladicte retraicte y en eut plusieurs tuez dedans les fossez sur le chemyn de Milan, et ceulx qui eschappèrent vindrent dedans Milan, et les blessez, qui estoient environ deux mil, se

---

lentia che la Maiestà dil Re oggi ha dimostrato tal valor di la persona soa, che mille Cesari haria superato et ha fato tal faticha da eri in qua, che è cosa maravejosa a credere che la età di Sua Maiestà lo patischa. » (Lettre de Contarini, du 14 septembre, dans Marino Sanuto, t. XXI, col. 104.)

1. Fleuranges raconte que c'est lui qui fit « bouster le feu » à la maison et « y demoura bien 800 hommes. » (*Mémoires*, p. 53.) — Cf. le récit de du Bellay, *Mémoires*, p. 126.

mirent aux hospitaulx de la ville et les aultres prindrent chemyn pour eulx retirer en leur païs, excepté seize cens qui se mirent dedans le chasteau de Milan avec Maximilian Sforce, Jhéronime Moron et quelques aultres. Et Galléas Viconte s'en alla aux Allemaignes après le cardinal de Syon. Et estoit environ onze heures du matin quant la bataille fynit et le Roy se retira en son logis, auquel incontinant qu'il fut arrivé se mist à genoulx et adora la vraye Croix, remercyant Dieu de la belle victoire qu'il luy avoit pleu luy donner. Après disner, ledict seigneur commanda que on feist de grandes fosses pour mectre les corps mors, ce qui fut faict, et ceulx qui les mirent dedans lesdictz fosses rapportèrent y avoir mis seize mil cinq cens corps. On estimoit qu'il y avoit de treize à quatorze mil Suisses[1].

En ladicte bataille moururent le duc de Chastellerauld, frère de monsieur le connestable, le comte de Sancerre, le prince de Talmont, le s^r de Bussy, le s^r d'Imbercourt, le s^r de Roye, le s^r de Mouy[2], le puisné, le s^r d'Azincourt et quelques aultres gentilzhommes dont ce fut dommaige[3]. Le Roy escripvit lectres à madame la régente narratives de la bataille[4],

1. Contarini dit 12,000. (Marino Sanuto, t. XXI, col. 106.)
2. Jean de Mouy, seigneur de la Meilleraie, portait la cornette du roi pendant la bataille. Il périt dans l'incendie de la maison du connétable de Bourbon allumé par Fleuranges. (Du Bellay, *Mémoires*, p. 126.)
3. Les ambassadeurs vénitiens, qui citent les noms donnés par Barrillon, disent qu'il y eut environ 200 gentilshommes tués et 80 blessés. (Lettre du 15 septembre dans Marino Sanuto, t. XXI, col. 97.)
4. Voir la lettre souvent citée plus haut.

aussy le signiffia aux princes chrestiens, ses alliez[1], et fit escripre aux bonnes villes de son royaume pour remercier Dieu de ceste belle victoire.

Le Roy d'Angleterre, quant receut les lettres que ledict seigneur luy escripvoit contenans ladicte victoire, qui luy furent présentées par Me Robert de Bapaumes, ambassadeur pour le Roy, après qu'il les eut leues feit semblant qu'il estoit joyeulx; touteffois, sa contenance demonstroit le contraire et avoit les yeux rouges, comme s'il eust eu volunté de plourer[2], et dist audict Bapaumes que, auparavant la réception des lectres du Roy, il avoit esté adverty de la vérité de la bataille et qu'il estoit asseuré qu'il n'y avoit eu plus de quatre à six mil Suisses tuez et que l'avant-garde du Roy avoit esté deffaicte et plusieurs aultres choses qu'il dist audict de Bapaumes.

1. L'archiduc Charles écrivit, le 23 septembre, à François Ier pour le féliciter, et, le 25, à Louise de Savoie. Ces lettres ont été publiées dans la *Revue rétrospective*, 1837, t. XI, p. 442-444, et dans Lanz, *Correspondenz des Kaisers Karl V*, t. I, p. 48-49. Les originaux sont aux Archives nationales, J. 964, n°s 48 et 49.

2. « Et en icelles lisant, il n'y prenoit pas grand plaisir, tellement qu'il sembloit à le veoir que les larmes lui deussent tumber des yeux, tant les avoit rouges de la peine qu'il souffroit... » (Lettre de Robert de Bapaume du 6 novembre 1515; Arch. nat., J. 966, orig.) La date de cette lettre, de beaucoup postérieure à celle de la bataille, s'explique par ce fait que Henry VIII, avec une obstination puérile, avait jusqu'alors regardé comme autant de mensonges ou d'exagérations tous les rapports qui lui avaient été faits de la victoire de François Ier. Celui-ci fut obligé d'envoyer en Angleterre le héros Guyenne, porteur de lettres détaillées, qui furent remises solennellement au souverain par Bapaume. (*Letters and papers...*, préf., p. XLVI.)

Environ unze heures du matin, arrivèrent au camp les gens de pied de l'armée des Vénitiens qui estoient de neuf à dix mil.

La nuict d'après la bataille on feit deux alarmes au camp et chacun s'arma pensant que ce feussent les Espagnolz qui vinssent faire quelque escarmouche. Mais on trouva que c'estoient des gardes du camp qui se battoient.

Il faut noter que, avant que la bataille fust commancée, quant le Roy veint aux lansquenetz pour les admonester de bien faire leur debvoir, iceulx lansquenetz demandèrent audict seigneur que, s'il gagnoit la bataille, il leur donna la tierce partie du pillage de la ville de Milan, ce que ledict seigneur ne leur voulut accorder, mais leur octroya que ledict jour, qui estoit seullement le XIIIe jour de septembre, ilz feussent paiez pour tout le mois et que l'aultre mois commançast le lendemain XIIIIe jour dudict mois de septembre.

Le XVe jour du mois de septembre, le Roy alla veoir l'armée des Vénitiens[1] et, ledict jour, frère Guillaume Parvy, confesseur dudit seigneur, feit ung sermon en la tante d'icelluy seigneur, exhortant ung chascun à rendre grâces à Dieu de la belle victoire

---

1. Lettres de Contarini et de Pasqualigo du 15 septembre. (Marino Sanuto, t. XXI, col. 113.) — Après la bataille, ce fut du reste entre Français et Vénitiens une fraternisation de tous les instants. Le roi traitait au mieux d'Alviane et Contarini, les invitait à sa table, leur donnait entrée jusque dans sa chambre : « ... Poi svegliato il Cristianissimo intrasemo in camera dove era sua Majestà in lecto. La qual levatasi in sedere in camisa, domesticamente ne prese per mano, et dapoi molte facezie, venissemo a parlamento di quanto se haveva a fare. » (Lettre de Contarini du 16 septembre. *Ibid.*, col. 128.)

qu'il luy avoit pleu donner aux François et confesser que Dieu seul avoit donné la victoire et non la force de l'armée, et que on ne s'enorgueillist poinct et plusieurs aultres belles exhortations qu'il feit.

Les corps du duc de Chastellerauld, du comte de Sancerre, du prince de Tallemont, du Sr de Roye, du s^r d'Imbercourt, et du s^r de Bucy furent embasmez et mis en coffres de plomb et furent apportez en France pour estre inhumez aux lieux de leurs seigneuryes.

Ledict jour, arrivèrent au camp le duc de Savoye, le mareschal de Lautrec et le bastard de Savoye qui venoient de Galleras et rapportèrent les cens cinquante mil escus que on leur avoit envoyez pour bailler aux Suisses.

Le Roy teint conseil pour sçavoir sy on debvoit suyvre les Suisses, qui s'enfuyoient en leur païs, ou non. Audict conseil il y eut diversité d'opinions; les ungs estoient d'avis que on les debvoit suivre, les aultres, non. Ceulx qui estoient d'advis que on debvoit suivre lesdictz Suisses, assavoir l'ung d'iceulx dist ces parolles que j'ay couchées par escript selon ma fantasye.

L'opinion d'ung gentilhomme qui fut d'advis que on poursuivist les Suisses.

« Sire, il a pleu à Dieu vous donner une sy grande et noble victoire qu'il n'est mémoire que jamais nul de voz prédécesseurs, estant en personne en quelque armée, en avoyt eu une telle, car aviez presque tous les princes chrestiens contre vous et signamment les

Suisses qui, au temps présent, estoient les plus crainctz et redoubtez de toute la chrestienté. Et par une grande, difficile et dangereuse bataille les avez vaillamment et victorieusement vaincuz et deffaictz, combien que puis le temps du Roy Loïs XIe, estant lors daulphin, et qui en deffit petit nombre près de Basle[1], n'eussent esté desconfitz de quelque prince chrestien, mais ont eu plusieurs grandes victoires et spéciallement contre Charles, duc de Bourgongne, lequel occirent en bataille près Nancy et deffirent toute son armée[2]. Et depuis, par la grande prospérité que ont eue, estoient eslevez en sy grand orgueil que se disoient correcteurs des princes. Or, maintenant, grâces à Dieu, ilz sont desconfictz et y en a en ce camp treize ou quatorze mil tuez. Le reste de leur armée s'enfuyt, la plus part navrez à mort, tellement que y en a quatorze ou quinze cens dedans les hospitaulx de Milan, desquelz on espère plus la mort que la guérison. Parquoy, sy on eust jamais l'opportunité de les deffaire tous et de extirper et destruire ceste petite et meschante nation, qui estoit jà eslevée en sy grande présumption de vouloir tenir chascun prince en sa subjection, Sire, vous l'avez de présent. Avant la bataille, vous estes mis en debvoir d'avoir paix avecques eulx et non sans grand peyne a esté accordée et concluté par leurs ambassadeurs ayans pouvoir spécial à Galleras ; et combien que n'eussent aucune querelle contre vous et que n'ayent droict au

1. En 1444.
2. Le 5 janvier 1477. — Voir en passant à ce sujet *la Bataille de Nancy*, conférence faite par M. Pfister, professeur à la Faculté des lettres de Nancy, le 27 novembre 1892. Nancy, 1892.

duché de Milan, touteffois leur avez offert grande somme d'or pour les deffrayer, laquelle avez envoyée audict lieu de Galleras pour leur délivrer et, nonobstant ce, sans vous deffier ne faire sçavoir, en commectant grande trahison, sont venuz vous assaillir en intention de vous deffaire et toute vostre armée.

« Sire, il me semble soubz correction que actendu la bonne opportunité que avez de présent devez suivre ou faire suivre iceulx Suisses. En ce faisant, les pourrez légièrement deffaire, recouvrer les villes de Lugan, Lucarne et Bellissonne, la Vaulteline et aultres païs qui sont de la duché de Milan, lesquelz, sans nul tiltre et droict détiennent et occupent, et oultre les mectrez en tel désarroy que n'auront aucun pouvoir de vous faire ennuy en vostredicte duché de Milan, seront joyeulx que les laissiez vivre en paix et supplieront avoir vostre grâce et amytié, affin qu'ilz puissent librement achepter des bledz et autres marchandises en vostre royaume et duché de Milan, sans lesquelz pour la pauvreté de leur païs ne scauroient vivre. Et davantaige vostre armée qui les suivra pourra trouver telle opportunité que entrera en leur païs et icelluy subjuguera, de sorte que la nation de Suisse sera mise en telle nécessité que n'aura jamais pouvoir de s'eslever en sy grand orgueil et présumption et par ce moien, Sire, acquierrez ung bruict et renom perpétuel et vostre gloire et vertu sera exaltée par tous les païs du monde. »

Les aultres furent d'opinion contraire et l'un d'iceulx dist ces parolles, que j'ay couchées par escript selon ma fantasye.

Opinion contraire qu'il ne falloit poinct suivre les Suisses.

« Sire, j'ay entendu ce que vertueusement a esté dict icy. Touteffois, Sire, soubz correction, je suis d'advis contraire. Sire, il n'y a pas ung an que par la grâce de Dieu estes parvenu à la très noble couronne de France, et, peu de temps après vostre advénement, avez par ung magnanime couraige, entreprins cest honnorable et difficile voyage de conquester vostre duché de Milan ; duquel voyage, après grans travaux et inestimable despense, estes venu à chef, moyennant ceste très haulte et noble victoire qu'il a pleu à Dieu vous donner contre les Suisses, qui, traistreusement vous vouloient surprendre. Et à leur entreprinse avez sy vertueusement résisté que a esté pour eulx déshonneur et dommaige irréparable et à vous très grans gloire et honneur perpétuel.

« Or sont, comme a esté dict, les Suisses, la plus part mors en ce camp ; les aultres s'enfuyent navrez et blessez avec très grande confusion qui les accompaigne. Le camp vous est demouré et est question de donner ordre au demourant, car Maximilian Sforce est dedans le chasteau de Milan, accompaigné de seize cens Suisses et quelque nombre d'Espaignolz[1]. Ledict chasteau est fort, comme chacun sçait et davantaige est assez bien garny de vivres et aultres munitions de guerre et croy que chacun jugera que on ne doibt laisser l'entreprinse de mectre le siège devant le chas-

---

1. Fleuranges donne à peu près les mêmes chiffres. (*Mémoires*, p. 54.) — Du Bellay dit 4,000. (*Mémoires*, p. 126.)

teau de Milan derrière, car, s'il est prins, ce que se pourra faire en brief temps, actendu que les Suisses ne sont gens pour garder places, et Maximilian mis entre voz mains, vous jouyrez paisiblement du duché de Milan et toute querelle cessera.

« Sy on suit les Suisses, conviendra y envoyer une partie de vostre armée et des gens de pied, lesquelz sont encore tous bouillans et eschauffez de la bataille et ne demandent que piller; il fauldra qu'ilz passent par dedans ou prez la ville de Milan pour suivre iceulx Suisses; sy les gens de pied entrent dedans Milan, je ne faictz nulle doubte qu'ilz ne la pillent, actendu les grandes richesses qui sont dedans et le désir de piller qu'ilz ont; s'ilz la pillent, le reste de l'armée, qui sera icy avec vous, quand on sçaura les nouvelles, voudra y aller et sera difficile de la pouvoir retenir, considéré qu'il n'y a d'icy à Milan que sept ou huit mil; quand vos gens auront pillé Milan, ilz seront riches et opulens, chacun vouldra retourner en son païs et ne faire plus de guerre pour cest yver; par ainsy vostre entreprinse demourera imparfaicte quant à ce poinct du chasteau de Milan et ceulx qui sont dedans se renforceront et prendront courage.

« De suyvre les Suisses n'y a nul proffict ne grant honneur, car sont jà loing, la plus part blessez, et de tuer ung homme demy-mort est plus cruaulté que vaillance. Et, d'aultre part, ce n'est trop seure chose d'assaillir ung homme désespéré; les Suisses qui fuyent sont désespérez; en plusieurs lieux de ce duché de Milan les Françoys sont hays et on pourroit prendre iceulx Suisses en telle sorte et en tel lieu que, eulx voians estre contrainctz passer par la main des

Françoys, comme désespérez se allyeroient avec les villains du païs, qui n'aiment guère les Françoys, et se fortiffieroient en tel lieu qu'il seroit très difficile les avoir à plaisir et peult estre que les assaillir porteroit plus de dommaige que de proffict. On en a peu lire les exemples de Robert, comte d'Arthois, chef de l'armée de Philippes le Bel, vostre prédécesseur, contre les Flamans, lequel fut deffaict par les tysserans et villains de Bruges; aussy du Roy Jehan, à la journée de Poictiers, et de plusieurs aultres. Et est, selon mon adviz, très dangereuse chose de prendre son ennemy en désespoir, car ung homme en ce cas en vault dix. J'ay ouy dire et maintenir à tous bons capitaines et gens sçavans en guerre que à son ennemy on doibt faire ung pont d'or pour fuyr.

« Quant à la ville de Milan, qui sera en grand danger d'estre pillée, sy elle l'est, n'y aurez proffict, ains plus tost dommaige; et combien que les Millanois n'ayent faict comme bons et loyaulx subjectz, touteffois ilz sont voz subjectz. La plus belle vertu qui puisse estre en ung prince pour le faire aymer est clémence et bénignité et voz subjectz de Milan, quand congnoistront que aurez usé envers eulx de sy grande miséricorde que, nonobstant leur rébellion et désobéissance et les crimes par eulx commis, ne les voulez destruire ne user envers eux de rigueur de justice, seront contrainctz de vous obéir et servir plus ferventement et gaignerez leur cœur, qui est le principal que sçauriez avoir d'eulx. D'aultre part, il vous plaira considérer les exécrables maulx qui se perpétront sy la ville de Milan est pillée : tant de gens innocens seront destruictz ! tant de femmes mariées, filles et jeunes veufves seront forcées et corrumpues ! tant d'églises seront spoliées et robées ! et plusieurs aultres crimes se perpétront, comme est accoustumé faire ès prinses et pillages des villes.

« De laisser le chasteau de Milan derrière et ne le prendre, soubz correction n'y auroit aucune apparence, actendu, comme a esté dict cy-dessus, que ledict chasteau sera assez facille à prendre, pour ce que les Suisses ne sont gens pour garder places. Aussy Maximilian Sforce, qui n'est homme de cœur ne de deffence, s'estonnera incontinent et ne pourra longuement endurer le siège. Et par ainsy trop plus grand honneur et proffict ce vous sera de prendre ledict chasteau de Milan et asseurer l'estat de vostre duché, que par une incertitude suivre les Suisses, à laquelle suicte y pourroyt avoir plus de dommaige que de proffict.

« Et est assez semblable que à la prinse dudict chasteau de Milan, qui se pourra assez facillement faire par composition, vous ferez tel traicté avec ledict Maximilian qu'il renoncera à tout droict qu'il pourroit prétendre au duché de Milan, si droict y a, et se rendre à vous. Par ce moien aurez le chasteau de Milan avec toutes les munitions d'artillerye et aultres choses qui sont dedans et vostre conqueste sera parfaicte au très grand honneur de vous, Sire, et de toute la nation de France.

« Or, considérons lequel des deux sera le plus honnorable et proffitable, ou de suivre les Suisses ou de ne les point suivre. Sy on suit les Suisses, fauldra y envoyer une partie de l'armée qui passera nécessairement ou par dedans Milan ou près de ladicte ville, et, comme j'ay dict, à peine se abstiendront du pillage et sera difficille à leurs capitaines de les en pouvoir garder. Or, présupposons qu'ilz ne pilleront point Milan : s'ilz les rencontrent et aconsuyvent, ou les combatront ou ne les combatront poinct et auront victoire ou ne l'auront poinct ; s'ilz les rencontrent, combatent et ont victoire, ce ne sera pas trop grand honneur, car, comme dict est, les Suisses ne sont grand nombre et la plus part blessez, et de tuer ung homme demy-mort n'est grand vaillance. Daventaige, on a pu congnoistre que iceulx Suisses sont vaillans gens et peult estre que sy après demanderont avoir paix avec vous et seront pour faire un gros service à la chrestienté contre les Turcs. Et de dire que, après que on les aura deffaictz, on prendra aysément Lugan, Lucarne et Bellinsonne, cela est douteux, car lesdictes villes sont assez fortes, et de première venue on ne ouvrira les portes à ceulx qui y mettront le siège ; d'autre part, vos gens d'armes et gens de pied n'auront pas abbatu lesdictz Suisses sans peine et grand travail et de les mener incontinent assiéger villes et donner assault seroit trop prins sur eulx ; par quoy, le plus que on retardera sera le plus dommaigeable, parce que les capitaines desdictes villes pour les Suisses se fortiffieront tousjours. Oultre, est bon à croire qu'il y a encores des Suisses gens de guerre qui pourront venir deffendre lesdictes villes et daventaige pourront avoir quelque secours de l'armée du Pape et du Roy catholique qui est encore en ce duché de Milan. Et sy vostre armée, qui suyvra iceulx Suisses, ne les rencontre ou raconsuyve, n'y aura poinct de bataille et par advanture lesdictz Suisses ou partie d'iceulx se seront jà retirez dedans lesdictes villes de Bellinsonne, Lugan et Lucarne; par ainsy voz gens auront perdu leur peyne et s'ilz mectent le siège devant lesdictes villes ne les auront sy tost comme penseront : l'yver approche, il sera très mauvais mener la guerre ou tenir sièges devant villes; ou voz gens rencontreront iceulx Suisses, lesquelz se seront fortiffiez en quelque lieu fort et advantageux pour eulx et auront prins en leur ayde des villains du païs qui n'ayment guères les François : sy voz gens leur livrent la bataille et Dieu permect qu'ilz la perdent et se mectent en désarroy, considérez, Sire, quelle perte et dommaige ce vous seroit et quelle espérance et cœur prendroient iceulx Suisses et les Gibelins et aultres Impériaulx et Sforciades de ce duché de Milan. Aussy, ceulx qui sont dedans le chasteau de Milan s'en fortiffieroient et ravigoreroient. Et sy voz gens de guerre se mectent au pillage de la ville de Milan, considérons les inconvéniens qui en adviendront, cy-dessus récitez; et les Millannois Guelphes, qui ont soustenu vostre querelle et pour icelle deffendre ont enduré plusieurs pertes et dommaiges, seront aussy bien pillez et destruictz que les Gibelins qui ont faict tous les maulx à eulx possibles aux Françoys.

« Par quoy, Sire, il me semble, soubz vostre correction, que on ne doibt point suivre les Suisses, mais que debvez envoier mectre le siège devant le chasteau de Milan et que avant toute œuvre on le doibt prendre. Par ce moien éviterez de mectre vostre armée en hazard et retournerez en France plain de triumphe et gloire. »

Après les opinions oÿes d'un costé et d'aultre fut conclud que on ne suyvroit poinct les Suisses, mais que le chasteau de Milan seroit assiégé. Et fut ordonné que Monsieur le Connestable seroit gouverneur du siège et que on y envoyeroit une grande partie de l'armée avec l'artillerie, ce qui fut faict.

Le Roy partit du camp Saincte-Brigide le XVIe jour de septembre et vint au camp de Chervals où il séjourna jusques au XXIIe jour dudict mois.

Audict camp, vindrent devers le Roy aucuns députez de par la ville de Milan pour s'excuser de ce que n'avoient envoyé vivres au camp dudict seigneur ensuivant leurs promesses faictes à Buffarolles et de ce que avoient receu les Suisses en leur ville et se soubmirent du tout en l'obéissance dudict seigneur voulans demourer ses bons et loyaulx subjectz, le supplians qu'il voulsist user envers eulx de clémence et bénignité, ausquelz ledict seigneur feit assez bonne responce[1].

Pareillement audict camp de Chervalz arriva Messire Loïs de Canossa, évesque de Tricarie[2], ambassa-

---

1. « Da poi pranzo, è venuta la legatione de Milano, 18 oratori a Sua Majestà et *petita venia et misericordia* del commesso fallo, hanno facta la deditione di la terra. Sua Majestà li ha perdonato et factoli benigna acoglientia, sicome è suo costume, che il più benigno et mansueto sire non vidi mai. » (Lettre de Contarini, du 16 septembre, dans Marino Sanuto, t. XXI, col. 128.)

2. Lodovico de Canossa, évêque de Tricarico, était un des diplomates les plus estimés de la cour pontificale. L'ambassadeur florentin à Rome, Baldassare Turini da Pescia, disait de lui : « Costui ha il secrete del cuore di Sua Santità. » François Ier lui donna plus tard l'évêché de Bayeux. — Le pape

deur du Pape, lequel apporta ung bref adressé au Roy, par lequel nostre Sainct-Père demandoyt avoir paix, amytié et confédération avec ledict seigneur. Et pour traicter icelle amytié et confédération, nostredict Sainct-Père avoyt constitué ses procureurs spéciaulx, Monsieur de Savoye et ledict évesque de Tricarie; ce que le Roy accorda et commist Monsieur le Chancellier pour traicter et conclure avec lesdictz duc de Savoye et évesque de Tricarie. Et furent trois ou quatre jours pour accorder les articles du traicté. A la fin, il fut conclud par iceulx qu'il y debvoit avoir bonne paix et indissoluble amytié et confédération entre le Pape et le Roy, moyennant que le Pape rendroyt audict seigneur les citez de Parme et Plaisance estans du duché de Milan et que icelluy seigneur donneroit au Magnifique Julian de Médicis, frère de nostre Sainct-Père le Pape et mary de madame Philiberte de Savoye, sœur du duc de Savoye, la duché de Nemours sa vie durant avec grosse pension et sy donneroit pension au Magnifique Laurens de Médicis, nepveu de nostre Sainct-Père, et plusieurs aultres articles qui furent couchez audict traicté[1].

avait été atterré de la défaite des Suisses. On a souvent cité sa conversation avec l'ambassadeur vénitien Marino Giorgi, lorsque celui-ci vint lui confirmer la victoire des Français. (*Sommario de la relazione di Roma di Marino Giorgi* dans Alberi, t. III, 2ᵉ série, p. 43-44.) — C'est qu'après Marignan François Iᵉʳ avait paru vouloir se porter sur Plaisance et Parme et attaquer ensuite la république de Florence.

1. Le projet de traité établi par le chancelier, le duc de Savoie et l'évêque de Tricarico subit quelques modifications de forme demandées par le pape et auxquelles le pontife fait allusion dans les deux brefs que l'on va lire. Il fut approuvé par

Le Roy partit de Chervalz, le xxiie jour de septembre et veint à Pavye où demoura environ trois sepmaines. Pendant ce temps, le chasteau de Milan fut fort battu d'artillerie du costé du parc, et Petre de Navarre commencea une myne pour myner ledict chasteau.

Audict lieu de Pavye, le Roy receut ung bref du Pape dont la teneur ensuyt :

Leo papa decimus.

Carissime in Christo fili noster, salutem et apostolicam benedictionem. Capita federis inter nos Sedemque hanc Apostolicam et Majestatem tuam ineundi et sanciendi quae venerabilis frater Ludovicus, episcopus Tricaricensis, nuncius apud te noster, tuo nomine nobis attulit, tanquam primordia et quasi fundamenta voluntatis utriusque nostrum, quod semper magnopere concupivimus, consociande, libenter vidimus, libentius autem ipsum episcopum audivimus. Multo enim plura et clariora nobis de optimo tuo erga Dei ecclesiam, Sedemque hanc ipsam Sanctam atque nos animo, egregiaque voluntate, summa cum tua laude et commendatione narravit. Que si vera sunt, quemadmodum quidem credimus, Majestatem tuam de hac pietate et mente plurimum in Domino commendamus. Nihil enim potes dignius atque preclarius facere

François Ier le 9 octobre. Cf. *Ratification par François Ier des articles convenus entre Antoine Duprat, chancelier de France au nom du roi, et les mandataires du pape Léon X.* Milan, 9 octobre 1515. (*I manoscritti Torrigiani del R. Archivio di Firenze*, Firenze, 1878, p. 460, n° 85.) Le traité fut d'autre part ratifié par le pape à Viterbe le 13 octobre 1515. L'original est aux Archives nationales, J. 576, n° 1. Il est donné par du Mont, t. IV, part. i, p. 214.

quam nihil committere quo te ingratum appellare Dominus tam in te largus tamque beneficus possit. Quamobrem, cum te videamus ejusdem Sedis dignitatis et majestatis curam nolle negligere, spemque in Domino habeamus tuarum virtutum specimen quod nobis in ea etate das cum iis opibus ac viribus, quas tibi Dominus tribuit, conjunctum eius ecclesie sancte ac universe reipublice christiane magno adjumento et ornamento futurum, statuimus hujus Sancte Sedis ac nostram dignitatem tuendam tue eidem et virtuti et pietati quantum cum Deo possumus remittere, ut existimare plane possis nobis te post eandem Sedem et esse charissimum et semper fore, confidentes, cum te tantopere pronum ac propensum ostendas ad ea que eidem Sedi atque nobis usui et dignitati sint futura, Majestatem tuam non existimaturam cogendos tibi esse nos, in hoc federis initio, ut honorem dignitatemque nostram neglectam habeamus, quemadmodum ab ipso episcopo Tricaricensi, quem quidem Majestati tue infra bidui spatium ea celeritate qua profectus ad nos est remittemus, clarius omnia et plenius intelliges. Datum Rome, apud Sanctum Petrum, sub annulo piscatoris, die xxvIII^a septembris, millesimo quingentesimo XV°, pontificatus nostri anno tertio. — Bembus.

Suprascriptum : Carissimo in Christo filio nostro Francisco Francorum Regi Christianissimo.

Et peu de temps après, l'évesque de Tricarie retourna, qui apporta à Monsieur le Chancellier ung bref du Pape dont la teneur ensuit :

Leo papa decimus.

Dilecte fili, salutem et apostolicam benedictionem. Intelleximus a venerabili fratre episcopo Tricaricensi, nuncio nostro, quanto cum studio hujus sancte Apostolice

Sedis res atque nostras apud carissimum in Christo filium nostrum Franciscum Francorum regem christianissimum juveris, quantamque in nos eandemque sedem observantiam et reverentiam ostenderis; itaque ea de re devotionem tuam etiam atque etiam in Domino commendamus, ostensuri, cum se occasio dederit, nos tue opere memoriam non abjecisse. Hortamur autem te ut quod reliquum est ita te geras ut Domini gratiam, qui plurimum apud regiam istam majestatem valere devotioni tue tribuit, tibi propiciam efficias deque sede hac Sancta promereare. Reliquum est ut eidem episcopo Tricaricensi, ad eundem Regem revertenti qui tibi nonnulla nostro nomine referet, eandem fidem adhibeas quam nobis ipsis te alloquentibus adhiberes. — Datum Rome, apud Sanctum Petrum, sub annulo piscatoris, die ultima septembris, millesimo quingentesimo XV°, pontificatus nostri anno tertio. — Bembus.

Suprascriptum : Dilecto filio nobili viro Anthonio de Prato militi ac magno Francie Cancellario.

Durant le temps que le Roy fut à Pavye il receut lettres du s^r de Soliers[1], son ambassadeur à Rome, par lesquelles faisoit sçavoir audict seigneur que le Pape et le concile de Latran avoyent décerné une citation péremptoire et finalle pour citer ledict seigneur et l'Église gallicane, affin de venir alléguer causes pour lesquelles la Pragmatique sanction ne debvoit estre abrogée. Sur quoy ledict seigneur manda audict de Soliers que de brief envoyeroit ambassadeur devers

---

1. Louis de Forbin, seigneur de Soliers, du Luc, conseiller au Parlement, puis premier président des comptes de Provence, conseiller et chambellan du roi. Il était déjà ambassadeur à Rome en décembre 1514 (*Diarii de Marino Sanuto*, t. XIX, col. 338, où il est faussement identifié avec Claude de Seyssel). Il demeura à Rome jusqu'en décembre 1515.

le Pape pour deffendre icelle Pragmatique, ou que, au lieu d'icelle on feist quelque concordat qui fut prouffitable pour l'Église gallicane[1].

Aussy, durant ce temps, le Roy envoya le s[r] de Champdenier et messire Pierre de la Vernade, maistre des requestes ordinaires de son hostel, devers le duc et la Seigneurie de Venise, affin de les entretenir tousjours en bonne amytié et dire que ledict seigneur envoyeroit de brief une partie de son armée qui se joindroyt avec celle de la Seigneurie pour recouvrer les villes de Bresse et de Véronne que l'Empereur et le Roy d'Espagne occupoient sur icelle Seigneurie[2].

Le Roy, induict par le duc de Savoye d'avoir paix et alliance avec les Suisses, ou aucuns Cantons d'iceulx envoya Me André Le Roy devers les seigneurs des cantons de Berne, Fribourg et Soleure et luy feit bailler instructions desquelles la teneur ensuyt :

Instructions à Me André Le Roy[3], notaire et secrétaire du Roy et ambassadeur dudict seigneur par devers les seigneurs de Berne, Fribourg et Soleure[4].

Et premièrement, baillera les lettres de créance que le

---

1. Voir p. 34. — François Ier faisait là un premier pas dans la voie qui devait l'amener, en dépit du vœu de ses sujets, à la suppression de la Pragmatique sanction.

2. Champdenier et La Vernade remplaçaient Antoine Trivulze, évêque d'Asti, qui avait obtenu son rappel. Champdenier demeura à Venise jusqu'à la fin de décembre 1515, La Vernade jusqu'à la fin de février, date à laquelle il fut remplacé par M. de Pins.

3. André Le Roy, seigneur de Guynes, notaire et secrétaire du roi, ambassadeur extraordinaire en Suisse (avril-mai 1508), valet de chambre ordinaire du roi.

4. Le texte de ces instructions se retrouve à la Bibl. nat.,

Roy leur escript et par sa créance dira et exposera l'amour et très cordialle affection que ledict seigneur leur a tousjours portée et porte, mesmement depuis que a congneu par effect qu'ilz vouloient avoir paix, amytié, union et intelligence avec lui et que, comme gens de foy et de promesse, craignans et voulans garder leur honneur, qui est à préférer à toutes choses, ilz ne sont vouluz venir aucunement encontre de ce qu'ilz avoient faict et promis quelques persuasions que on leur ayt sceu faire au contraire. Lesquelles choses ledict seigneur ne mectra jamais en oubly ainsy que leur donnera à congnoistre, sy d'aucune chose raisonnable le veullent requérir, car de très bon cœur l'accomplira, comme celluy qui désire leur faire plaisir.

Plus leur dira que ledict seigneur a esté très marry et desplaisant de ce que luy a convenu avoir guerre et bataille contre les seigneurs des autres Cantons des Ligues, qui le vindrent assaillir, sans qu'il pensast à eulx, à son avant-garde, à leur très grande perte et dommaige; à quoy a eu et a très grand regret, d'autant que avoit tousjours souhaité et désiré avoir leur amytié, intelligence et confédération, ainsi que par plusieurs fois leur avoit faict dire, tant avant qu'il feust Roy que après, espérant avec leur ayde faire la guerre contre les Infidelles et les bien soudoyer et contenter, qui eust esté acte agréable et plaisant à Dieu, honnorable et salutaire à eulx et fructueux à toute la Chrestienté, laquelle s'affoiblit ung chacun jour pour les guerres et batailles que les chrestiens font les ungs contre les aultres, à quoy ledict seigneur a voulu de tout son pouvoir obvier, qui ne demande que le sien, et s'est mis en tous les debvoirs que possible luy

f. fr. 16945, fol. 206 (cop.); f. fr. 23378, fol. 367 (cop.); f. Clairambault, vol. 317, fol. 4634 (cop.); f. Dupuy, vol. 43, fol. 14 (cop.). Elles ne sont pas datées.

a esté envers les princes chrestiens et seigneurs des Ligues de le recouvrer sans guerre ne effusion de sang chrestien, offrant, ce faict, sa personne et tout son pouvoir pour faire la guerre contre les ennemys de la foy chrestienne, à quoy nul fors desdictz seigneurs de Berne, Fribourg et Soleure, et depuis nostre Sainct-Père le Pape, qui a faict amytié avec le Roy, n'ont voulu entendre.

Aussy leur remonstrera que l'Empereur, leur ancien ennemy a tasché faire amytié avec le Roy pour leur courir sus et les destruire et adnichiller du tout; et à ce tenoyt la main le Roy d'Espaigne qui queroyt par ce moien Madame, fille du Roy, estre promise et accordée au frère puisné du prince de Castille. Mais ledict seigneur n'y a voulu entendre qui seroit marry et desplaisant de la ruyne et destruction desdictz seigneurs des Ligues et mesmement desdictz Cantons de Berne, Fribourg et Soleurre.

Et est bien certain ledict seigneur que lesdictz Empereur et Roy d'Espaigne ne taschent que deffaire et adnichiller la maison de France ou celle desdictz seigneurs des Ligues, espérans qu'après qu'ilz en auront l'une, pourront après plus facilement destruire l'aultre, et, ce faict, pourront disposer du demourant de la chrestienté à leur plaisir et volunté. Et ont guidé lesdictz princes par une grosse cautelle et malice leur entreprinse, car ont tasché de deffaire lesdictes maisons de France et des Ligues, qui sont ceulx que craignent et doubtent le plus, par leurs mains mesmes, disans : « De manu inimicorum meorum sumam vindictam de inimicis meis. » Et s'est, par plusieurs fois, esmerveillé le Roy, comme lesdicts sieurs des Ligues, qui sont gens d'esprit et d'entendement et clervoyans, n'ont eu regard et considération esdictes cautelles et malices et se sont laissez surprendre par séductions et parolles controuvées, qui leur ont esté bien chères et encores leur seront plus à la longue, s'ilz ne s'en prennent garde.

Aussy, s'est esmerveillé ledict seigneur que iceulx seigneurs des Ligues n'ont le regard que, tant qu'ilz ont demouré alliez et confédérez de la maison de France, leur honneur et réputation s'en est augmentée, leurs supérieurs et hommes estoient riches, ce que leur estoit promis estoit tenu, jamais ne furent priez de se mectre en danger et hazarder leur réputation pour les affaires de France, quant ont esté mis en besongne ont esté bien payez non de promesses mais d'or et argent comptans, et quant ont esté à la guerre pour les querelles de France ont eu gens d'armes et artillerye avec eulx qui les a préservez et gardez. Touteffois, lesdictes choses ont esté bien préveues et considérées avec toute prudence par lesdictz seigneurs de Berne, Fribourg et Soleurre, lesquelz, voyans l'amytié du Roy leur estre plus convenable, seure et proffictable que nulle autre, ont persévéré entretenir effectuellement le traicté de paix et amytié faict entre le Roy et eulx et aussy pour garder leur honneur, foy et promesse dont ilz sont louez et estimez par tout le monde.

Et car le Roy a esté adverty par ses amis que aucuns desdictz Cantons, qui n'ont voulu tenir ledict traicté d'amytié, se sont courroucez contre iceulx seigneurs de Berne, Fribourg et Soleure ce qui n'est vraysemblable, ains ont iceulx seigneurs de Berne, Fribourg et Soleurre plustost cause d'estre marriz et courroucez contre ceulx qui n'ont voulu tenir ledict traicté d'amitié pour l'honneur et réputation de tous les seigneurs des Ligues et dommaige qui s'en est ensuivi;

Touteffois, en quelque sorte que les choses soient, ledict seigneur a bien voulu leur envoyer sondict ambassadeur à deux fins principalles : l'une pour les remercier de ce qu'ilz ont voulu avoir paix et amytié avec luy et ont persisté en leur foy ; — l'autre, que, sy, pour raison de ce, escheoyt qu'ilz eussent quelque division et querelle entre eux, ledict seigneur s'esvertuera y mettre la paix, et s'il ne le peult faire les aydera à ce qu'ilz ne soient foullez.

Et finablement, fera ledict M° André Le Roy ès choses susdictes, leurs circonstances et deppendances le mieulx que faire pourra. Et sy l'affaire s'adonnoit qu'il fallust séjourner quelques jours avec eulx, envoyera homme exprès par devers le Roy pour luy faire sçavoir toutes nouvelles.

Fin desdictes instructions.

Le siège devant le chasteau de Milan continuoit tousjours et estoit ledict chasteau fort battu d'artillerye, de sorte que ung boullevert du costé du parc estoit prest à tumber. Aussy Petre de Navarre continuoyt sa myne[1] et en brief temps estoit prest à y boutter le feu, qui eust faict renverser ung grand pan de la muraille dudict chasteau ; ce qui estonna fort ledict Maximilian Sforce et les Suisses qui estoient dedans ledict chasteau et tellement furent las et espouvantez d'icelluy siège que Maximilian Sforce demanda à parlementer avec Monsieur le Connestable, ce qui luy fut accordé. Et envoya ledict Maximilian Jhéromme Moron pour en son nom gecter par articles le traicté de paix qui se debvroit faire. A la fin, après plusieurs pourparlers d'ung costé et d'aultre y eut ung traicté de paix accordé et conclud entre le Roy et ledict Maximilian, par lequel icelluy Maximilian renonçoyt à tout le droict qu'il prétendoyt au duché de Milan,

1. Il fut très grièvement blessé pendant le siège. (Du Bellay, *Mémoires*, p. 127.)

mectoit en la main du Roy les chasteaulx de Milan et de Crémonne avec toutes leurs munitions, tant de vivres que d'artillerye, pourveu que les Suisses et aultres estrangiers, qui estoient dedans lesdictz chasteaulx, s'en iroient leurs corps et biens saufz. Par ce moien, ledict seigneur donnoit audict Maximilian soixante-douze mille francs de pension, par chascun an, moyennant qu'il demoureroyt en France; oultre ledict seigneur luy promist donner cent mille escuz pour une fois payez et quelques aultres articles qui furent accordez. Lequel traicté fut ratiffié par chascune des partyes[1] et ledict Maximilian mist ès mains de Monsieur le Connestable le chasteau de Milan, et les seize cens Suisses qui estoient dedans s'en allèrent leurs corps et biens saufz. Encores au partir on leur fyt quelques gracieusetez. Oultre, ledict Maximilian envoya commissaires au chasteau de Crémonne pour le mectre ès mains du Roy, et ledict seigneur ordonna capitaines desdictz chasteaulx, assavoir de celluy de Milan le s^r de Montdragon, gentilhomme de Savoye, et de celluy de Crémonne, le s^r de Buno.

Ce faict, Monsieur le Connestable admena à Pavye

1. Voici comment fut établi définitivement le traité d'après les *Lettres promulguant le traité conclu avec Maximilien Sforza,* par lequel ce dernier s'engage à remettre au roi les châteaux de Milan et de Crémone, moyennant quoi le roi promet d'accorder aux Milanais des lettres de grâce; au duc une pension de 36,000 écus et une somme de 94,000 écus payables en deux ans; à Jérôme Moron une charge de sénateur au sénat de Milan, l'office de maître des requêtes de son hôtel et la possession du comté de Lecco; au seigneur de Gonzague, marquis de Mantoue, 2,000 écus. Pavie, 4 octobre 1515. (Bibl. nat., ms. fr. 20615, n° 38.)

devers le Roy Maximilian Sforce, lequel fut bien reçeu par ledict seigneur et, après qu'il eut séjourné à Pavye deux jours, ledict seigneur luy feyt accoustrer son estat et l'envoya en France devers Madame sa mère et luy bailla le sieur de Mortemart pour luy faire compaygnie[1].

En ce temps, le duc de Savoye dist au Roy qu'il avoit esté adverty par aucuns de ses amys des Ligues de Suisse que, sy ledict seigneur vouloyt envoyer aucuns ambassadeurs à Genefve avec instructions et pouvoir suffisant, lesdictz seigneurs des Ligues y envoyeroyent leurs ambassadeurs affin de conclure quelque bonne amytié et confédération entre icelluy seigneur et eulx; à quoy ledict seigneur se condescendit et envoya les sieurs de la Guische et de Fresnes, ausquelz fit bailler instructions dont la teneur ensuyt :

Instructions à messire Pierre de la Guische, chevalier, seigneur du lieu et chambellan ordinaire du Roy, bailly de Mascon, et Anthoine de Vistes, seigneur de Fresne, maistre des requestes ordinaires de l'hostel dudict seigneur, ses ambassadeurs par devers les seigneurs des Ligues[2].

Et premièrement, leur diront et remonstreront l'an-

---

1. Fleuranges dit que ce fut Gabriel de la Chastre (*Mémoires*, p. 55) et du Bellay, le sieur de Mauléon, frère de La Trémoïlle. (*Mémoires*, p. 127.)

2. Le texte de ces instructions se retrouve aux Aff. étr., Suisse, II, fol. 215 (cop.); à la Bibl. nat., f. fr. 16945, fol. 194 (cop.); f. fr. 23378, fol. 317 (cop.); f. Clairambault 317, fol. 4636 (cop.); f. Dupuy 43, fol. 4 (cop.). Elles sont d'octobre 1515.

cienne alliance, amytié et confédération qui a esté par cy-devant entre feuz de bonne mémoire les Roys de France, prédécesseurs dudict seigneur et eulx durant lesquelles ilz ont receu tant en général que en particulier plusieurs beneffices et gratuitez de la maison de France et leurs affaires augmentoyent et prospéroyent et leurs supérieurs et populaire estoient riches et en repoz.

Et durant lesdictes alliance, amytié et confédération, quand aucun se ingéroit faire la guerre ausdictz seigneurs des Ligues en leur pays ou ailleurs, ilz estoient secouruz de gens d'armes, artillerye et argent pour eulx deffendre, ce qu'on leur promectoit estoit tenu et si n'estoient lors pressez ne excitez d'eulx mectre ès dangiers et inconvéniens esquelz se sont depuis mis et trouvez; et quand la maison de France prenoit aucuns de leurs hommes pour faire la guerre, ilz estoient bien payez et sallariez en or et argent comptant et non poinct en promesses, et ilz n'alloient jamais en guerre à la requeste des François qu'ilz n'eussent avec eulx la gendarmerye et aultres gens de pied et bande d'artillerye et par ainsy estoient préservez et gardez et n'encouroyent les périlz, dangiers et inconvéniens esquelz se sont depuis trouvez par ce que leurs alliez et confédérez ne leur ont tenu promesse et les ont laissez tout seulz combattre sans le nombre de chevaulx et artillerye qui leur eust esté nécessaire, dont est proceddé leur grosse et inestimable perte, tant pour leur honneur et réputation que le grand nombre des bons combatans qu'ilz ont perduz.

D'aultre part, leursditctz alliez et confédérez les ont faict mectre en bataille par belles promesses sans argent et sans que les pauvres femmes veufves et enffans des occiz ayent d'eulx aucune rémunération ne récompense, ausquelles choses lesdictz seigneurs des Ligues doibvent avoir bon regard et considération s'ilz sont gens d'esperit et d'entendement et doibvent quérir et chercher l'amytié et alliance de la maison de France plus que de toute aultre, car soubz icelle ilz floriront et prospéreront et par succession de temps se pourront restaurer et remectre sus des pertes par eulx faictes et en prenant le chemyn contraire se pourroient du tout adnichiller, destruire et perdre.

Plus, leur diront que le Roy, lui estant duc de Bretaigne, pour l'amour singulière qu'il avoyt à eulx, car de sa nature ayme les armes et les gens hardis et belliqueux, leur manda par plusieurs fois qu'il soubhaictoit et désiroyt avoir leur amytié, alliance et confédération, et depuis qu'il est Roy, les premiers à qui il fyt sçavoir son advénement à la couronne fut à eulx et si les a par plusieurs moiens faict prier et requérir d'avoir paix et amytié avec eulx, à quoy n'ont voulu entendre jaçoyt que ledict seigneur ne leur fyt jamais desplaisir ne en général ne en particulier et qu'ilz n'ayent sur luy, ses royaulme, terres et seigneuries aucune juste querelle, qui sont toutes choses qui sont à peser et considérer à gens chrestiens qui veullent vivre soubz la loy et craincte de Dieu.

Et quant au duché de Milan auquel ilz ont voulu soustenir Maximilian contre le Roy, en bonne et naturelle raison, avant que entrer en guerre, pour non offenser Dieu, debvoient penser et considérer le droict et querelle d'iceulx Roy et Maximilian, et s'ilz y eussent bien pensé, eussent par droict et raison trouvé la querelle du Roy estre juste et raisonnable et qu'ilz portoient et soustenoient notoirement une mauvaise et injuste querelle au grand péril et dangier de leurs pauvres âmes.

Et pour ce montrer, fault entendre, ainsy qu'il est plus que notoire que le Roy et Maximilian sont descenduz de deux filles d'ung duc de Milan. Mais celle dont est descendu le Roy estoit légitime et par ainsy capable à succéder et l'aultre estoit bastarde, et, à ceste cause, inhabile et incapable de succession.

Et jaçoyt que le duché de Milan soit fief d'Empire, auquel les femmes, ainsy que on veult prétendre, ne succèdent, touteffois cela ne peult préjudicier au Roy, car quant le mariage de Madame Valentine, fille du duc de Milan, bisayeulle du Roy fut faict avec le duc d'Orléans, qui pour lors estoit, fut expressément convenu que défaillant la ligne des masles d'icelluy duc de Milan, elle et les siens succéderoyent à icelluy duché.

Auquel pact et convenance le pape qui pour lors estoit, — vaccant le siège impérial, ayant l'auctorité impérialle, ainsy qu'il est escript en droict, — y consentit et l'auctorisa avec les dérogations et clauses nécessaires, qui monstrent clèrement que ladicte dame Valentine ou les siens à faulte d'hoir masle ont justement et raisonnablement succédé audict duché.

Lesquelles choses bien disputées et entendues par les ambassadeurs de l'Empereur et électeurs de l'Empire avec les commis et députez de feu de bonne mémoire le Roy Loïs dernier décedé, fut clèrement veu et congneu icelluy duché appartenir à la maison d'Orléans et à ces fins, dès lors leur fut baillé investiture en forme deue et autentique, qui monstre clèrement le droict que le Roy et la Royne ont audict duché de Milan et que icelluy Maximilian estoit vray tirant invaseur et occupateur d'icelluy à tort et contre raison.

Et par ainsy s'ensuit selon toute disposition de droict et raison escripte que sans lésion de sa conscience et péché ne pouvoit tenir et occuper icelluy duché et que ceulx qui le pourtoyent, favorizoient et maintenoyent à son injuste occupation péchoient et offensoient Dieu comme luy et que les promesses et obligations, qu'on luy pourroyt avoir sur ce faictes, ne se doibvent garder et observer comme induictes de péché et faictes contre bonnes mœurs, car serment qui n'est de faire, n'est de tenir.

En oultre fault que lesdictz seigneurs des Ligues considèrent et entendent que ceulx qui tenoient la main audict Maximilian et à la conservation d'icelluy duché, ne le faisoyent pour amour qu'ilz luy portassent, ne pitié qu'ilz eussent de luy, ains pour leur prouffict particulier, car le Pape, qui est le premier, tenoyt Parme et Plaisance, qui sont dudict duché, le roy d'Aragon tenoyt Bresse et Bergame, et, d'aultre part, le portoyt pour faire ung boullevart au royaume de Naples, l'Empereur avoyt chascun mois sa pension et sy taschoient iceulx Empereur et Roy d'Aragon soubz main et secrettement par succession de temps faire tumber icelluy duché entre les mains de l'Archiduc et en expulser icelluy Maximilian, qui de soy n'avoit aucun port ne la dextérité et expérience pour le sçavoir deffendre.

D'aultre costé, lesdictz seigneurs des Ligues prenoient leur part audict duché et le cardinal de Syon y tenoit et occupoit des principalles terres et seigneuries, tellement que la partye dudict Maximilian estoyt demourée sy petite que, pour s'entretenir et deffendre et fournir aux promesses qu'il faisoyt ung chascun jour, luy convenoit mectre nouveaulx subsides et tailles sur le peuple à la grand foulle d'icelluy, qui sont toutes choses exorbitantes du chemyn de droicture et vérité et sy violantes que ne pouvoyent longuement durer.

Davantaige, iceulx seigneurs des Ligues considéreront la volunté desdictz Empereur et Roy d'Aragon qui ne tend à aultre fin que de faire leur successeur monarche; et car congnoissans que la maison de France et seigneurs des Ligues sont pour y résister et non aultres, taschent par subtilitez et moiens exquiz les adnichiller et destruire par leurs mains mesmes, espérans les affoiblir sy fort que après pourront parvenir facillement à leur désir et intention.

Plus, leur remonstreront l'ancienne inimitié que ceulx de la maison d'Austriche et de Bourgongne ont contre eulx, non seullement car ont tué et occis en bataille leurs progéniteurs, mais aussy pour ce qu'ilz prétendent iceulx seigneurs des Ligues tenir et occupper plusieurs de leurs terres et seigneuries et s'estre mis en liberté à leur préjudice. A ceste cause ne se doibvent fyer esdictz d'Autriche et de Bourgongne, car ung homme prudent se doibt garder de son ennemy réconsilié et icelluy qui offense, quelque amytié qui survienne entre luy et l'offensé se doibt tenir en ses gardes et ne doibt fortiffier ne bailler le baston à icelluy qu'il a offensé, ains doibt tousjours craindre que l'aultre a volunté de se revancher. Et quant au Roy d'Espaigne, ilz ont assez peu congnoistre comment il tient foy et promesse non seullement à eulx mais aux aultres ausquelz il a à besongner ; et d'aultre part est loing d'eulx de sorte que sy quelque affaire leur survenoyt ne les pourroyt ayder ne secourir. Et de l'Empereur ilz congnoissent assez le port de son arbalestre et de combien ilz peuvent amender de luy. Lesquelz Empereur et Roy d'Espaigne ont persuadé le Roy de faire alliance et amytié ensemble pour destruire et adnichiller iceulx seigneurs des Ligues, à quoy ledict seigneur ne s'est voullu accorder, congnoissant la fin à laquelle ilz tendoient ainsy que toutes les choses susdictes sont notoires.

Item, leur remonstreront l'amytié, intelligence et confédération que le Pape et ledict seigneur ont faict ensemble à la conservation de leurs personnes, estatz et dignitez et mesmement du duché de Milan à la garde et conservation duquel le Pape s'est obligé.

Et d'aultre part, Maximilian Sforce a rendu au Roy les

chasteaulx de Milan et Crémone, ensemble l'artillerye, munitions et vivres qui estoient dedans et sy a quicté au proffict dudict seigneur tout le droict qu'il pourroit prétendre audict duché de Milan et s'en va demourer en France où le Roy a délibéré le traicter humainement et luy bailler et entretenir ce qu'il luy a promis, et à ce n'aura aulcune faulte, car ce qu'il promect il tient sans aulcunement enfraindre.

Et jaçoyt que ledict seigneur ne soit en riens tenu ne obligé ès seigneurs des Ligues et qu'ilz n'ayent aulcune juste querelle sur luy, ses terres et seigneuries et qu'il ayt eu victoire contre eulx, néantmoings, pour l'amour qu'il leur a tousjours portée et porte, est content d'avoir amytié et confédération avec eulx.

Et premièrement, fault présupposer le traicté faict entre le Roy et lesdictz seigneurs des Ligues à Verseil, par lequel ilz se obligeoyent réciproquement d'estre amys d'amys et ennemys d'ennemys et faisoient paix amytié et alliance perpétuelle et indissoluble et sy obligeoyent à la garde et deffense de leurs païs, terres et seigneuries tant deçà que delà les montz et sy debvoient bailler secours et ayde pour offenser ceulx contre lesquelz auroyent juste querelle et renonçoyent à toutes querelles et debvoyent rendre au Roy toutes les terres qu'ilz tenoyent au duché de Milan fors Bellinssonne; et par ce moien ledict seigneur leur donnoyt quatre cens mil escuz d'un costé, qui sont ceulx qui furent promis par monsieur de la Trimoïlle à Dijon et trois cens mil escus d'aultre pour la restitution desdictes terres et trois payes pour la solde de leurs hommes qui estoient aux champs, qui se pouvoit monter cinquante mil escus. Et oultre, leur donnoyt sur le duché de Milan une pension de quarante mil escus tous les ans, qui est semblable à celle que leur donnoyt Maximilian, et par ce moien ilz s'obligeoyent expressément à la garde et tuition d'icelluy duché. Et quant lesdictz seigneurs des Ligues vouldront reprendre et conclure ledict traicté de Verseil, le Roy sera content de l'entretenir, garder et observer en la forme et manière que dessus.

Et depuis, au lieu de Galleras ilz debvoient ratiffier ledict traicté; au lieu de ce, firent nouveaulx articles et récapitulation à leur grand prouffict, advantaige et intérestz et dommage du Roy, lequel traicté de Galleras touteffois fut conclud pour obvier à plus grand inconvénient. Par icelluy lesdictz seigneurs des Ligues s'obligèrent en deux choses au Roy seullement : l'une, que, s'il avoit à faire de leurs hommes pour la tuition et deffense de son royaulme et duché de Milan et aultres terres qu'il tenoyt et possédoyt tant deçà que delà les montz, il en auroyt en payant; — mais il y avoit une resctriction dommageable, c'est assavoir que ledict seigneur ne pourroyt tirer de leurs hommes sans le consentement desdictz seigneurs des Ligues, qui seroit grosse mise audict seigneur tant pour les assembler et deffrayer que pour dons particuliers qu'il convient faire esdictes assemblées. Secundo, s'obligeoyent envers ledict seigneur à luy rendre et délivrer promptement les chasteaulx, terres et seigneuries, qu'ilz tenoient en duché de Milan, fors Bellinssonne, qui leur debvoit demourer.

Et ne faisoient lesdictz seigneurs des Ligues aucune ligue et confédération avec le Roy et sy ne promectoient de ne luy faire la guerre ne de bailler de leurs hommes contre luy à ceulx qui leur en demanderoyent et sy ne debvoit durer l'obligation que à la vie du Roy et dix ans après.

Et sy se réservoient de garder et observer les alliances et confédérations qu'ilz avoient avec le Pape, Empereur et aultres fors le Roy d'Espaigne, qui estoit une clause de grosse importance contre le Roy, car, actendu les alliances qu'ilz avoyent avec le Pape et le Roy des Romains, dedans trois jours après eussent peu faire la guerre au Roy et mesmes pour le faict de Parme et Plaisance et pour les terres que l'Empereur tient des Vénitiens, esquelz le Roy est obligé de leur ayder à les recouvrer, et par ainsy le Roy eust perdu son argent. D'aultre part réservoyent le s^r Galléas Viconte et son gendre, le comte d'Arone et les aultres voisins et bien veillans du duché de Milan, qui leur avoyent aydé à faire la guerre esquelz le Roy debvoit pardonner, qui estoit oster audict seigneur toutes les confiscations et compositions qu'il eust peu recouvrer du duché de Milan pour la révolte et rébellion qu'ilz pourroient avoir faicte contre luy.

Et leur promectoyt le Roy quatre cens mil escus d'une part qui sont ceulx qui leur furent promis par monsieur de la Trimoïlle à Dijon, sans approuver toutteffois ledict traicté de Dijon, car ledict seigneur de la Trimoïlle n'avoit pouvoir de le faire; trois cens mil escus d'aultre part pour la reddition des places et trois cens mille escus pour la soulde de leurs gens payables aux termes en la forme et manière contenuz audict appoinctement, desquelles sommes le Roy se debvoit obliger soubz son grand sceau et bailler pour caution Mr de Lorraine. Et oultre, ledict seigneur leur promectoyt donner ung chascun an de pension vingt-six mil francz, qui est à chascun canton deux mil francz; et sur ce fault notter que par le traicté de Verseil le Roy debvoit donner quarente mil escus de pension et par celluy de Galleras que vingt-six mil livres tournois ainsy que dict a esté cy-dessus. Et la cause pour quoy ladicte pension fut donnée à Galleras est car ceulx qui faisoient ledict traicté entendoyent que l'oultre plus des vingt-six mil francz pour parvenir à ladicte de somme de quarente mil escus se deust distribuer ung chascun an entre eulx secrettement en pensions particulières, à quoy le Roy avoit interestz d'aultant que ce qui se baille aux cantons est congneu par le populaire et en font leur prouffict et leur conserve la volunté de demourer en amytié pour le prouffict qui en provient, et d'aultre part c'estoit ung moien pour faire rompre le populaire, ainsy qu'ilz firent, leur donnant à entendre que, du temps de Maximilian, ilz avoient quarente mil escus au soleil ung chascun an et que le Roy ne leur donnoit que vingt-six mil livres, qui estoit une grosse perte pour eulx.

Sy lesdictz seigneurs des Ligues vouloient reprendre ce qui fut faict à Galleras leur fauldra dire qu'ilz l'ont rompu de leur costé et que le Roy a eu la victoire et par ainsy n'y auroit aucune apparence en la forme et manière qu'il est couché.

Et premièrement quant à la soulde de leurs gens, qui se monte trois cens mil escus, ilz ont faict la guerre au Roy, une partye d'eulx y est morte, ainsy ne leur fault plus de soulde et en ladicte guerre le Roy a perdu des personnaiges qu'il vouldroyt avoir grandement racheptez, qui ne feust advenu s'ilz n'eussent rompu le traicté d'amytié.

D'aultre part, de réserver les alliances et confédérations qu'ilz ont avec les aultres princes, fors le Roy d'Espaigne, cela pourroyt causer derechef une guerre entre le Roy et eulx, ce que ledict seigneur ne vouldroyt, car entend faire paix et alliance avec eulx indissoluble pour quelque cause que ce soit, aultrement ne leur vouldroyt bailler l'argent qu'il leur baille; et avec ce quant au Pape il rend Parme et Plaisance au Roy et sy y a bonne amytié et intelligence ensemble et s'est obligé de conserver au Roy le duché de Milan, par quoy ne doibvent doubter de faire entièrement et ouvertement sans aulcune réservation paix et alliance avec le Roy.

Et quant à ceulx de Milan ausquelz ilz vouloient que le

Roy pardonnast, leur fault dire que cela est vuydé et qu'il n'en fault plus parler, car le Roy a pardonné à tous ceulx qui estoient au chasteau avec Maximilian et aussy à ceulx qui estoient en Allemaigne pour ses affaires.

D'aultre part, s'il se peult faire par bonnes persuasions ou aultrement que le Roy peult avoir de leurs hommes sans assembler les Ligues ne avoir leur consentement, ce seroit ung gros poinct pour éviter l'ennuy et despense qui sera au Roy. Et sur ce leur pourront dire que ledict seigneur a ung gros intérest à ladicte assemblée des Ligues, car sy promptement et soubdainement pourroyt avoir affaire de leurs hommes que ce luy seroit ung gros dommaige de mectre l'affaire en longueur et actendre que les Ligues fussent assemblées et sur ce délibéré et prins conclusion; à quoy, s'il leur plaist, ilz auront bon regard.

Et si fault considérer que audict dernier traicté de Galleras n'y a poinct d'alliance ne confédération entre le Roy et eulx, ce qui est nécessaire; et pour ce tascheront qu'il soit articulé que paix, amytié et ligue est faicte entre eulx à la conservation de leurs estatz, païs, terres et seigneuries et que leurs hommes et subgectz ne feront la guerre contre le Roy et ne se mectront à la soulde de quelque prince que ce soyt contre ledict seigneur.

Et finablement tout le différend qui pourroit estre entre lesdictz ambassadeurs et seigneurs des Ligues consistera sur ce que lesdictz ambassadeurs vouldront tenir le traicté de Verseil et ceulx des Ligues celluy de Galleras et par ainsy y aura différend entre les sommes de deniers, termes de payement d'icelles, réservations faictes par iceulx seigneurs des Ligues et aultres poinctz cy-dessus déclarés.

Sur quoy fault lesdictz ambassadeurs estre sages et prudens et gaigner sur eulx par moyens exquis et bonnes persuasions ce qu'ilz pourront, ainsy que dessus est dict et ne leur clarifier ne spécifier trop les choses affin de ne leur ouvrir trop l'entendement et les faire penser à ce qu'ilz ne pensent poinct, mais, sy faire se peult, que lesdictz ambassadeurs tiennent la plume et mectent par escript le traicté qu'ilz pourront couller doulcement et quant à l'argent, mais que le demourant soyt faict et passé ainsy que le Roy l'entend et qu'il est cy-dessus coullé; et pourront tirer jusques à ung million d'escus payables cent mil escus par an jusques à fin de payement dont le premier terme escherra le premier jour de janvier prochainement venant.

Et sy quelque différant survenoyt qu'ilz ne se peussent accorder n'entreront en rompture, mais à toute diligence advertiront le Roy qui sur ce leur fera sçavoir son bon plaisir.

Lesdictz ambassadeurs pourront faire des promesses particulières à ceulx qui se mesleront et ayderont au Roy à faire ledict traicté jusques à la somme de douze mil escus, lesquelz seront payez et délivrez comptant dès l'heure que ledict traicté sera conclud accordé et sellé.

Les alliez du Roy qui seront mis audict traicté sont le Pape, le Sacré-Empire, les Roys d'Angleterre, d'Escosse, Dannemarc et Navarre, l'Archiduc d'Austriche, les ducs de Savoye, Gueldres et Lorraine, le duc et seigneurye de Venise.

Et sur toutes les choses dessusdictes, leurs circonstances et dépendances feront lesdictz ambassadeurs au proffict et utillité du Roy le mieulx qu'ilz pourront, ainsy que ledict seigneur a sa parfaicte fiance. Et sy lesdictz Suisses voulloyent comprendre le Roy d'Espaigne, sera débatu pour le faict des royaulmes de Navarre et de Naples.

Après le partement desdictz seigneurs de la Guiche

et du Fresnes, le Roy manda à Mᵉ André Le Roy, son secrétaire, qu'il avoit envoyé par devant les cantons de Berne, Fribourg et Solleure, qu'il se retirast à Genefve avec iceulx seigneurs de la Guyche et du Fresnes ce que ledict Mᵉ André Le Roy feyt. Aussy, le duc de Savoye alla audict Genefve pour estre médiateur de paix.

Le Roy partit de Pavye le xᵉ jour d'octobre pour venir à Milan où arriva le lendemain xɪᵉ dudict moys et y fit son entrée qui fut fort triumphante[1] et vint loger au palais près le domme et n'y coucha que une nuict pour ce que le logis estoit mal meublé. Le lendemain vint loger en la maison de Madone Darie au milieu de la ville.

Peu de temps après, arrivèrent à Milan les ambassadeurs de Gennes en nombre de douze bien en ordre, lesquelz firent le serment de fidélité ès mains dudict seigneur et luy présentèrent l'estandart Sainct-Georges, les clefz de la ville et le sceau[2].

En ce temps, le Pape manda au Roy qu'il avoit désir de le veoir devant qu'il retournast en France et qu'il estoit content de venir jusques à Boullongne-

---

1. Voir le récit de cette entrée dans Fleuranges, *Mémoires*, p. 56. — Voir aussi Marino Sanuto, *Diarii*, t. XXI, col. 233-234, 236-238.

2. « *Da Milan, di oratori nostri, di 16* [*ottobre*]. Dil venir dal Re 8 oratori zenoesi, quali ebeno audientia, exposeno tre cosse : la prima, alegrarsi del suo venir in Italia; et seconda di l'aquisto di Milan; terza lo invitavano a venir a Zenoa come terra sua dove el saria ben visto et honorato. Sua Majestà li ringratiò e di venir a Zenoa disse. » (Marino Sanuto, *Diarii*, t. XXI, col. 241.)

la-Grasse, sy le Roy y vouloyt venir, ce que le Roy accorda[1].

Durant ce temps, le Roy envoya le bastard de Savoye, avec grosse bande de gens d'armes et gens de pied, pour se joindre avec l'armée des Vénitiens affin de mectre le siège devant Bresse qu'occuppoyt le roy d'Espaigne[2].

Environ dix jours après que le Roy feut arrivé à Milan, il veint loger au chasteau, où feut peu de temps, car il fut bruict que on se mouroit de peste près ledict chasteau; pour quoy ledict seigneur partyt et alla à Vigefve[3] s'esbatre quelque temps et laissa à Milan Monsieur le Connestable pour donner ordre aux affaires de la guerre et Monsieur le Chancellier pour les affaires de la justice et pour instituer le Sénat de Milan.

Pendant le temps que le Roy fut à Vigefve, Monsieur le Chancellier, qui fut institué aussy Chancellier

1. « Ad ogni ora si conosce in Sua Maestà maggior contento et allegrezza della sopradetta cosa (la conclusion du traité du 13 octobre avec le pape); nè ha altro desiderio che presenzialmente basciare li piè a Sua Santità e in persona fargli la filiale obbedienza. E fino al presente tiene per certo che lo abbocamento fra lui e Sua Santità debbe in breve seguire. » (Lettre de l'ambassadeur florentin Francesco Pandolfini à Laurent de Médicis, de Milan, le 18 octobre 1515, dans Desjardins, *Négociations de la France avec la Toscane*, t. II, p. 741.)

2. Il arriva au camp vers le 20 octobre. (Marino Sanuto, *op. cit.*, t. XXI, col. 249-250.) — On se rappelle qu'une des conditions du traité fait entre le roi et les Vénitiens était qu'il les aiderait à recouvrer les places que l'empereur leur avait enlevées en 1512.

3. « Il Re voleva partir per Vegeveno perchè si moriva di pesta in Milan. » (Marino Sanuto, *Diarii*, t. XXI, col. 251.)

de Milan, institua le Sénat composé de certain nombre de sénateurs, tant françoys que italliens et de toutes aultres offices, ainsy qu'il avoit accoustumé d'estre tenu du temps du feu Roy Loïs XIIe. Et fut envoyé quérir messire Jehan de Selve, premier président de Bordeaulx pour estre vice-Chancellier de Milan.

Durant ce temps, il y eut quelque composition faicte par messires le Connestable et Chancellier au nom du Roy avec les habitans de Milan, par laquelle ceulx de Milan estoient tenuz paier grosse somme de deniers pour les grandes rébellions et désobéissances qu'ilz avoient commises. Et oultre quelques habitans de ladicte ville debvoient demourer à la volunté du Roy pour faire d'eulx à son bon plaisir.

Ledict seigneur estant à Vigefve, vint devers luy le Magnificque Laurent de Médicis, nepveu du Pape, pour conferrer, de par nostre Sainct-Père, la veue qui se debvoit faire à Boullongne-la-Grasse vers la my décembre. Par quoy, tost après le Roy envoya à Romme devers le Pape messire Guillaume Gouffier, seigneur de Bonnyvet, et Me Jehan de Pins, conseiller au parlement de Tholoze pour entretenir le Pape en ce vouloir de venir à Boulongne et pour aultres affaires concernant l'estat du Roy et de son royaulme[1].

Pareillement vint devers le Roy audict Vigefve madame la marquise de Montferrat, sœur de monsieur

---

1. Il semble que ce soit avant de partir de Milan pour Vigevano que François Ier ait dépêché Bonnivet et de Pins à Rome, et avant d'avoir vu Laurent de Médicis. Il avertit en effet ce dernier du départ de ses ambassadeurs par une lettre datée de Milan, du 18 octobre 1515. (Desjardins, *op. cit.*, t. II, p. 743).

d'Alençon, et quelques aultres grandes dames d'Italie.

Monsieur le connestable et monsieur le Chancellier vindrent de Milan audict Vigefve et feirent rapport au Roy de la composition qu'ilz avoient faicte avec ceulx de Milan.

Après que le Roy eut esté à Vigefve environ trois sepmaines, retourna à Milan, où arriva le dixiesme de novembre et logea en la maison de Me Sébastien Ferrier, général[1] de Milan.

Pendant ce temps arrivèrent à Milan les quatre procureurs Sainct-Marc, ambassadeurs de la seigneurie de Venise, en grand triumphe et bien accompagnez, et furent logez à Nostre-Dame-de-Grâce. Ilz firent la révérence au Roy et l'un d'eulx fit une oraison fort éloquente. Ilz furent très bien recueilliz par le Roy et sa cour[2].

1. Des finances.
2. Ces quatre ambassadeurs étaient Antonio Grimani, Domenico Trevisan, Giorgio Corner, Andreas Gritti. Ils furent reçus par le roi le 14 novembre. Ce fut Domenico Trevisan qui fit le discours en latin. Voici la description que font du roi les ambassadeurs : « Ritrovasemo il Re in una sala grande, su uno tribunal come il nostro de l'audientia, coperto di veludo paonazo con fior de lise, et Sua Majestà sentata a mezo sola sopra una cariega, sotto una umbrella, vestita di uno robon de brochato d'oro bianco fodrà de zebelini, con uno sagio de rechamo d'oro, con calze bianche et scarpe de veludo bianco, con vanti in mano et anelli che pareva fuor de i vanti che erano taiadi, con una bareta de pano negro come questa che porto de una foza, et una figura d'oro over medaglia al ladi destro. » (Lettre de Gian Giacomo Caroldo, secrétaire, du 14 novembre, dans *Diarii*, t. XXI, col. 296-297.) — Quelques jours après, le roi invita à dîner les ambassadeurs. Voici le menu : « In tavola erano tre tazoni, tanto dorati que pareano d'oro ma erano d'arzento, dentro era biscotelli sotilissimi;

Alors, le Roy eut nouvelles que ses ambassadeurs et les ambassadeurs des Suisses, qui estoient à Genefves, avoient faict quelque traicté de paix entre ledict seigneur et huict cantons des Ligues seullement, car les aultres cinq cantons n'avoient voullu faire aucun traicté. On en feyt parmy la ville de Milan quelque démonstration de joye[1].

En ce temps, maistre Pierre Cordier, docteur en décret, qui avoit esté envoyé ambassadeur devers l'Empereur, arriva et apporta quelques articles que l'Empereur envoyoit au Roy pour trouver moyen de faire paix; et, pour ce que on congneut lesdictz articles estre captieulx, ne s'en ensuivit aulcun effect.

Le Roy fut à Milan depuis le xe jour de novembre jusques au IIIe jour de décembre et partyt pour aller à Boullongne, où le Pape se debvoit trouver; et, avant

erano tavajoli con pan tutto scorzado; erano 3 man a doi per filza de pan de semolei tagliato in fete grosse in mezo la tavola, de le qual tutti ne tolea una d'esse per tagliar la carne in loco di taglieri; con li biscotelli era uno vino excellentissimo bianco con zucharo et muschio mescolato. In prima fu posto in tavola uno pastello di carnaza e li piati erano a un trato con il pastelo certo capon, uno sapor beretin, et certe salzize pur tajate, et ogni cosa da per sè, in tanto che erano 4 piati. Levata questa imbandison, messero poi uno piato de verze, uno piato de manzo, uno de vitello, uno de castrato; poi un' altra man de rosto con sapor verde, in piati : era il rosto pavone, fasani, pernice, et altre delicate bestie, quale tordi, etc... Venero poi do man de torte, tute a un trato, con uno certo sapor bianco et codognato in pastelo, castagne, formajo, tutto insieme con le torte et li sapori et il pastelo, senza dar pero aqua da poi pasto. » (Summario di letere di Milan di sier Gian Corner, 25 novembre 1515. *Ibid.*, col. 327-328.)

1. Le traité de Genève fut conclu le 7 décembre 1515. (Du Mont, *Corps diplomatique*, t. IV, part. I, p. 418.)

qu'il partist de Milan, avoit envoyé devant à Boullongne monsieur de Lautrec et le sire de la Trémoïlle pour s'accorder avec les commis du Pape de la forme de la veue, et, comme pendant icelle les gens d'un costé et d'aultre se maintiendroyent, affin qu'il n'y eust débast ne question et aussy pour pourvoir aux logis des Françoys qui yroient audict Boullongne.

Quant le Roy partyt de Milan, il mena avec luy grosse compaignye et laissa à Milan son lieutenant général monsieur d'Alençon, pendant son absence.

De Milan le Roy veint à Castel-Sainct-Ange[1], de là à Plaisance, où il fyt son entrée, de Plaisance au bourg Sainct-Denis[2], de là à Parme, où il fit entrée[3], et y séjourna ung jour et veint devers luy le Magnificque Jullian de Médicis, frère du Pape[4], le s[r] Jehan Jourdan et aultres avec eulx envoyez.

De Parme le Roy vint à Rege[5], de Rege à Modenne, de Modenne vint coulcher à ung village qui est à deux mille de Boullongne[6], auquel lieu madame Philberte de Savoye, femme du Magnificque Jullian de Médicis, vint devers ledict seigneur pour luy faire la révérence;

---

1. San Angelo, prov. de Lodi.
2. Borgo San Donnino, prov. de Parme.
3. Voir la description de cette entrée, qui eut lieu le 6 décembre, par les ambassadeurs vénitiens. (Marino Sanuto, *Diarii*, t. XXI, col. 370.)
4. Les ambassadeurs vénitiens ne parlent pas de la venue de Julien, qui, malade, nous disent-ils, était resté à Florence. Ils signalent seulement Laurent de Médicis, l'archevêque de Naples, Vincenzo Carafa, l'évêque Colonna, l'évêque Orsini, le protonotaire Gozzadini, gouverneur de Reggio. (*Ibid.*, col. 371.)
5. Reggio (Émilie).
6. Peut-être Ponte di Reno.

elle estoit bien et triumphamment accompagnée.

Le mardi, xi[e] de décembre M V[c] XV, environ unze heures du matin, le Roy entra dedans Boullongne. Le Pape y estoit arrivé quatre ou cinq jours auparavant[1], qui envoya au devant dudict seigneur ceulx de la ville en bon ordre, puis tous les officiers domestiques de sa maison et davantaige vingt deux cardinaulx tous habillez en leur pontificat. Et aux carrefours de la ville, par où ledict seigneur passa, y avoit des arcs triumphans à la mode d'Italye avec force de dicts à la louange d'icelluy seigneur, lequel veint loger au palais où estoit logé le Pape, qui estoit logé en hault et le Roy se logea au bas[2].

1. Le pape, venu de Rome par Florence, était arrivé à Bologne le 8 décembre. (*Summario del viazo che ha fato il Pontefice poi il partir de Rome fino a l'intrar in Bologna*, dans *Diarii*, t. XXI, col. 373-375.)

2. « L'ordine di la intrata fu : in prima 200 balestrieri di la guardia dil Papa, tutti vestiti a la sua livrea, con le sue trombe squarzade inanzi; sequivano poi li 200 zentilhomeni di la guarda dil Re, tutti vestiti de sagioni d'oro et di seda et pochi vestiti di pano; seguivano poi 21 zoveni de cardinali con le bolze de scarlato rechamade con le arme a l'usanza loro messe a traverso li colo dil cavallo; drieto li qual seguivano li zentilhomeni e signori mandati dal Pontefice contra la Majestà Christianissima; poi venero li nostri oratori in compagnia di alcuni capitanei francesi; poi 19 cardinali, drieto li qual era la Majestà dil re in mezo di do altri cardinali, *videlicet* San Severino e Ferara. Drieto Sua Majestà seguivano poi 4 al paro, che era el ducha di Barbon gran contestabele, monsignor de Vandomo, el ducha de Lorena et monsignor de Longavilla, drieto a li qual erano li altri signori dil sangue, et poi il marchese de Saluzo, el signor Fedrico fiol dil marchese de Mantoa, monsignor de Lutrech, monsignor de la Tremoglia, el magnifico Lorenzino; drieto seguivano li altri signori fran-

Après disner, environ trois heures, le Roy, vestu d'une robbe de drap d'or frisé, fourrée de matres sebellines, accompaigné de messieurs les ducs de Bourbon, connestable de France, monsieur de Vendosme, de Lorraine, les comtes de Sainct-Pol et de Guyse, le prince de la Roche-sur-Yon, monsieur le chancellier, les sires de la Trimoïlle, de Lautrec, le mareschal de Boissy, grand maistre, et plusieurs aultres seigneurs vestuz de drap d'or et aultres habictz précieulx, partyt de sa chambre et veint à une salle haulte où le Pape estoit et tenoyt le consistoire avec les cardinaulx, et y estoient tous les ambassadeurs lors résidans en cour de Romme, chascun assis en son ordre. Le Pape estoit en sa chaize pontificalle, vestu de tous ornemens papaulx et son tiare en sa teste. Quant le Roy fut entré en ladicte salle, vint pour baiser les piedz du Pape qui le print par la main et le baisa en la bouche[1]. Lors monsieur le chancellier

cesi, e poi tutti li arzieri e balestrieri di la guarda dil Re, che erano a la summa de 600, tutti vestiti a la sua livrea. » (Summario di letera di Bologna di sier Zuan Contarini di 11 dezembrio 1515, dans Marino Sanuto, t. XXI, col. 376.) — Voir aussi la relation anonyme de l'entrée à Bologne publiée dans Le Glay, t. II, p. 85-90.

1. « Processit igitur Rex inter duos cardinales diaconos inter quos et civitatem ingressus fuerat. Deposito sago et accepta toga, comitatus illis primoribus illustribus viris et cum ad steptum cardinalium pervenisset, cum primum solium summi Pontificis conspicere potuit, biretum deposuit, precedenteque magistro cerimoniarum ad ter usque terram se genuflexit, antea quam solium summi Pontificis ascendisset, reverentissime in terra provolutus, sanctissimos pedes osculatus est, deinde manus et ultimo loco faciem, amplexus perhumane a summo Pontifice, sedente tamen et servata majestatis vicarii

commancea une oraison en latin, de laquelle la teneur ensuit :

Si quisquam hominum, Beatissime Pater, justa aliquando de causa iniunctum sibi dicendi munus respuerit aut in alium quemvis hominem aptiorem magisque exercitatum reiecerit, nemo certe inficiabitur aequissimo jure uni michi idem licuisse, si modo hinc curarum negotiorumque molem qua in dies magis ac magis obruor, illinc virium tenuitatem reique pondus diligenter examinet. Nam quis, quaeso, tantam dicendi vim, fiduciam facultatemque praesumpserit, cui ubi Majestatis tuae, Beatissime Pater, radios fulgoresque senserit reverendissimosque istos Patres firmissimas christianae Reipublicae columnas cardinesque inspexerit, non ei statim prae metu singultantia interruptaque verba excidant linguaque timore balbutiat, genua formidine titubent, cor palpitet, capilli rigeant, vultus palleat pluribusque locis hiulcam et nimis fatiscentem orationem abrumpat, nedum ego cui nec auram quidem a forensibus negotiis aulicisque tumultibus et curis respirare licet citra nominis et famae periculum in tam celebri patrum eruditorumque virorum concessu atque ordine et in tam eminenti totius Reipublicae christianae theatro hoc dicendi munus tractavero nisi obvias nobis ulnas mitemque et facilem vultum, Beatissime Pater,

dignitate Jesus Christi Dei nostri. Ipseque Gallice nonnulla verba deinde protulit. » (*Entrevue du roi François I*^{er}* et du pape Léon X à Bologne*. Relation anonyme publiée par Le Glay, *op. cit.*, t. II, p. 86-87.) — « Le Pape attendoit le Roy en son siège et le receut comme fils ainsné de l'Églize... Et avoit ledict Pape la mine d'estre ung bien fort honneste homme, et estoit homme fort craintif et sy ne voyoit pas clair et aimoit fort la musique. » (*Mémoires de Fleurange*, p. 56-57.) Quelle différence entre ce portrait gauchement dessiné et les si intéressantes descriptions des ambassadeurs vénitiens!

ostenderis frontem exporrexeris ablegataque procul omni
severitate facilitatis comitatisque radio nos aspexeris
imprimisque benignam illam tuam auram et humanitatis
zephirum nobis arridens laetusque spiraveris qui non tuae
tantum sanctissimae Paternitati sed toti etiam genti et
familiae Medicum ut pleraeque aliae virtutes peculiaris
semper fuit. Nam propter hoc quod familia tua proprio
quodam et gentilicio jure virtutes omnes bonasque disci-
plinas indefesso semper studio amplecta sit, quod rem
ipsam litterariam non minus quam omnes litteratos juve-
rit, quod privatorum omnium et amicorum causas ex fide
semper et iure tutata sit, quod eos a vi et iniuria deffen-
derit, maximis etiam in Rempublicam Florentinorum
meritis principem locum fere semper in ea civitate me-
ruit, summos semper honores maximosque magistratus
adepta est, in quibus administrandis tam et pie semper,
tamque et modeste et prudenter se gessit ut quamdiu sub
ductu auspiciisque Mediceae domus Florentina res fuit
semper floruerit in diesque uberiora sui et ampliora incre-
menta senserit jamque et nunc et in posterum in eam
civitatem ex ista vestra felici domo maiora in dies augmenta proventura sperantur cum tu fortissimus Leo de
tribu Medicum ad pontificatum divinitus assumptus es,
qui naviculam Petri variis bellorum fluctibus procellis-
que diu multumque agitatam, laceram fere et magno for-
tunae ventorumque ludibrio expositam et naufragio cui
temporum malignitate pene proxima fuerat per syrtes et
scopulos primum eximeres deinde in tutissimum portum
tanquam peritissimus nauclerus reduceres et tali certe
Leone christiana Respublica tum egebat qui pro temporum rerumque varietate et conditione varias quoque ipse
personas indueret, ut si forte et mari tempestas orta nun-
cietur quae Petri cymbam in brevia vel scopulos vi ven-
torum impellat, tum Leo nauclerus factus et una manu

clavum altera remum tenens a tempestate et periculo
eam liberam tutamque asserat; si vero a terra metus et
discrimen ingruerit utpote feris lupis ferisque bestiis
dominicum gregem infestantibus, tum Leo Leonis persona
retenta lupos dentibus unguibusque laniet et rugitu terri-
tos procul ab ovilibus arceat et si foeda scabie aut tabe
(quod abhominor) gregem infici aut alio quovis genere
mali vexari contigerit, tum Leo Pastoris personam induat
qui dispersas primum pallantesque oviculas sedulo colli-
gat collectasque aspiciat qui morbidas et mala vitiorum
contagione pollutas curet, curatas laetissimis herbis et
salutari pabulo reficiat, refectas plenasque in saepta redu-
cat ut tandem ex Dei optimi maximi eiusque pastoris vigi-
lantissimi voto fiat unum ovile et unus pastor id quod tam
abunde, Beatissime Pater, hi tui sanctissimi mores et hoc
tuum divinum ingenium, hae virtutes, hae disciplinae et
haec denique pietatis et religionis plenissima instituta
felici nostro saeculo praestiterunt ut his motus, invictis-
simus princeps noster Franciscus nihil unquam posthac
aut charius aut antiquius duxerit quam per legatos, oratores, nuncios privatasque et familiares epistolas qualem
in te, Beatissime Pater, observantiam pietatemque semper
habuerit modis omnibus significaret et ostenderet qua
quidem in re praecessorum regum et maiorum vestigia
secutum nemo non videt qui, ubi primum divino celitus-
que chrismate misso delibuti fuerant, nihil antiquius ius-
tiusque duxere quam Pontifici Maximo et Apostolicae
Sedi aliqua in re gratificari et nomen eius auctoritatemque
ampliorem augustioremque facere quantoque pietatem
illi suam pluribus nominibus testatam reliquissent tanto
sibi totique regno melius faciliusque consuluisse crede-
rent a Deo certe Galliarum principes et reges in hanc
Sanctissimam Sedem prompti semper affecti benevolique
fuere ut nisi multis in eam obsequiis beneficiisque collatis

regnandi initia fecissent non se satis antiqua et vetere
Christianissimi appellatione dignos esse putarent. Quorum si exempla et uberrima et amplissima repetere incipiam et tibi, Beatissime Pater, non mediocre taedium et
mihi ipsi quoque non parvum impedimentum afferam,
ideo ne diutius tuam istam Beatitudinem teneam et in
recensendis Francorum regum in Apostolicam Sedem meritis diem totum absumam hoc unum tantum profiteri
audeam nullos unquam imperatores, nullos reges nullos
denique christianos principes tantum pro catholica fide
asserenda, pro Christi nomine deffendendo, pro Apostolica Sede aut in dignitate retinenda aut in antiquum venerationis maiestatisque statum restituenda laborasse quantum olim Franci Reges pro ingenita sua in Romanam
Ecclesiam, Sedem et Romanos Pontifices observantia et
devotione fecerunt quibus et peculiare et paene semper
hereditarium fuerit sese acerrimos et assiduos Apostolicae
Sedis deffensores et indefessos propugnatores praestare adeo
ut illustria Francorum regum pro summis Pontificibus edita
facinora celebres victorias et parta totiens ex hostibus
trophea non solum Gallia sed universus orbis et admiretur et praedicet, nec velim, Beatissime Pater, vosque reverendissimi viri, putetis principes Gallos eo iam vecordiae,
eo negligentiae et oblivionis decidisse ut spretis maiorum
suorum vestigiis ab hac Sacrosancta et Apostolica Sede
animum mentemque abalienaverint aut devotiones fideique vela verterint quin potius eos in reverentia et fide
a maioribus accepta prestare semper existimetis eoque
animo, ea mente eaque in hanc sanctissimam Sedem
observantia in qua semel nati sunt, morituros talesque
esse de quibus vel in difficilibus arduisque rebus vestris
omnia spondere pollicerique possitis idque nunc maxime
dum apud eos rerum potitur Franciscus hic Rex Christianissimus et huic Sanctae et Apostolicae Sedi devotissi-

mus, cuius fidem observantiamque vel hoc solo argumento facile colligere licet quod licet non pauca postquam ardua Alpium iuga cum exercitu superavit a multis ei dicerentur quae animum eius vel quantumvis mitem facilemque offendere et a sacratissima Maiestate tua alienum facere potuissent, tamen tantum abest ne quid inde mutaverit ut in fide etiam ac devotione constantior factus malevolos ipsos clandestinosque et pestilentes susurrones procul a se reiecerit atque ut illam singularem observantiam et devotionem quam erga tuam istam Beatitudinem rex christianissimus semper inviolatam intemeratamque continet Sanctissimae tuae Maiestati coram et praesens exhiberet nulla sumptuum mole, nulla viarum difficultate, nulla periculorum magnitudine territus per rupes et saxa per valles et praecipitia, nemora, saltus, flumina, per aestus et ignes perque infensissimas et confertissimas Helvetiorum phalanges ad te, Beatissime Pater, advenit ut quam ceteri reges et Christiani principes alieno ore et per procuratores filialem obedientiam perhibere soliti sunt eam ipsam Leoni Franciscus, patri primogenitus filius, summo Pontifici rex maximus, Reipublicae christianae moderatori et principi Christianissimus princeps coram et citra alterius operam laetus supplexque exhibeat atque ut eam provinciam quam primum expleat te imprimis verissimum Christi Dei optimi Maximi in terris vicarium Sacrosanctum et maiestate plenum Christianissimus Rex agnoscit, invictissimum Christiani populi ducem profitetur, vigilantissimum dominici gregis pastorem predicat intrepidum fluctuantis naviculae Petri rectorem observat, indulgentissimum totius generis humani patrem reveretur, divinum hominem obviis manibus, apertis brachiis et devotissimo animo veneratur tibique et simul Apostolicae Sedi devovet ac dedicat quidquid opibus facultatibusque potest, quidquid viribus pollet fortunas omnes, copias, classes, exercitus et universum regnum, ducatus ac semet ipsum promptissimo animo ac fide constantissima offert et ante Sanctitatis tuae deosculatos pedes deponit his ergo omnibus tuo iure utere pro tuo arbitrio dispone et utere inquam, Beatissime Pater, in quamcumque catholicam expeditionem firmissimo Christianissimi Regis exercitu utere gallicis victricibus armis, utere Francorum signis et simul excipe, fortissime Leo, fortissimum Franciscum, indulgentissime Pater, obsequentissimum filium qui tuus est religione, tuus iure, tuus more maiorum, tuus consuetudine, tuus fide, tuus voluntate et quem non minus re et opere quam verbis et oratione promptum semper paratum expeditumque invenies, nec minus brachio quam lingua pugnacem omni aevo experieris. Excipe etiam, Beatissime Pater, Gallos omnes devotissimos filiolos tuos qui ea mente animas et corpora sanctitati tuae commendant qui te animo hoc est promptissimo et laetissimo in pastorem accipiunt et quidquid habent aut virium aut facultatis ante scabellum pedum tuorum promptissime deponunt.

Ladicte oraison faicte et finye, le Pape fyt quelque responce en latin puis baisa derechef le Roy, après tous les princes, conséquemment ledict chancellier, se leva de son siège et print le Roy par la main et le mena en sa chambre, qui estoit près ladicte grand salle du consistoire, et en allant bailla à porter la queue de sa chappe au sire de Boissy, grand-maistre de France. Et quant furent dans ladicte chambre, après plusieurs devis, icelluy seigneur pria nostre Sainct-Père le Pape que son plaisir fust conferrer la Pragmatique sanction, ce que ne voulut pour riens accorder, mais dist que estoit content que, au lieu d'icelle Pragmatique, on feist ung concordat qui fust semblable. Et pour faire ledict concordat nostre Sainct-Père commist les Cardinaulx d'Anconne et Sainct-Quatre[1], et le Roy commist monsieur le Chancellier.

Le jeudy, XIIIe de décembre, le Pape célébra messe en la grande églize qui est devant le Palais. Le Roy et tous les princes et seigneurs y estoient et commancea ladicte messe environ midi et fynit à quatre heures du soir. Nostredict Sainct-Père donna pardon général à tous vraiz confez et repentans qui oiroyent icelle messe.

Le lendemain, l'évesque de Coustance, frère du s[r] de Boissy, grand-maistre de France[2] fut créé cardinal.

Le Pape pria très fort le Roy de vouloir délivrer Prospere Colunne.

Le XVe jour de décembre, le Roy partit de Boullongne pour retourner à Milan et ledict jour avant son partement, il guérit les mallades des escroelles en la chapelle du Palais où estoyt logé le Pape, et entre aultres guérit un évesque de Poullongne, qui venoit expressément devers le Roy et avoit apporté lectres recommandatoires du Roy de Poullongne[3].

1. Lorenzo Pucci du titre des *Santi Quattro Coronati*.
2. Adrien de Gouffier, grand aumônier de France, nommé évêque de Coutances en 1510, transféré à Albi en 1519, mort en 1523. Cette nomination fit beaucoup d'envieux. Louis de Bourbon, frère du duc de Vendôme, évêque de Laon, et le frère du duc de Lorraine, Jean, briguaient en effet le chapeau. (Le Glay, t. II, p. 88.)
3. Le roi fit aussi avant de partir des dons à divers personnages. Mais on se montra assez peu satisfait de ses libéralités : « Munera tamen non fuerunt magnifica ut ipsi sperabant; et

Le Roy laissa à Boulongne monsieur le Chancellier pour achever d'accorder les articles du concordat, lesquelz articles furent accordez et signez par les Cardinaulx d'Anconne et de Sainct-Quattre, et le Chancellier deux jours après les apporta au Roy.

Le XXIIe jour de décembre le Roy arriva à Milan où vint devers luy l'évesque de Reate, nepveu de Prospere Colunne, lequel apporta au Roy ung bref du Pape qui est tel :

inter ceteros magister cerimoniarum, qui centum scutis aureis tantum donatus fuit, minime contentatur. Indeque plurimi indicium sumunt eum minime abundare pecuniis, cum natura sit liberalis et ad donandum proclivis. Quod et alio indicio comprobatur : non enim aulici et nobiles, exceptis principibus et primoribus, tam magnifice et splendide induti sunt uti alias solent. » (*Relation anonyme de l'entrevue de Bologne* dans Le Glay, t. II, p. 88.) — L'auteur de la relation ajoute du reste que tout se passa pour le mieux pendant le séjour du roi à Bologne : « Omnia valde benigne et familiariter inter summum Pontificem et ipsum acta fuere, nec ullus tumultus in tanta multitudine nec scandalum contigit : omnia quieta, tuta et mansueta, versabanturque Galli in civitate longe benignius et humanius quam solent... Summo Pontifici fere fuere obtriti pedes ob tot oscula que Galli illis infigere valde religiose et manus absumpte in signandis confessionalibus. Sanctissimus enim valde benigne illis se exhibuit, nec honesta petentibus denegavit. Sed profecto valde mirum est quomodo gens illa regem suum in omnibus imitatur : Julium fel. rec. rege eorum contemnente et insectante, ipsi eumdem execrabantur et blasphemabant et impie nimis persequebantur ; Leonem autem rege reverente, et ipsi proni venerantur et ut numen adorant. » (*Ibid.*, p. 89.) Relevons enfin dans ce récit anonyme une phrase assez méchante, mais assez vraie, il faut le reconnaître, sur les ambassadeurs vénitiens : « Quatuor oratores veneti, qui Mediolanum ad regem salutandum accesserant, comitati sunt eum huc et omnibus rebus interfuere, inflati tanquam bubones, Mediolanumque cum eo reversi sunt. » (*Ibid.*, p. 90.)

Leo papa decimus.

Carissime in Christo fili noster, salutem et apostolicam benedictionem. Locuti proxime sumus cum Majestate tua non semel ostendentes ei cupere nos omni studio ut nostri intuitu quam commendatissimum habeat dilectum filium Prosperum Colunnam quem unice in Domino paterna nostra caritate complectimur atque, uti hominem de nobis deque Sede Apostolica optime meritum, nobis apprime carum. Nunc autem cum ad Majestatem tuam se conferat nepos ipsius, venerabilis frater Pompeius episcopus Reatinus, eam ob rem his hortamur litteris eandem Maiestatem tuam absque ea idipsum requirimus quod verbis coram feceramus velit pro sua liberalitate animique magnitudine ita rem conficere ut et ipsum Prosperum virum sane egregium multeque virtutis tibi perpetuo devincias et nos a Maiestate tua id quod cupimus quodque ipsa nobis pollicita est assequamur; erit id nobis mirum in modum gratum. Datum Romae, sub annulo piscatoris, die xvi^a decembris, millesimo quingentesimo decimo V°, Pontificatus nostri anno tertio. — Bembus.

Suprascriptum : Carissimo in Christo filio Francisco Francorum regi Christianissimo.

Pendant le temps que le Roy fut à Milan, après son retour de Boulongne, il receut plusieurs lectres de la Royne et de Madame qui le pryoient fort de retourner en France, le supplians de venir au païs de Provence où lesdictes dames debvoient en brief venir pour ce que la Royne avoit ung veu à La Baulme où reposoit le corps de la Magdeleine. Pour ces causes, icelluy seigneur conclud de partir le plus tost qu'il luy seroit possible pour venir audict païs de France et pour ce faire mist ordre aux affaires de son duché de Milan et fut fort libéral de donner à ceulx qui l'avoient servy en son voiage et conqueste. Spéciallement donna au s^r de Boissy, grand-maistre, les terres de Triviz[1] et Carvaz[2] qu'il érigea en tiltre de comté. Et durant ce temps arriva à Milan Me Jehan de Selve, premier président de Bourdeaulx, lequel fut constitué vice-chancellier de Milan. Le Roy, après avoir mis ordre aux plus urgens affaires de son duché de Milan, délibéra partir pour s'en venir en France.

Le lundy, viie jour de janvier, l'an M V^c XV, ledict seigneur vint au Palais de Milan où se tenoyt ordinairement le Sénat et ouyt plaider une matière par les advocatz italiens, qu'il faisoyt bon ouyr, et disna audict Palais. Après disner, vint en la grande salle où il y avoit ung siège pour luy préparé. En laquelle salle vindrent grande partye des habitans de la ville de Milan pour faire le serment de fidélité audict seigneur. Et avant que faire icelluy serment, ung advocat de Milan[3] dist ce qui s'ensuyt :

« Très hault et très excellent et très chrestien Prince, nostre très redoubté et souverain seigneur, voz très humbles subjectz les habitans de vostre ville de Milan cy présens m'ont donné ceste charge, moy indigne, de vous rendre grâces des bénéfices et dons qu'il a pleu à Vostre sacrée Majesté leur faire, et vous exposer leur bon voulloir et très fervent désir de

1. Treviglio?
2. Caravaggio (Bergame).
3. Ambrosio di Fiorenza, qui parla en italien. (Marino Sanuto, t. XXI, col. 448.)

demourer perpétuellement voz obéissans subjectz, et la joye qu'ilz ont de vous veoir en ce noble siège pour les régir et gouverner en toute bonne justice, de quoy par une grande joye ne peuvent contenir leurs larmes, et pour confesser et congnoistre qu'estes leur vray, droict, indubitable, souverain et naturel seigneur.

« Sire, les bénéfices et grâces, qu'il vous a pleu concéder à vostre ville de Milan, sont sy grans que, en les racomptans, pourroys trop ennuyer Vostre sacrée Majesté. Et espèrent voz très humbles subjectz doresnavant soubz la domination de Vostre très prudente Majesté vivre en grande paix, repos et tranquillité, aultant ou plus que feurent jamais soubz quelque prince qui ayt dominé sur eulx, et viennent icy tous d'un accord, sans aucune fiction, vous faire le serment de fidélité qu'ilz sont tenuz faire et vous présenter cœurs, corps, biens et fortunes et offrir tout ce qu'il a pleu à Dieu leur donner pour vostre service avec asseurance de ferme propoz et bonne volunté qu'ilz ont de demourer perpétuellement voz obéissans et loyaulx subjectz.

« Sire, voz très humbles subjectz font requeste à Vostre très sacrée Majesté que le plaisir d'icelle soyt leur remectre toutes offenses passées et les vouloir mectre en oubly, et que, ensuivant la grande clémence qui a esté en voz très illustres et très chrestiens prédécesseurs, il vous plaise leur remectre les personnages qui, ensuivant la composition faicte avec messieurs le Connestable et Chancellier de France, doibvent demourer à vostre volunté; et oultre, actendu la pauvreté de ceste ville, pour les fraiz innumérables qu'il leur a convenu soubtenir par cy-devant, que le plaisir de Vostre sacrée Majesté soit leur donner le reste de la composition à quoy ont esté composez. Sire, en ce faisant, vous absoudrez voz subjectz d'estre à jamais très obéissans à Vostre sacrée Majesté, en laquelle obéissance veulent vivre et mourir, ainsi que par expérience, maistresse de toutes choses Vostre sacrée Majesté le pourra congnoistre[1]. »

Monsieur le Chancellier, après avoir parlé au Roy, leur dist ce qui ensuyt, que j'ay cousché par escript selon ma fantaisye.

« Messieurs, le Roy très chrestien, nostre souve-

1. Voici l'analyse de ce discours par les ambassadeurs vénitiens sous une forme moins oratoire et plus complète : « Et fece 4 petizione : la prima che a la Maestà sua piacesse far abolizion de le injurie che li paresse aver riceputo et concieder che tutti potessero ritornar a la patria et goder el suo, che questo cederia in grande utilità de Sua Maestà, che la cità fusse unita e non disgiunta; la seconda, che li concedesse che potesseno elezer il vicario general de le provision, che è magistrato che ha cura di regular la cità e di dar ogni bon ordine; la terza, che essendo la terra di Milan, et la prima di Lombardia et una de le prime de Italia, per la acerbità de tempi depauperata et exausta, et che del publico et in comuni non hanno redito alcuno, piacesse a Sua Maestà darle qualche ragione nel reddito; che la bona memoria del re Lodovico precessor suo li diede ducati 15 milia et a Brexa 20 milia, et che non si limitavano in alcuna quantità, ma si remetevano in tutto a la bontà et clementia di Sua Maestà; la quarta fu de l'alogiar de i soldati per il territorio, che si provedesse che fussero contenti di quello è statuito per li ordeni et non depredasseno et ruinasseno i poveri contadini. » (Lettre des ambassadeurs vénitiens, du 7 janvier 1516, dans Marino Sanuto, t. XXI, col. 448.)

rain seigneur, a entendu les remonstrances qui luy ont esté de par vous proposées et m'a commandé vous faire responce en la forme qui ensuyt.

« Premièrement, fault que vous considériez trois diversitez de temps, c'est assavoir, le temps auquel avez été soubz la domination du feu Roy Loïs XIIe, dernier décceddé, que Dieu absolve, le bon traictement que vous a faict et l'ingratitude dont avez usé envers luy; le temps auquel avez esté soubz la domination de Maximilian Sforce, détenteur de ce duché de Milan, et comme avez esté traictez; et le temps auquel estes de présent, soubz la domination du Roy et la grâce qu'il vous a faicte.

« Quant au temps auquel avez esté soubz la domination du feu Roy Loïs XIIe, je croy que n'avez eu cause de vous plaindre, car a dominé sur vous environ douze ans[1], durant lesquelz vous a bien traicté et administré justice à ung chacun et faict tous actes d'un bon seigneur et prince, combien que, au commancement luy fustes rebelles et rompistes vostre foy, en commectant félonnye contre vostre seigneur, quand rappellastes Ludovic Sforce contre vostre promesse et serment, pour laquelle chose et après la seconde conqueste faicte par ledict seigneur de ce duché de Milan[2] et prinse dudict Ludovic Sforce, icelluy feu seigneur ne voulut user de rigueur de justice contre vous, mais par le feu cardinal d'Amboise[3],

---

1. De 1499 à 1512.
2. En 1500.
3. Georges d'Amboise, né en 1460, mort en 1510, s'attacha de bonne heure à la fortune de Louis d'Orléans, qui, monté sur le trône, le créa son premier ministre. Il fut successivement

son lieutenant général deçà les montz, vous remist et pardonna toutes offenses, crimes et délictz moiennant que seriez dores en avant bons et loyaulx subjectz, ainsi que promistes solennellement par l'amende honorable et nouveaulx sermens de fidélité que en feistes devant ledict feu cardinal. Du depuis, ledict feu Roy Loïs XII° vous a tenuz en grande paix et tranquillité, justice a régné sur vous, moyennant laquelle tous sçavans et vertueulx personnages ont esté exaltez, les mauvais pugniz et réprimez, avez vescu soubz luy en grande auctorité, tous voz ennemis n'ont eu pouvoir de vous nuire et n'y avoit nation en toute l'Italie qui tant paisiblement prospérast comme la nation des Milannoys. Touteffois n'avez eu la vertu de force et persévérance en l'obéissance et fidélité envers ledict feu seigneur et avez esté tellement eslevez en voz cœurs de ceste grande prospérité, que avez mis en oubly Dieu le créateur et vostre honneur avez desprisé et rompu la foy que aviez promise à vostre bon prince et estes décheuz à tous vices d'infidélité, ingratitude et désobéissance. Les Romains, qui ont esté estimez sur toutes nations du monde, avoyent en sy grande révérence la foy que réputoyent crime capital de rompre la foy *etiam* à son ennemy; tesmoing Marcus Actilius Régulus et plusieurs aultres. Et les Carthagyniens, qui ont régné longuement en prospérité, ce qui a esté plus cause de leur totalle ruyne et destruction a esté la foy qu'ilz ont rompue et violée à

évêque de Montauban (1484), archevêque de Narbonne (1492), de Rouen (1494) et enfin cardinal (1498). Après la deuxième conquête du Milanais, il avait été chargé par Louis XII de l'organisation du duché.

leurs ennemys. Que ayez rompu vostre foy et promesse au feu Roy Loïs XIIe, vostre bon prince, c'est chose toute notoire, car, après que le feu duc de Nemours[1], son lieutenant général, eust obtenu victoire à Ravenne contre les Espaignolz et qu'il n'y eut plus d'armée d'ennemys en ce duché de Milan qui l'infestoit, touteffois, par une grande légièreté et convoitise de nouveau seigneur avez appellé Maximilian Sforce et les Suisses, avez déchassé les gens d'icelluy feu Roy Loïs XIIe et tous ses officiers, avez piteusement occis aucuns François qui estoient par deçà demourez, avez donné tout confort et ayde audict Maximilian Sforce et à ses gens pour tenir le siège devant le chasteau de Milan dedans lequel estoient les gens dudict feu seigneur, et, qui est plus horrible et abhominable, le corps dudict feu duc de Nemours, qui estoit honnorablement inhumé au dosme et grande églize de ceste ville, avez inhumainement et barbarement desterré, et, pour faire plus grande injure et opprobre à toute la nation gallicane, l'avez traisné par ceste ville, comme l'on feroyt le corps d'un héréticque et proditeur. Ce sont toutes choses vrayes et ay horreur d'en ouyr parler. Et ceulx qui les congnoissent s'esbahissent comme peult avoir sy grande cruaulté ès chrestiens, car les Infidelles réputent comme capital de violer le sépulcre d'un homme. Parquoy est assez montrée l'ingratitude dont avez usée envers ledict feu Roy Loïs XIIe.

« Quant au temps de Maximilian Sforce, considérez l'estat auquel estiez. Ledict Maximilian n'adminis-

---

1. Gaston de Foix, duc de Nemours, mort à Ravenne.

troyt justice, les plus fortz l'emportoyent, estiez chacun jour taillez pour avoir argent; les Suisses gouvernoyent Maximilian et en faisoient à leur plaisir; tout ce qu'ilz demandoyent estoit faict fust tort ou droict; emportoyent les gros dons et pensions, et les finances de ce duché estoient disparsées à estrangiers. D'aultre part, le Pape tenoyt Plaisance et Parme, qui sont deux des plus belles villes de ce duché; l'Empereur tenoit Véronne et tout le Véronnois et le roy d'Espaigne Bresse et tout le Bressan; Maximilian n'estoit le maistre, car estoit gouverné par les Suisses, et davantaige lesditz Suisses avoient délibéré, s'ilz eussent longuement régné en cest Estat, de chasser Maximilian hors et faire de ce duché de Milan un canton. Or, pouvez considérer sy estiez mieulx gouvernez du temps dudict feu Roy Loïs XIIe ou du temps dudict Maximilian et soubz lequel prospériez le plus en repos et tranquillité et justice estoit mieulx administrée. Je croy qu'il n'y a celluy d'entre vous ayant bon sens et entendement qui ne juge qu'estiez trop mieulx et en plus pacificque estat au temps dudict feu Roy que au temps dudict Maximilian.

« Quant au temps auquel estes, soubz le très Chrestien Roy, vostre vray et naturel seigneur, considérez les grans crimes et horribles délictz que avez commis contre luy et la grande bénignité et clémence dont a usé envers vous. Premièrement, quant eut passé les montz avec son armée pour vous délivrer de la captivité et misère en laquelle estiez et que fut venu à Bupharolle, envoyastes devers luy des plus grans personnages de ceste ville pour luy dire et signiffier que vouliez estre ses bons et fidelles subjectz et que tous les services que luy pourriez faire et à son armée, tant en administration de vivres, que promistes lors envoyer au camp dudict seigneur, que aultrement, le feriez de très bon cœur[1]. Touteffois le lendemain, en confiance de voz bonnes promesses, monsieur le mareschal de Trévolse, qui voulut venir en ceste ville de Milan, quant fut arrivé à deux mille près ceste ville, sortirent hors d'icelle pour aller destruire ledict mareschal et sa bande plus de vingt mil hommes en armes, à vostre adveu, sceu et consentement. Pareillement, aucuns François, qui estoient venuz en cestedicte ville, les aucuns mallades pour estre pensez, les aultres pour avoir leurs nécessitez, furent par vous, la plus part, cruellement occis, et d'aultres, par le moien de leurs amys s'évadèrent, qui est bien pour monstrer vostre grande inconstance, infidélité et inhumanité. Oultre, ensuyvant vostre promesse, n'envoyastes ne feistes administrer aucuns vivres à l'armée dudict seigneur, à cause de quoy et pour la fiance qu'on eust à vostredicte promesse se cuida sourdre quelque sédition ou tumulte en l'armée d'icelluy seigneur, n'eust été la bonne provision qui y fust donnée. Du depuis, en persévérant en vostre mauvais vouloir, combien que feussiez advertiz du traicté que les Suisses avoient faict à Galleras avec le Roy, néantmoings avez receu les Suisses en ceste ville, en grand nombre, armez et prestz à donner la bataille, leur avez faict tout le port, faveur et ayde qu'il vous a esté possible et avez esté consentans qu'ilz soient venuz assaillir ledict seigneur en son camp, pour le

---

1. Voir plus haut, p. 99 et 101.

surprendre contre leur foy et promesse et destruyre
luy et toute son armée, s'il leur eust esté possible.
Et quant s'en sont fouys, après la bataille, les avez
encore receuz et faict toutes gracieusetez et supportz.
Par quoy, non sans cause, pouvez estre appellez
rebelles, désobéissans et dignes de toute pugnition ;
et combien que plusieurs cappitaines de l'armée
dudict seigneur, mesmes les lansquenetz, qui sont
grand nombre, eussent expressément requis que ceste
ville de Milan fust pillée, touteffois le Roy, usant de
sa grande bénignité, n'a voulu accorder ladicte requeste et pour contanter lesdictz lansquenetz leur a
donné une double paye qui s'est monté à grand
argent. Par ce que j'ay dict, vous pouvez assez entendre l'estat auquel avez esté le temps passé, celluy
où vous estes de présent et la grand bonté du Roy
vostre prince et seigneur, lequel désire vostre bien et
honneur ainsy que par expérience maistresse des
choses avez peu congnoistre. Sy vous persévérez
d'estre bons et loyaulx subjectz, comme promectez,
pouvez estre asseurez que n'eustes jamais prince qui
vous aymast ne feust plus pour vous que fera ledict
seigneur et pour ce doresnavant vivez comme vraiz
et loyaux subjectz doibvent faire. Le Roy vous
exhorte que abolissiez toutes factions de guelfes et
gibelins et que viviez en paix et amour les ungs avec
les aultres. Il vous laisse pour gouverneur monsieur le
duc de Bourbon, connestable de France, son proche
parent, lequel est sage prince. Vous luy obéirez.
Oultre, affin que congnoissiez l'entière amour que
ledict seigneur vous porte, il pardonne aux personnages qui estoient réservez à sa volunté, davantaige

vous remect et donne tout le reste de la composition à laquelle estiez composez. Et sy les banniz et rebelles veullent retourner entre cy et Pasques en leurs maisons et vivre comme bons et loyaulx subjectz, icelluy seigneur leur donne rémission et les fera restituer en leurs biens. Vivez le temps advenir en paix et soiez bons subjectz, le Roy vous sera bon prince[1]. »

Ce faict, tous les habitans de Milan présens vinrent faire le serment de fidélité ès mains du Roy. Et, quand ledict seigneur fut las de les recevoir, se leva de son siège et sortit hors de la salle et laissa monsieur le Chancellier pour recevoir le reste desdictz sermens de fidélité[2].

Le huictiesme jour de janvier, l'an M V^c et quinze, le Roy partit de Milan pour venir en Provence devers la Royne et Madame qui estoient jà arrivées. Il laissa monsieur le Connestable[3], les mareschaulx de France et plusieurs cappitaines et gens de guerre pour la tuition et garde dudict duché de Milan[4].

Fin de la première année.

1. Voir une analyse beaucoup plus substantielle du discours de Duprat dans la lettre des ambassadeurs vénitiens du 7 janvier 1516. (Marino Sanuto, *Diarii*, t. XXI, col. 449.)

2. « Finiste queste parole, monsignor el Canzelier lexè una formula di juramento, et chiamò tuti quelli che erano deputati a tanti per porta, secondo il costume loro, quali tutti zurorono ne le parole notate. Expedito tal atto, Sua Maestà andò in camera, volea andar a suo piaceri, e levata Sua Maestà di sede, lo illustrissimo gran Contestabele duca di Barbon sedete in quella, per tuor la possession dil locotenente. » (*Ibid.*)

3. Provisions en faveur de Charles de Bourbon, connétable de France, de l'office de lieutenant général du Roi dans le Milanais. Milan, 8 février 1516. (Bibl. nat., f. Clairambault, vol. 958, fol. 410, copie.)

4. Et aussi pour aider l'armée vénitienne à s'emparer des

CHAPITRE II.

MARS 1516-AVRIL 1517.

Après que les Suisses furent deffaictz à Saincte-Brigide[1], près Marignan, comme a esté dict cy-dessus, le cardinal de Syon n'osa se retirer au païs de Suisse, craignant la fureur et tumulte du peuple des Ligues, pour ce qu'il avoit esté cause principalle de la grande perte qu'ilz avoient faicte et de leur faire perdre honneur et réputation, de les faire combattre contre leur serment et rompre leur foy, et d'avoir perdu ce crédit et estimation qu'ilz avoient avec toute aultre nation de la chrestienté, et d'estre le temps advenir réputez desloyaulx, qui est une note et reproche perpétuel. Et, pour ces causes, en toutes dilligences se retira ès Allemaignes vers l'empereur Maximilian[2]. En faisant laquelle retraicte il perdit la plus grande partye de ses biens parceque les Montaignois et paysans pillèrent et destroussèrent ses mulletz et sy feut en danger de sa personne.

La cause de sa retraicte devers ledict Empereur

---

places que Maximilien avait prises à Venise en 1512. Les armées française et vénitienne, qui opéraient dans le Véronais, s'emparèrent assez vite de Lonato, Sirmione, Peschiera, Asola et se disposèrent bientôt à mettre le siège devant Brescia.

1. La plupart des chroniqueurs contemporains donnent couramment le nom de bataille de Sainte-Brigite à la bataille de Marignan.

2. L'empereur se trouvait alors à Innsbrück. (Cf. lettre de Robert Wingfield, ambassadeur anglais auprès de Maximilien, à Wolsey. *Letters*, t. II, part. I, p. 249.)

fut pour estre en seureté de sa personne, car il entendoyt bien que en la duché de Milan ne en plusieurs cantons des Ligues il n'eust sceu demourer seurement et aussy affin de susciter ledict Empereur à faire quelque nouvelle entreprinse pour recouvrer la duché de Milan, car il le congnoissoit estre prompt et enclin à brasser et esmouvoir guerre et qu'il hayssoit de tout temps les Françoys et donnoit empeschement et trouble, en tout ce qui lui estoit possible, à ce que les affaires du Roy ne prospérassent, en faisant des traictez et ligues offensives avec les aultres princes chrestiens pour grever ledict seigneur et l'endommager en toutes façons.

Sytost que ledict cardinal de Syon fut arrivé devers l'Empereur, il luy narra au long le faict de la bataille Saincte-Brigide. Touteffois, il ne luy récita la vérité de l'affaire, ainsy qu'il s'estoit porté, disant qu'il n'y avoit sy grande deffaicte des Suisses, comme on publyoit, et lors commancea à persuader ledict Empereur à faire une entreprinse pour recouvrer la duché de Milan, luy disant qu'elle ne seroyt difficille à exécuter et dedans brief temps se pourroyt faire, parceque l'armée du Roy estoit jà rompue, une partie des gens de pied se retiroyent en France, ceulx qui estoient devant Bresse[1] commenceoyent à se ennuyer, tant pour la longueur du siège que pour le mauvais temps de pluyes qui les travailloit, le Roy s'en retournoyt en France et laissoyt aucuns cappitaines de guerre en la duché de Milan, lesquelz ne s'accorderoyent poinct et en peu de temps auroyent des divisions ensemble,

1. Voir p. 161.

comme est assez la coutume des François, quant sont plusieurs gouverneurs ensemble. D'aultre part, ledict Empereur recouvriroyt aisément grosse puissance des Suisses, qui ne demandoient que se venger, car la plus part d'eulx, qui avoient esté à la bataille Saincte-Brigide, estoient retirez saulvement. Davantage luy remonstra le droict qu'il avoit au duché de Milan, qui est fief d'Empire et ne peult tumber en filles, au droict desquelles les Françoys le querelloyent, que luy, qui estoit Empereur et souverain par puissance de fief, le pouvoit retirer et le rendre au duc de Bar[1], qui estoit héritier de la maison de Sforce, qui par long temps avoit joÿ et possédé ledict duché. Oultre, luy remonstra que l'entreprinse qu'il feroyt de recouvrer ledict duché de Milan seroit de tant plus facile exécution, parceque les Milannois ou la plus part d'iceulx n'aymèrent jamais les François et ne veullent aucunement estre soubz leur domination, tant pour la dissimilitude des mœurs et conditions que pour la faction de Guelphe et Gibelin qui règne audict duché et que les Gibelins, qui estoient en plus gros nombre et de plus grosses et riches familles que les Guelphes estoient naturellement bons Impériaulx, et, quant congnoistroient que ledict Empereur seroit aux champs en intention de recouvrer l'estat de Milan, ilz se mectroyent incontinent sur les champs en armes et sans grandes difficultez déchasseroyent les garnisons des François, et sy luy feyt plusieurs aultres remonstrances et persuasions[2].

1. François-Marie Sforce, duc de Bari, frère de Maximilien.
2. Lettre de Robert Wingfield à Wolsey du 2 octobre 1515. (*Letters and papers*, vol. II, part. I, p. 264.)

Et pour ayder audict cardinal de Syon à conduire ceste œuvre estoit présent Galléas Viconte, lequel s'estoit pareillement retiré devers ledict Empereur[1], et, en le persuadant d'entreprendre le voyage de Milan, disoit qu'il avoit plusieurs secrettes intelligences dedans la ville de Milan et chacun jour avoit nouveaulx adviz de ladicte ville, et des plus gros et riches habitans d'icelle, qui estoient ses parens et amis, et par iceulx adviz on luy mandoit tout l'estat des François et le désir que la plus grande partye de ladicte ville avoyt d'estre mys hors la seigneurie et domination desdictz François qui estoient superbes, luxurieulx et avaricieulx, et que, s'il y avoit seullement une petite armée sur champs pour recouvrer la duché de Milan, la plus part des habitans en ladicte duché se révolteroyent et mectroyent hors les François. Oultre, ledict Galléas Visconte feit plusieurs promesses à l'Empereur, tant d'estre secouru d'argent que d'avoir des intelligences secrettes en la ville de Milan et aultres villes de la duché.

Après lesquelles persuasions, l'Empereur entreprint le voyage de Milan. Mais, parce qu'il estoit mal forny d'argent, qui est le principal nerf d'une armée, aussy que des Allemaignes n'espéroyt avoir grand secours et ayde, advisa avec iceulx cardinal de Syon et Galléas Viconte d'envoyer devers les Suisses pour les

---

1. En décembre 1515, nous le trouvons établi à Constance, s'occupant de là à exciter les cantons suisses contre la France, en février 1516, à Zurich, à Coire, enfin à Trente, où il vint rejoindre l'empereur qui descendait en Lombardie. (Voir ses lettres à Henry VIII dans *Letters*, vol. II, part. I, p. 347, 364, 401, 424, 434.)

esmouvoir de faire une armée pour venger le sang de leurs hommes qui avoient esté tuez en la journée Saincte-Brigide par les François. Aussy délibéra envoyer devers le Roy d'Angleterre, qu'il congnoissoit estre peu amy des François, affin de recouvrer de luy quelque secours d'argent et l'inciter de faire aulcune démonstration de guerre sur mer, pour empescher le Roy à ce que n'envoyast secours pour deffendre la duché de Milan.

Ceulx qui furent envoyez devers les Suisses pour les esmouvoir de faire une armée ne pouvoyent bien chevir d'eulx à leur plaisir, car lesdictz Suisses n'estoient d'accord ensemble, parcequc les huict Cantons, qui avoyent traicté avec le Roy à Genefve ne vouloyent consentir que on feist guerre au Roy et les aultres cinq Cantons y consentoyent, combien que pour cuider d'esmouvoir lesdictz huict Cantons du traicté qu'ilz avoient faict à Genefve, les ambassadeurs dudict Empereur ne obmirent riens, tant en publyant plusieurs libelles diffamatoires contre les Françoys, que en faisans de faulses lectres pour mectre lesdictz Suisses en quelque soupson à l'encontre d'iceulx Françoys, en divulgant de ville en ville, de maison en maison et faisans prescher aux paroisses les dimanches que les Françoys ne taschoyent qu'à les abuser soubz coulleur de quelque promesse et puis leur intention estoit de les adnichiller et les ruyner du tout quand verroyent l'opportunité. Daventaige, leur remonstroient l'ignomynie qui leur seroyt s'ilz ne vengeoient le sang de leurs parens et amys, qui avoit esté cruellement respandu par iceulx François, et, pour conclusion, leur promectoyent de grosses pensions, de grans dons et présens, s'ilz vouloient faire une armée pour recouvrer la duché de Milan. Touteffois et nonobstant icelles persuasions et promesses, lesdictz Suisses n'estoient bien d'accord, considérans que promectre et tenir estoient deux choses; de faire la première, l'Empereur estoit assez coustumier, mais de la seconde, il n'estoyt fort usité.

Ceulx qui furent envoyez devers le Roy d'Angleterre le persuadèrent, de sorte qu'il fut content prester quelque argent audict Empereur et faire démonstration de guerre sur la mer. Néantmoings, il ne se hasta de faire ladicte démonstration parce qu'il vouloyt veoir quel train prendroyt le voiage dudict Empereur[1].

---

1. Barrillon met seulement en scène le cardinal de Sion et Maximilien comme organisateurs d'une ligue contre la France. La chose n'est pas absolument exacte. Tout d'abord, dès le 17 septembre, Maximilien Sforce avait envoyé de Milan à Henry VIII un ambassadeur, Michael Abbate, pour lui demander aide et secours contre le roi de France. (*Letters and papers*, t. II, part. I, p. 250.) Cet ambassadeur avait ordre de promettre à Wolsey 10,000 ducats de pension par an, à partir du moment où le duc son maître serait remis en possession du duché. (*Ibid.*, p. 279.) Henry VIII avait aussitôt expédié en mission auprès de Maximilien Richard Pace, qui devait s'entendre avec l'empereur sur l'union à conclure contre la France. (Voir l'instruction de Pace dans *Letters and papers*, t. II, part. I, p. 287-288.) — D'autre part et dans le même but, Ferdinand d'Aragon avait fait partir pour Innsbrück don Pedro de Urrea. Enfin, les cinq cantons suisses qui avaient refusé de ratifier le traité conclu à Genève le 7 novembre 1515 (voir plus haut) avaient envoyé des ambassadeurs à Maximilien. (Lettre de Robert Wingfield, ambassadeur d'Angleterre auprès de l'empereur, du 16 octobre 1515, dans *Letters*, t. II, part. I, p. 276; lettre de Mathieu Schinner à Wolsey du

Durant ce temps, le Roy partyt de Milan, comme dict a esté cy-dessus, et vint à Biegras, de Biegras à Noarre et à Verseil, de Verseil à Thurin. Là print chevaulx de poste et courut par le mont Genesvre et vint trouver la Royne à Cisteron, qui est au commencement du païs de Provence[1].

De Cisteron, ledict seigneur alla à la Baulme et de là veint faire son entrée à Marseille où il fut honnorablement receu et frère Prégent de Bidaux, cappitaine général des gallères[2] dudict seigneur, fit ung combat sur la mer fort triumphant auquel combat y eut tiré grande quantité d'artillerie. Et séjourna ledict seigneur quatre jours audict Marscille et durant iceulx alla deux lieues en mer veoir une merveilleuse beste appelée Reynoceron, laquelle beste le Roy de Portugal envoyoit au Pape avec plusieurs aultres présens. Touteffois on dist que du depuis auprès de Civitavesche le navire où estoit ladicte beste fut péry en mer.

12 novembre 1515. *Ibid.*, p. 302.) Les Suisses étaient d'ailleurs excités contre la France par les agents des principales puissances européennes. Voir surtout à ce sujet la lettre adressée de Zurich à Wolsey (fin de nov. 1515) par Richard Pace, qui de la cour impériale était venu se joindre aux envoyés de Maximilien et de Ferdinand le Catholique pour agir avec eux sur les Suisses. (*Letters*, t. II, part. I, p. 326.)

1. « Le 13 janvier », dit Louise de Savoie, « mon filz, revenant de la bataille des Suisses, me rencontra auprès de Cisteron en Provence, sur le bord de la Durance. » (*Journal de Louise de Savoie* dans Michaud et Poujoulat, 1re série, t. V, p. 90.)

2. Prigent de Bidoux, chevalier de l'ordre de Saint-Jean de Jérusalem, grand-prieur de Saint-Gilles et général des galères de France. Il mourut en 1528.

De Marseille, le Roy vint à Aiz où fit son entrée ; de Aiz vint à Arle et de Arle vint à Terrascon, visitant le païs de Provence auquel jamais Roy de France n'avoit esté depuis que ledict païs de Provence estoit advenu à la Couronne de France.

Le dimanche, tiers jour de febvrier, l'an M V^c XV, en la ville de Terrascon, le Roy eut nouvelles que Domp Ferrant, Roy des Espaignes, estoit trespassé en une ville du royaume de Grenade[1]. On disoit que peu avant son trespas il faisoit gros apprest de navires et gens de guerre pour envoyer au royaume de Naples, affin de donner ayde à l'Empereur qui estoit délibéré invader la duché de Milan.

De Terrascon le Roy vint à Avignon[2], où fut honnorablement receu par le cardinal de Clermont, légat et gouverneur pour le Pape en la ville d'Avignon.

Audict lieu, ledict seigneur eut certaines nouvelles de la mort de Domp Ferrant, Roy des Espaignes. Par quoy icelluy seigneur délibéra se mectre en effort de recouvrer le royaume de Naples, auquel il avoit bon droict.

Et d'aultant que, pour exécuter ladicte entreprinse, estoit besoing audict seigneur avoir l'ayde du Pape, envoya devers luy le s^r de Lautrec, mareschal de France, pour scavoir et entendre son vouloir sur ce[3].

---

1. Ferdinand d'Aragon était mort le 23 janvier 1516.
2. Il y était le 5 février.
3. Il doit ici y avoir une erreur. Lautrec était alors « aux quartiers de Bresse » avec l'armée vénitienne, en vue d'occuper les places que l'empereur avait conservées en Italie. D'autre part, l'ambassadeur vénitien Giovanni Badoer, qui avait succédé à Pasqualigo, ne parle pas d'ambassadeur envoyé au pape

Et pour ce que en la Chambre des comptes de Provence, que l'on appelle Archifz d'Aiz, y avoit plusieurs tiltres, enseignemens et chartres anciennes concernant les droictz que les comtes de Provence, Roys de Cécille, descenduz ou ayans le droict de la maison d'Anjou, ont au royaulme de Naples, le Roy envoya pour extraire lesdictz tiltres et chapitres.

Pareillement, messire Accurse Maynier, tiers président au parlement de Tholoze, lequel, dès son jeune aage, avoyt esté au service des comtes de Provence et avoit esté par longtemps juge mage de Provence, envoya au Roy ung abbrégé du droict que les Roys de France ont au royaume de Naples, duquel la teneur ensuyt[1].

Le Roy délibéra se retirer à Lyon pour donner ordre aux affaires de la duché de Milan, car souvent avoit des adviz par lesquelz il estoit adverty des gros apprestz que l'Empereur faisoit pour venir invader la duché de Milan et pour ce partit d'Avignon le ixe jour de febvrier et veint à Orenge, de Orenge au Pont-Sainct-Esprit, du Pont-Sainct-Esprit à Montélimart, de Montélimart à Valence où il fit son entrée.

De Valence ledict seigneur veint à Sainct-Vallier. De Sainct-Vallier veint à Vienne[2], auquel lieu icelluy seigneur, parce qu'estoit souvent pressé du Pape,

---

à ce moment. (Lettre du 6 février, d'Avignon, dans *Diarii*, t. XXI, col. 523.) Il est pourtant très bien renseigné.

1. Nous ne donnons pas ici cet abrégé. Quoique, au dire de Barrillon, il semble avoir été rédigé à l'aide de pièces d'archives, il n'offre en réalité aucun intérêt et n'apprendrait aucun fait nouveau au lecteur.

2. Il y était le 24 février.

afin de mectre à délivrance Prospère Colonne, il le fit advenir devers luy et après que icelluy Prospère eut promis au Roy de ne se armer plus contre luy, ayder audict seigneur à recouvrer le royaume de Naples et quelques aultres promesses qu'il fit, lesquelles il bailla par escript signées de sa main et scellées de son sceau, ledict seigneur le délivra à pur et à plain et fit paier xviii^m v^c escuz d'or sol pour sa rançon et ce pour complaire au Pape.

De Vienne, ledict seigneur vint à Lyon[1], où la Royne fit son entrée. Et icelluy seigneur envoya renfort de gens d'armes à monsieur le Connestable pour deffendre la duché de Milan contre l'Empereur qui jà s'estoit mis au camp pour la venir invader.

Oultre, envoya devers les huict cantons des Ligues des Suisses, qui avoient traicté avec ledict seigneur à Genefve[2] affin qu'ilz octroyassent et permissent que icelluy seigneur levast dix ou douze mil de leurs gens pour envoyer en la duché de Milan.

En la ville de Lyon le Roy fit dire et célébrer ung service honnorablement pour le feu Roy d'Espaigne Domp Ferrand, ainsy qu'il est accoustumé faire entre Roys quand ilz trespassent.

Pareillement, ledict seigneur manda maistre Rogier Barme, son advocat au Parlement de Paris, lequel il envoya à Romme pour faire esmologuer par le concile de Latran les concordatz que icelluy seigneur avoit faictz avec le Pape quand il fut à Boullongne et pour obtenir toutes les bulles et permissions qui

---

1. Il dut y arriver le 28 février.
2. Voir plus haut, p. 164.

seroient requises et nécessaires pour ledict affaire. Et furent baillées bonnes et suffisantes instructions audict Barme[1].

Pendent ce temps, l'Empereur Maximilian, qui désiroit mectre son entreprinse touchant la duché de Milan à exécution, fit tant par subgestions et persuasions qu'il recouvrit quelques aydes d'aucuns princes et seigneurs de l'Empire et villes impériales, leur donnant à entendre qu'il vouloit réunir la duché de Milan à l'Empire et en faire chambre impérialle, pareillement qu'il vouloit prendre ses couronnes tant à Milan que à Romme et par ce moien restituer l'Empire en sa pristine dignité et auctorité.

Oultre, fit par inductions et promesses que les cinq cantons des Ligues, qui n'avoient traicté à Genefve, et ceux de la Ligue grise luy promisrent bailler dix ou douze mil de leurs gens pour invader la duché de Milan[2].

---

1. Roger Barme, avocat au Parlement, avait été prévôt des marchands en 1512. Il mourut en 1523. — Une copie des *Pouvoirs* à lui donnés au moment de son départ pour Rome se trouve aux Archives nationales, J. 942.

2. La Suisse était transformée à ce moment en un véritable marché, où les envoyés des diverses puissances se disputaient, l'argent à la main, l'alliance des cantons. La correspondance des agents de Maximilien et de Henry VIII a souvent le ton d'une véritable correspondance commerciale. (Voir en particulier *Letters and papers*, t. II, part. I, p. 300 et suiv.) Maximilien promettait beaucoup, mais, le moment venu de payer, il s'adressait à Henry VIII : que le roi d'Angleterre ne s'inquiétât de rien d'ailleurs, qu'il mît seulement ses banquiers en rapport avec Fugger d'Augsbourg; l'empereur se chargeait du reste, c'est-à-dire de toucher l'argent et de le faire parvenir sûrement en Suisse. Henry trouvait le procédé sans gêne, défen-

Davantage, y eut plusieurs des habitans de la duché de Milan, lesquelz, en venant directement contre le serment de fidélité qu'ilz avoient faict au Roy peu de temps paravant, se misrent sur les champs pour se joindre avec ledict Empereur, entre lesquelz fut Jhéronyme Moron, auquel le Roy avoit donné ung office de maistre des requestes de son hostel ; et aussy Prospère Colonne se joignit avec icelluy Empereur en violant sa foy et promesse qu'il avoit faict de ne s'armer à l'encontre du Roy[1].

L'Empereur se mist au champs avec son armée et vint à Octrante[2]. Et estoient en sa compaignie le cardinal de Syon, Galéas Viconte et plusieurs banniz de la duché de Milan. Et audict lieu d'Octrante, il eut nouvelles que les cinq Cantons de Suisse et ceulx de la Ligue grise avoient mis aux champs dix ou douze mil de leurs gens pour se venir joindre avec son armée[3]. Par quoy ledict Empereur délibéra venir

---

dait à ses agents de souscrire sans l'en prévenir aucune obligation, n'envoyait son argent que par petites sommes. L'empereur répétait bien qu'il ne s'agissait là que d'emprunts et promettait de rendre, « sed Caesar solvit ad graecas Kalendas », disait Richard Pace. (*Letters*, t. II, part. i, p. 548.)

1. Il doit s'agir ici non de Prosper Colonne, mais de Marc-Antoine Colonne, qui entra en effet à ce moment au service de l'empereur.

2. A Trente, où il arriva les premiers jours de mars. Cf. : Lettre de Maximilien à Henry VIII, du 4 mars, dans *Letters*, vol. II, part. i, p. 452, lettre où il le prie bien entendu « de le vouloir assister et subvenir, ayans de présens grans affaeres et besoing d'une somme d'argent ».

3. Cette armée se composait d'environ 10,000 lansquenets ou Espagnols et 5,000 chevaux. Dans les *Diarii* de Sanuto, nous trouvons cette note à la date du 11 mars : « Fo leto

droict à Milan et print son chemin pour venir passer la rivierre d'Agde[1] près de Triviz[2].

En ce temps trespassa le Magnificque Julian de Médicis, frère du Pape, qui avoit espouzé Philberte de Savoye, sœur du duc de Savoye, auquel, par le traicté de Chervals, le Roy avoit donné la duché de Nemours, et, après son trespas, ledict seigneur donna icelle duché de Nemours à ladicte Philberte de Savoye pour en joyr sa vie durant.

Pendant ce temps, y avoit plusieurs banniz de la duché de Milan qui couroient à grosses bandes parmy le païs et faisoient de grans et exécrables meurtres, ravissemens, pilleries et sacrilèges entre lesquelz estoient les Crivelz[3], les Vermenesques[4] et les Bourromez[5].

Monsieur le Connestable, après que eut donné ordre aux villes de la duché et mis garnison dedans, partit de Milan avec l'armée du Roy et vint à Triviz pour empescher le passage de la rivière d'Agde audict Em-

---

alcune letere intercepte, qual andavano a Roma, et dil cardinal Curzenze (Matteo Lang), ch'è a Trento con l'Imperador, scrive al signor Alberto da Carpi, et de altri assà. La conclusion è, che sono da 30 milia persone et voleno far Pasqua in Milano. Et vidi una letera scrita per il fiol di missier Zuan Bentivoy, è a Trento, a uno suo fratello a Bologna, che vide grandi aparati. Erano da 15 milia svizeri, 10 milia lanzinech, altri fanti, e le zente sono in Verona; sichè trista Italia! » (*Diarii*, t. XXII, col. 33-34.)

1. L'Adda.
2. Treviglio (prov. de Bergame).
3. Francesco Crivelli. (*Diarii*, t. XXII, col. 147.)
4. La famille et faction des Vermineschi. (*Ibid.*, col. 108.)
5. Les Borromée.

pereur et luy donner la bataille sy besoing estoit et fut là quelque temps. Touteffois, après que fut adverty que ledict Empereur approchoit[1], que son armée estoit de plus de trente mil hommes de pied et trois mil chevaulx et que la rivière d'Agde se pouvoit facilement passer et que davantaige luy vindrent nouvelles que dedans Milan la pluspart des habitans favorisoient à l'Empereur et commanceoyent de se mutiner, conclud de habandonner ledict passage d'Agde[2] et se retira dedans Milan et fit fortiffier et réparer la ville pour la deffendre à l'encontre dudict Empereur et de son armée.

Aucuns des habitans de Milan favorisant à l'Empereur avoient secrettement conspiré que, la nuict du vendredi sainct, on sonneroit une cloche, au son de laquelle ilz se assembleroyent en armes en la grand place qui est devant Sainct-Francisque et puis deschasseroient tous les François hors de Milan. Touteffois, leur entreprinse fut descouverte, par quoy on envoya gens en tous les clochers des églizes de Milan pour garder que on ne sonnast aulcunes cloches. Aussi y eut quelques gentilzhommes de Milan qui avoient faict des conspirations, lesquelz furent décapitez et d'aultres furent longuement détenuz dedans le chasteau de Milan.

1. Après avoir perdu plusieurs jours devant Asola, dont la garnison lui avait victorieusement résisté. Voir la lettre de Francesco Contarini, provéditeur d'Asola, écrite le 17 mars à la Seigneurie. (*Diarii*, t. XXII, col. 57-58.)

2. Il l'abandonna le jour de Pâques, 23 mars. L'empereur passa l'Adda le jour suivant. (Lettre d'Andrea Gritti, ambassadeur de Venise à Milan, du 26 mars, dans *Diarii*, t. XXII, col. 90.)

Durant ce temps, les ambassadeurs du Roy, qui estoient devers les huict cantons des Ligues de Suisse, firent tant qu'ilz levèrent huict mil de leurs gens, lesquelz envoyèrent à Milan et y arrivèrent le lendemain de Pasques, xxiiiie jour de mars M V^c et XVI[1].

Après que les François eurent habandonné le passage de la rivière d'Agde, l'Empereur, avec son armée, commencea à marcher vers Milan et veint à Marignan, où il séjourna par deux jours, durant lesquelz la ville de Milan fut toute remparée. Et monsieur le connestable fit brusler les faulxbourgs qui estoient du costé de Marignan.

L'Empereur, avec son armée, se vint loger entre Marignan et Milan, actendant que ceulx de la ville de Milan se deussent révolter, ensuivant la promesse que luy avoit faict Galéas Visconte. Touteffois, après que eut demouré deux ou trois jours là et que congnut que ceulx de dedans Milan estoient délibérez deffendre la ville et endurer le siège et que aucuns de ses gens qui estoient allez courir jusques aux portes de Milan avoient esté assez rudement repoulsez par le mareschal de Lautrec et sa bande, comme tout impatient délibéra s'en retourner en Allemaigne et ne peult estre retenu, quelque espérance qu'on luy sceust donner, qu'il ne feist lever son camp et se retirer à Marignan, dont il estoit venu[2].

---

1. « Andrea Gritti et Andrea Trevixan scrive... esser intrati in Milan sguizari numero 8,000 et ne aspetavano altri 3 milia zonti a Novara. » (*Diarii*, t. XXII, col. 101.) — Ces Suisses étaient commandés par Albert de Stein et François de Supersax.

2. « Une nuict au desceu de son armée avecques 200 chevaux abandonna ses gens, en sorte que devant que son camp

Pendant ce temps, aucuns banniz, à grande compaignie, coururent vers Laude et se joignirent avec les Suisses grisons, qui s'estoient retirez en ce quartier-là, et prindrent le chasteau de Laude, dedans lequel il y avoit seullement quarante hommes d'armes[1], et de là se retirèrent vers Plaisance, où ilz fisrent des grans maulx. Touteffois, ilz furent suiviz par aucunes compaignies de gens d'armes françois et entre aultres le bastard de la Clayette et le capitaine Sainte-

en eust la cognoissance il estoit à 20 milles de là. » (Du Bellay, *Mémoires*, p. 156.) — « L'empereur Maximilien n'ayant pas enlevé Milan par une attaque soudaine se voyait réduit à en faire le siège. Mais il n'avait ni le moyen ni le temps de prendre de vive force une ville alors si bien défendue. Il manquait d'argent comme toujours et ses troupes demandaient leur solde. Préoccupé de leurs exigences qu'il ne pouvait satisfaire, il craignit même une trahison. Par un stratagème qu'imagina J. J. Trivulzi, une lettre fut écrite au nom des Suisses du parti français aux Suisses du parti impérial et tomba entre les mains du défiant Maximilien, qui crut à un complot ourdi contre lui. Son imagination se troubla et, dans les rêves de la nuit, il vit l'archiduc Léopold d'Autriche, son bisaïeul, et le duc Charles de Bourgogne, son beau-père, tués par les Suisses à Sempach et à Nancy, qui lui apparurent tout sanglants et le pressèrent d'échapper au péril qui le menaçait... Il quitta brusquement le camp impérial. » (Mignet, *Rivalité de François Ier et de Charles-Quint*, t. I, p. 109-110.) Une analyse de la réponse des capitaines suisses au service de l'empereur à la lettre imaginée par Trivulce est publiée dans les *Letters*, t. II, part. I, p. 490-491. Elle est du 4 avril.

1. Lodi s'était livrée aux Impériaux au commencement de la campagne. Regagnée ensuite par Malatesta Baglioni, condottiere au service de Venise, elle fut reprise, on le voit, une deuxième fois par les Impériaux. Marc-Antoine Colonne l'occupa pendant quelques jours, puis l'évacua pour aller, après le départ de l'empereur, tenir garnison à Vérone.

Colombe[1] deffirent, entre Sainct-Angel[2] et Laude, six cens Suisses en trois bandes.

L'Empereur, voyant qu'il estoit aultrement allé qu'il ne pensoit, comme tout desconforté et sans espoir, se retira à Véronne, où ne demoura guières, et, quant en partit, laissa quelzques gens de guerre dedans, soubz la charge de Marc-Anthoine Colonne, nepveu de Prospère Colonne. Ce faict, s'en retourna en Allemagne. Galéas Visconte n'oza s'en retourner avec luy, mais se retira au païs des cinq cantons des Ligues qui n'estoient alliez avec le Roy.

Après la départie de l'Empereur, fut advisé d'envoier une partye de l'armée du Roy avec l'armée des Vénitiens pour retourner mectre le siège devant la ville de Bresse, que occuppoient les Espaignolz, et y fut envoié pour chef le mareschal de Lautrec[3].

Les huict mil Suisses qui estoient venuz en l'aide du Roy s'en retournèrent aprez que eurent esté bien souldoyez et que on leur eut faict de grans dons et présens[4].

Durant ce temps, messire Pierre de la Vernade, maistre des requestes ordinaires de l'hostel du Roy, qui estoit ambassadeur devers la seigneurie de Venise, retourna en France[5], et en son lieu y fut envoié

1. Santa Colomba, lieutenant de Lautrec.
2. Sant' Angelo, prov. de Lodi.
3. La place fut en effet prise par Lautrec. — Voir plus loin, p. 218-219. — Quant à Vérone, les Vénitiens la recouvrèrent moyennant une forte somme d'argent après le traité de Bruxelles.
4. Le récit de la campagne de Maximilien par Barrillon est, on le voit, assez succinct. Comme sources publiées, les deux plus abondantes sont les *Diarii* de Marino Sanuto, t. XXII, et les *Letters and papers*, vol. II, part. I, p. 265 à 500 environ.
5. Il prit congé du gouvernement de Venise le 29 février 1516.

maistre Jehan de Pins, conseiller dudict seigneur au parlement de Tholoze et sénateur de Milan[1].

En ce temps, y eut quelques pourparlez faictz entre le Roy et Charles, prince des Espagnes, qui avoit succédé aux royaumes, terres et seigneuries du feu Roy catholique et avoit eu du Pape ce tiltre d'estre appellé Roy catholique comme son prédécesseur pour composer de tous les différentz qui pourroient estre meuz entre eulx pour raison de la succession du feu Roy catholique, et, pour pacifier lesdictz différendz, y eut journée assignée en la cité de Noyon, là où se debvoient trouver les ambassadeurs desdictz deux roys. Par quoy le Roy voullut, de sa part, entretenir ce qui avoit esté pourparlé et envoya ses ambassadeurs audict Noyon, assavoir le sire de Boissy, grand maistre de France, messire Estienne de Poncher, évesque de Paris, et Me Jacques Olivier, président en la court de Parlement de Paris[2].

(*Diarii*, t. XXI, col. 543.) — « L'an 1517, monsieur de la Vernade, chevalier, maistre des requestes du Roy, fit apporter en ceste ville de Paris un serpent mort et boully en huylle, nommé crocodile, qui luy fut donné à Venise par la seigneurie de Venise lorsqu'il alla comme ambassadeur pour le Roy vers ladicte seigneurie, incontinant après la conqueste de Milan et la victoire qu'il eut contre les Suisses; lequel serpent donna à son retour à l'églize Sainct-Anthoine de Paris et le fit mectre et attacher contre la muraille où il est de présent. Ce serpent avoit esté prins dedans le fleuve du Nil, près du Quaire, où il fut trouvé mort. » (*Journal d'un bourgeois de Paris*, p. 49.)

1. Il présenta à la Seigneurie, le 20 février 1516, ses lettres de créance datées du 20 janvier. (Marino Sanuto, t. XXI, col. 527.)

2. Avocat général au Parlement sous Louis XII, ensuite pré-

Et le Roy catholicque y envoia messire Guillaume de Crouy, seigneur de Chièvres[1], messire Jehan Le Saulvaige[2], son chancelier, et M⁰ Philippes Hanneton[3], son secrétaire et audiancier. Lesquelz ambassadeurs, d'ung costé et d'aultre, comparurent en ladicte cité de Noyon le premier jour de may M V° XVI, qui estoit le jour assigné, et furent ensemble huict ou dix jours sans riens faire pour quelzques différendz dont ne se pouvoient accorder, par quoy se despartirent dudict lieu et prindrent journée pour revenir en ladicte cité de Noyon au premier jour d'aoust suivant, et retourna ledict seigneur de Boissy, grand maistre de France, à Lion, devers le Roy[4].

sident, il fut nommé premier président en décembre 1516 après le décès de Mondot de la Marthonie. Il mourut en 1519.

1. Guillaume de Croy, seigneur de Chièvres (1458-1521), se fit remarquer en servant sous Charles VIII et Louis XII pendant les expéditions du Milanais et de Naples. Il s'attacha ensuite à Philippe le Beau et devint son conseiller. En 1506, il fut investi des fonctions de gouverneur des Pays-Bas autrichiens. Après la mort de l'archiduc, il les conserva et fut chargé par les États de la tutelle du jeune Charles. Celui-ci, devenu majeur, fit de son tuteur un véritable premier ministre.

2. Jean Le Sauvaige, seigneur d'Escaubèque, chancelier de l'empereur pour les Pays-Bas, né en Bourgogne vers 1455, mourut à Bruxelles en 1518. — « Unus prope clarissimus vir Johannes Salvagius Burgundiae cancellarius, ut patriae sic optimis studiis consulere studet sed cujus bonam partem nobis adimunt publica regni negotia. » (*Erasmi opera*, t. III, p. 179-180.) — Cf. Paquot, *Mémoires pour servir à l'histoire littéraire des Pays-Bas*, t. XIII, p. 200.

3. Philippe Hanneton, seigneur de Linth, premier secrétaire et audiencier de l'archiduc Philippe le Beau, et ensuite de son fils, mort en 1521. (Paquot, *op. cit.*, t. XVII, p. 308; Le Glay, *Négociations de la France et de l'Autriche*, t. I, préf., p. xv.)

4. Le *Journal d'un bourgeois de Paris* fait de cette première

Environ ce temps, les gens des Estatz et Conseil du royaulme d'Escosse envoyèrent devers le Roy l'évesque de Rosse[1], affin de prier ledict seigneur qu'il confermast certain traicté d'alliance et confédération faict entre le feu Roy Loÿs XIIe, dernier deceddé, et le feu Roy d'Escosse, père de leur Roy ; lequel traicté maistre Jehan de Plains, que le Roy avoit envoyé son ambassadeur audict païs d'Escosse quant et monsieur d'Albanye, régent d'icelluy païs, tenoyt approuvé.

Pareillement requéroit ledict évesque de Rosse que la comté de Comynge, laquelle il disoit appartenir au Roy d'Escosse par donation que en avoit faict le feu Roy Charles VIIe au Roy d'Escosse, lors vivant, et à ses successeurs Rois, pour les gros services que ledict Roy d'Escosse fit lors à la couronne de France, fut rendue et restituée au Roy d'Escosse. Oultre, demandoyt que, sy la Royne, qui estoit lors ensaincte, accouchoit d'une fille, qu'elle fust accordée et promise en mariage audict Roy d'Escosse, qui estoit de l'aage de quatre ou cinq ans seullement, et plusieurs aultres choses qu'il demandoit.

Il luy fut respondu, quant à la ratiffication du traicté d'alliance, que ledict Me Jehan de Plains n'avoit pouvoir spécial pour approuver ledict traicté et que le Roy, avant que le ratiffier, voulloit voir ledict traicté, ensemble tous les traictez que les Rois de France et d'Escosse ont euz ensemble, et, iceulx veuz et bien entenduz, ledict seigneur seroit content faire une bonne et indissoluble alliance avec ledict Roy

---

tentative d'entente entre Charles d'Autriche et François Ier un récit beaucoup plus complet, p. 33-34.

1. Edmund Courcey, évêque de Ross, mort en 1518.

d'Escosse, car estoit assez recordz des grans services que le feu Roy d'Escosse avoit faictz au feu Roy Loïs XIIe, lesquelz services il ne mectroit jamais en oubly.

Et, quant à la comté de Comminge, luy fut respondu que ledict seigneur feroit visiter les chartres de son Trésor et Chambre des comptes à Paris, affin de scavoir et entendre ladicte donation faicte par ledict feu Roy Charles VIIe, et, après le tout veu et bien entendu, s'il trouvoit ladicte donation estre bonne et vallable, bailleroit ladicte comté de Commynge audict Roy d'Escosse.

Et, quant au mariage de la fille de la Royne, si accouchoit d'une fille, luy fut respondu que, le cas advenant, ledict seigneur désireroyt autant ou plus l'affinité du Roy d'Escosse que de tout aultre prince chrestien. Et, quant au reste des demandes dudict évesque de Rosse, il obtint peu de chose de ce qu'il demandoit.

En ce temps, le Roy envoia en Suisse le sieur de Savonnières[1] et luy fit bailler instructions, desquelles la teneur ensuyt :

Instructions au sieur de Savonnières, conseiller et maistre d'hostel ordinaire de l'hostel du Roy, lequel ledict seigneur envoie son ambassadeur par devant les seigneurs des Ligues[2].

Et premièrement, leur présentera lettres de créance,

---

[1]. Charles du Plessis, seigneur de Savonnières, d'Ouchamps et la Perrine, etc., chevalier de l'ordre, maître d'hôtel ordinaire du roi, ensuite premier maître d'hôtel et conseiller de Louise de Savoie, enfin premier maître d'hôtel du dauphin et des ducs d'Orléans et d'Angoulême, fils de François Ier.

[2]. Le texte de ces instructions, qui sont de mai 1516, se

que ledict seigneur leur escript, et par icelles leur dira que icelluy seigneur l'a envoyé par devers eulx au lieu des seigneurs de la Guyche et de Fresnes et de M° André Le Roy pour estre et demourer avec eulx, affin d'entretenir l'alliance, amytié et confédération qui est entre icelluy seigneur et lesdictz seigneurs des Ligues.

Oultre, leur exposera l'entière amour et très cordialle affection que ledict seigneur leur a tousjours portée et porte comme à ses bons et féables alliez et confédérez, desquelz il répute le bien, proffict, honneur et exaltation comme le sien propre.

Et désire ledict seigneur, de tout son cœur, que l'alliance, amytié et confédération, qu'il a avec lesdictz seigneurs des Ligues, soit et demoure indissoluble et telle que réciproquement le bien, proffict et honneur de l'ung soit le proffict et honneur de l'aultre.

Et avec ce, entretiendra ledict ambassadeur, tant en général que en particulier, la paix, alliance et confédération, qui est entre icelluy seigneur et lesdictz seigneurs des Ligues, et s'enquerra sy aucun prince ou aultre s'esvertue d'icelle rompre directement ou indirectement, à quoy de son povoir obviera et néantmoings en advertira ledict seigneur.

D'aultre part, se informera avec les bons et féables serviteurs du Roy, qui souhaitent et désirent l'entretenement de ladicte alliance et confédération, de ceulx qui avoient pensions particulières des feus Rois que Dieu absolve et s'ilz sont encores en vie et gens pour faire service, ayant crédict et auctorité au païs et à iceulx fera distribuer icelles pensions particulières et aussy, au lieu des mortz et trespassez ou de ceulx qui n'auroient plus crédit ne auctorité au païs ou ne seroient pour faire ser-

retrouve à la Bibl. nat., f. Clairambault, vol. 317, fol. 4685, copie.

vice, baillera les pensions qu'ilz avoient accoustumé à ceulx que trouvera par le conseil desdictz bons et féables serviteurs du Roy qui seront pour deservir icelles pensions et mesmement à ceulx qui ont bon crédict et auctorité au païs et qui conduisent et mènent le populaire. Et quant à ceste distribution des pensions, est requis y besongner en grande dextérité, prudence et secrètement et de sorte que l'argent ne soit poinct mal mis et perdu et que ne viengne à la congnoissance de ceulx qui n'en auroyent poinct, affin que leur envye et mal contentement ne gastast et brouillast l'affaire du Roy.

Et avec ce, taschera, par tous les moiens et façons que possible luy sera et par l'adviz et conseil des bons et féables serviteurs du Roy, de recouvrer les cinq Cantons, qui n'ont ratiffié ou les aucuns d'iceulx, et advertira souvent le Roy des difficultez qui pourroient empescher iceulx cinq Cantons de ne ratiffier comme les aultres, affin que de jour à aultre ledict seigneur luy face sçavoir sur ce ses vouloir et intention.

Plus, leur dira que ledict seigneur a esté très ayse et très joyeulx de la ratiffication faicte par les huict Cantons du traicté de paix et alliance accordé entre ledict seigneur et eulx dernièrement à Genefve, et a receu de très bon cœur et voulloir leur scellé et ambassadeur qui l'a apporté et, dès l'heure, a faict expédier en forme deue la ratification, laquelle il y a baillée à leurdict ambassadeur et la veult tenir et entretenir perpétuellement sans jamais directement ne indirectement venir au contraire, espérant que iceulx seigneurs des huict Cantons feront de mesme de leur part.

Et, pour ce que ledict seigneur a esté adverty que, pour plus grande corroboration et seureté d'icelluy traicté de paix, seroit bon, requis et nécessaire de le porter de canton en canton pour le faire omologuer et approuver

14

par leur populaire, se informera ledict ambassadeur si aultreffois a esté faict de ceste sorte et quel proffict et utillité en vient, et la forme qu'il faut tenir et s'il est requis desbourser argent pour ce faire; et de tout advertira et informera ledict seigneur, affin que sur ce donne tel ordre qu'il verra estre à faire pour le mieulx.

Et car Lamanstront d'Ondreval[1] et Axat de Lucerne sont venuz par devers ledict seigneur, auquel ont dict qu'il se trouveroyt quelque moien et expédient pour faire ratiffier à ceulx de Urich et Switz ledict traicté faict à Genefve et qu'il estoit besoing et nécessaire pour la tranquillité et repoz d'iceulx d'Ondreval et Lucerne ainsy le faire, d'aultant que par les anciennes alliances, qu'ilz avoient avec lesdictz de Urich et Switz, estoit expressément dict que ilz ne pourroyent prendre alliance à personne vivante sans leur consentement et à ceste cause les sommoient chacun jour de leur foy et qu'ilz se doubtoient que cela pourroit adnichiller ce qu'ilz avoient faict avec le Roy, qui leur desplairoit grandement.

Et sur ce ont faict semblable ouverture que fisrent les seigneurs des huict Cantons dernièrement à Berne èsdictz s[rs] de la Guische, de Fresnes et Me André Le Roy, ambassadeurs dudict seigneur, c'est assavoir que lesdictz cantons de Urich et Switz et aussy les aultres trois qui restent à ratiffier se condescendroient de esmologuer et approuver la paix seullement sans l'alliance et confédération et se obligeroient que leurs gens n'iroient servir aucun de quelque estat ou condition qu'il fust contre le Roy.

Mais, d'aultant que iceulx Lamanstront et Axat, n'ayant charge, procuration ne mandement d'iceulx deux cantons de Urich et Switz pour capituler et prendre conclusion

---

1. Unterwalden.

sur ladicte ouverture, ne vouloient prendre en main et se faire fortz de leur faire consentir et avoir aggréable ce que par eulx seroit faict, ledict seigneur a différé de capituler avec eulx et par conclusion leur a dict qu'il envoyeroit ledict ambassadeur par devers lesdictes Ligues pour entendre et sçavoir sy iceulx deux cantons veullent entrer en capitulation sur icelle ouverture et la forme et manière comme ilz entendent de ce faire. Et de tout advertira le Roy à toute dilligence, affin que sy ledict seigneur voit que la chose soit utille et proffitable envoie procuration expresse pour ce faire.

Et fault entendre que les difficultez que icelluy seigneur faict à ladicte ouverture sont telles que s'ensuyvent : c'est assavoir est à doubter que les aultres cantons diront, qu'ilz ne sont moings à estimer que Urich et Switz et aultres qui restent à ratiffier, à ceste cause d'aultant qu'ilz auront esté dudict traicté et alliance, et néantmoing lesdictz de Urich, Switz et aultres qui n'ont esté dudict traicté et alliance reçoyvent pareil argent que eulx, la raison veult qu'ilz ne soient pirement traictez et par ainsy se vouldront oster de l'alliance.

D'aultre part, sy la paix est seulle, sans alliance, pourroyent quand bon leur sembleroit et seroient en liberté causer quelque querelle pour faire la guerre au Roy et sy leur seroit loisible prendre alliance avecques quelque aultre prince chrestien et le obliger à offenser, qui seroit une aultre voye pour faire la guerre audict seigneur, qui par ce moien perdroit largement ce qu'il leur auroit baillé.

Sy leur fera ledict ambassadeur icelle remonstrance et pour obvier èsdictz inconvéniens leur fera les ouvertures qui s'ensuyvent :

C'est assavoir que les huict cantons qui ont ratiffié soient médiateurs dudict accord sur icelle ouverture et promectent ne varier de ce qu'ilz ont promis et ratiffié soubz umbre et coulleur d'icelluy accord, et avec ce, que iceulx deux cantons s'obligent à ne faire la guerre au Roy et que leurs gens ne prendront la soulde de nul prince ne aultre pour faire la guerre audict seigneur, et qu'ilz ne feront alliance ne confédération avec personne vivant pour assaillir et offenser et mesmement le Roy et sur le tout advertira ledict ambassadeur le Roy, qui luy fera scavoir sa conclusion et luy envoyera le pouvoir à ce nécessaire.

Et, pour mieulx entretenir l'alliance et confédération qu'ilz ont avec le Roy et les divertir de l'imagination et intelligences privées et particulières qu'ilz pourroient avoir avec les aultres princes chrestiens, leur dira de luymesmes en leurs sermons privez et particuliers, de sorte qu'il puisse venir à la congnoissance de tous ou de la plus part et mesmement en leurs assemblées et diètes, esquelles il pourra faire dire et remonstrer par aucuns des bons et féables serviteurs du Roy, comme procédant de l'invention de celluy qui leur dira, les choses qui s'ensuyvent :

Premièrement, que la chose au monde, qui plus conserve en son entier et augmente une communaulté, est préférer le bien commun et publicq au privé et particulier ; secundo, de garder foy, promesse et loyaulté non seullement aux amys, mais aux ennemys ; tertio, d'avoir regard et considération non seullement aux choses présentes, mais à celles qui sont à venir ; quarto, d'avoir bonne justice non seullement distributive, ains commutative ; quinto, de vivre en unyon, toutes envyes, partialitez et affections particulières cessans ; lesquelles choses, tant que par les Romains ont esté observées et gardées, ont esté causes de leur conservation, augmentation et prospérité, aussy, dès l'heure qu'ilz les laissèrent et fisrent le contraire, furent abolliz, adnichillez et destruictz et subjuguez au gouvernement et subjection d'aultruy.

Secundo, doivent considérer que l'alliance et confédération, qui leur est la plus séante, est celle du Roy pour leur conservation et entretenement en leur entier, car c'est le plus puissant et riche et qui a mieulx de quoy leur donner et distribuer et qui le faict plus libérallement que prince qui soit en la chrestienté, tient foy et promesse et est prince d'honneur, de sorte que pour mourir ne vouldroyt venir au contraire de ce qu'il a promis, les a tousjours aymez, chériz et serchez et avant qu'il fust Roy et depuis; et d'aultre part, après que son armée dernièrement eut passé les montaignes, qui estoit forte et puissante, ainsy qu'il est notoire, il eust peu mectre, sy bon luy eust semblé, des gens d'armes à Yvrée pour les empescher de passer, affin de les contraindre à avoir la bataille, qui ne leur eust esté convenable pour le peu de nombre de gens qu'ilz avoient et aussy faulte de gens de cheval et pour leur artillerie mal attelée, ce que ledict seigneur différa de faire, espérant tousjours qu'ilz viendroyent à faire quelque accord avec luy. Et avec ce, après la victoire obtenue à Milan et qu'ilz se retiroient, ledict seigneur deffendit à ses gens d'armes de ne les suyvre ne affoler, taschant tousjours à leur conservation. Et sy a plus, car sy ledict seigneur eust voulu suivre sa fortune et entrer en leur païs, ilz peuvent assez congnoistre et entendre quel dégast il eust faict, ce que ne voulust jamais faire pour l'amour d'eulx, quelque chose que on luy conseillast. Et quant à leurs prisonniers, mallades et blessez estans au duché de Milan, s'ilz ont voulu dire vérité, ont rapporté qu'ilz ont esté traictez, non pas comme ennemys, ains amys. Et sy a tousjours ledict seigneur excusé la bataille qu'ilz luy livrèrent devant Milan contre l'appoinctement de Galleras, et a remis et remect toute la coulpe aux faulses et malignes persuasions du cardinal de Syon, auquel seul en a sceu mauvais gré et non èsdictz seigneurs des Ligues. Lesquelles choses arguent le bon voulloir et très cordialle amour et affection que ledict seigneur leur a toujours porté et porte.

Et par ainsy, d'aultant que l'alliance et confédération dudict seigneur est le bien commun et utillité publicque desdictes Ligues, la doibvent garder à leur pouvoir et ne s'arrester à quelzques ungs qui pourroient avoir quelzques affections particulières au contraire par les persuasions faulses de l'Empereur, cardinal de Syon et Roy d'Angleterre, car le bien commun est à préférer aux affections particulières.

Et doibvent lesditz seigneurs des Ligues, tant pour la craincte de Dieu et pour ne blesser leurs consciences, que pour la conservation de leur honneur et establissement de leur communaulté, garder leur foy et ce qu'ilz ont promis au Roy, lequel, de sa part, leur tiendra sa promesse sans difficulté, en ayant bon regard et considération non seullement ès choses présentes mais à celles qui sont advenir et trouveront par bonne raison que la confédération dudict seigneur ne leur est seullement proffitable, mais nécessaire, ainsy que clèrement pourra aparoir par ce qui sera dict cy-après en parlant des aultres princes chrestiens; et, en gardant foy et promesse au Roy, feront leur debvoir et chose juste et raisonnable, et venir au contraire, directement ou indirectement, soubz quelque coulleur ou habileté, seroit injustice et desloyauté destructive principallement d'une communaulté. Et faut bien considérer le mal qui leur peult advenir de ce qu'ilz ne sont uniz, d'aultant que cinq cantons desdictes Ligues n'ont voulu ratiffier et esmologuer ce que par leurs députez avoit esté faict à Genefve, jaçoyt que les huict, qui est la plus grande part, ayent ratiffié, dont procède division entre eulx, car les ungs tiennent pour le Roy et les aultres tiennent pour ses ennemys et pourra engendrer plusieurs partialitez, hayne et malveillances, qui est le vray fondement de abollir et mectre au néant une communaulté. Esquelles choses doibvent avoir bien regart lesdictz seigneurs des Ligues et seroit le Roy aussy marry et desplaisant sy aucun mal ou desplaisant inconvénient leur venoyt, comme sy venoit à soy mesme. Et quant à l'Empereur, doivent considérer qu'il est leur ennemy, tant à cause de ce qu'ilz tiennent son bien et héritage, que aussy pour les guerres qu'ilz ont eues par cy-devant avec luy, èsquelles aucuns de ces ancestres ont esté tuez et occiz; et a tousjours tasché icelluy Empereur de mectre picque et division entre la maison de France et lesdictz seigneurs des Ligues, disant : « De manibus inimicorum sumam vindictam de inimicis ». Et est bien certain et notoire que le plus grand souhaict et désir qu'il pourroit avoir en ce monde seroyt de adnichiller, s'il pouvoit, la maison de France et les seigneurs des Ligues, car luy semble [que], sy estoient adnichilez, il parviendroit à ce qu'il a tousjours désiré, ainsy qu'il dict, de faire son filz monarche, qui est l'archiduc, et seigneur de la chrestienté. A quoy doibvent avoir bon regard lesdictz seigneurs des Ligues, de sorte que, pour ces faulses persuasions et quelque proffict particulier que de présent pourroient avoir, ne soient séduictz et deceuz; et doibvent garder surtout que iceluy Empereur ne se face grand, affin que ne luy baillent le baston de quoy les pourroyt après battre. D'aultre part, ilz ont assez par cy-devant expérimenté et congnoissent le port de son arbaleste et s'il leur a tenu foy et promesse ou non et s'il a de quoy longuement mener mestier. Et n'y a personne au monde, ayant bon sens et entendement, qui ne voye et congnoisse clèrement que vault trop mieulx ausdictz seigneurs des

Ligues avoir l'amytié et alliance du Roy, qui est prince de foy et de promesse, qui a de quoy donner, qui n'a aulcune querelle sur eulx, que celle dudict Empereur à l'encontre duquel la maison de France leur a baillé ayde et secours, quand il leur a voulu faire la guerre. — Et touchant le Roy d'Angleterre, son royaulme est loing des Ligues et ne leur pourroyt donner ayde ne secours sy aucun affaire leur survenoit. Et s'il leur promectoit quelque chose et venoyt au contraire, difficile chose leur seroyt d'en prendre vengeance; et disent les sages qu'il est trop mieulx d'avoir amytié et confédération à ses voisins que aux aultres, car à toutes heures on les trouve pour avoir secours et ayde d'eulx, pour les faire réparer les faultes sy aucunes on leur faisoyt. Et sy a plus, car les promesses, que ledict Roy d'Angleterre leur pourroyt faire, ne sont que pour ceste fin, pour cuyder rompre l'alliance et confédération qui est entre le Roy et eulx, et, ce faict, peuvent estre asseurez que ne leur vouldroit avoir donné ung denier. Et leur pourra bien [ne point] tenir ce qu'il leur promectra, ainsy qu'il a faict au feu Roy dernier décedé, que Dieu absolve, et à celluy qui est à présent, car jaçoyt que avecques l'ung et l'aultre eust faict paix et confédération, néantmoings, sans cause, ne occasion, est venu au contraire, ainsy qu'il est tout notoire. — Et quant au prince de Castille, sont assez advertiz qu'il est de mesme voulloir que son ayeul l'Empereur et que a en mémoire et souvenance la journée de Nancy, où son bisayeul fut occis. Et sy a plus, car ainsy que l'on peult veoir et congnoistre, se jugera si gros et grand qu'il se mectra en debvoir de recouvrer ce que lesdictz seigneurs des Ligues tiennent, comme il prétend, de la maison d'Autriche et prendre vengeance de la mort de ses ancestres, et vouldra mectre à exécution pour sa grandeur, force et puissance, ce que l'Empereur, son ayeul, ne peust jamais faire pour sa foyblesse. A quoy fault avoir bon regard et non seullement regarder les choses présentes, mais ce qui est à venir, et donner ordre de ne perdre la liberté que leurs ancestres ont acquise, et, d'aultre part, penser que, quand tel cas adviendroyt, ne trouveroient meilleur amy en la chrestienté, pour les secourir, que le Roy de France, lequel, bien uny avec eulx, tout le monde ne leur sçaura nuyre ne préjudicier.

Et par ainsy, en bon regard et considération aux choses susdictes, doibvent lesdictz seigneurs des Ligues congnoistre et entendre de combien leur peult proffiter l'alliance de France et sy elle leur est nécessaire ou non, et peuvent estre seurs que, toutes fois et quantes il plaira au Roy d'avoir paix et amytié avec l'Empereur, facillement la recouvrera en luy donnant beaucoup moings que ne faict ausdictz seigneurs des Ligues et n'a tenu que audict seigneur qu'elle n'ayt esté faicte entre luy et ledict Empereur et aultres qu'il n'est besoing de nommer pour confondre, adnichiler et destruire lesdictz seigneurs des Ligues, ce que ledict seigneur n'a voulu jamais consentir et pour rien ne les habandonnera, s'ilz ne luy donnent cause et matière de ce faire. Et se aydera des Savonnières, comme de luy-mesmes, des choses susdictes ou parties d'icelles ainsi qu'il verra estre expédient, requis et nécessaire pour le mieulx, et s'il est besoing, les fera translater de françois en allemant et les fera courir de main en main, sans qu'on sache que cela vienne du Roy, ainsi que faict de sa part le cardinal de Syon, qui sème tout le païs de bourdes et mensonges. Et finablement fera ledict s^r de Savonnières, sur les choses susdictes, leurs circonstances et deppendances au bien, proffict et utillité du Roy au mieulx qu'il pourra, ainsy qu'il sçaura très bien faire et que le Roy a en luy sa parfaicte fiance.

Fin de ces instructions.

Au commencement du mois de juing, l'an mil cinq cens et seize, le Roy partit de Lyon[1] pour aller faire un voiage à pied au sainct suaire, qui est à Chambéry, et durant ledict voiage il eut nouvelles de son ambassadeur, qui estoit en Flandres avec le Roy catholicque, que ledict Roy catholicque désiroyt que icelluy seigneur envoyast quelqu'un de sa maison devers luy pour jecter par articles le traicté qui se debvoit faire entre eulx, affin que, à la journée de Noyon, qui estoit prolongée jusques au premier jour d'aoust, y eust moings à faire. Par quoy ledict seigneur, désirant tousjours la paix, envoya devers ledict Roy catholicque messire Nicolas de Neufville, secrétaire de ses finances, avec instructions et mémoires nécessaires.

Le quinziesme jour de juing, le Roy arriva à Chambéry[2], et y estoit le duc de Savoye. Le lendemain, environ midy, fut monstré le sainct suaire par trois évesques publicquement. Durant ce temps, le Roy ordonna que monsieur le connestable, qui avoit esté gouverneur de Milan, retourneroit en France, et en son lieu constitua le sieur de Lautrec, mareschal de France[3].

De Chambéry, ledict seigneur veint à Grenoble, où il eut nouvelles que la ville de Bresse avoit été prinse

1. Il en partit le 28 mai. (*Journal de Louise de Savoie*, p. 90.)
2. « Il Re Cristianissimo e partito da Lion per andar a piedi al suo vodo di Nostra Dona di Zambari... Camina *solum* un po la matina et la sera. » (Lettre de Badoer, ambassadeur vénitien, du 4 juin 1516, dans *Diarii*, t. XXII, col. 287.)
3. *Provisions en faveur du sieur de Lautrec, maréchal de France, de l'office de lieutenant général du roi en Milanais, en remplacement de Charles de Bourbon.* Chambéry, 17 juin 1516. (Bibl. nat., fonds Clairambault, vol. 958, fol. 412.)

par composition par le sire de Lautrec, laquelle ville ledict seigneur fit délivrer aux Vénitiens[1]. Depuis, ledict sire de Lautrec alla mectre le siège devant Véronne.

En ladicte ville de Grenoble veindrent aucuns devers le Roy, députez de la ville de Milan, pour avoir confirmation de leurs privilèges, lesquelz monsieur le connestable, du temps qu'il estoit gouverneur, avoit confermez. Touteffois, lesdictz députez n'eurent la confirmation desdictz privilèges telle qu'ilz la demandoyent.

En ce temps, le Roy envoya devers le Pape les évesques de Sainct-Malo et de Lodève pour demourer à Romme ses ambassadeurs[2].

1. D'après une lettre de Louis Maroton à Marguerite d'Autriche, quelques difficultés s'élevèrent à ce sujet entre Français et Vénitiens. « Le gouverneur de Bresse, par appoinctement, a rendu la cité et le chasteau de Bresse ès mains des Françoys, dont les Vénissiens ont esté fort mal contens; despuys ont faict un appoinctement que les Françoys garderont le chasteau et les portes de ladicte cité, et y sont dedans deux centz hommes d'armes françoys et deux mille piétons gascons. Les Vénisiens tirent le prouffict de ladicte cité et de par eulx se font les commandemens, et ont dedans mille piétons et cent hommes d'armes, jusques à tant que entre lesdictes partyes soit faict accord ou discord. » (Le Glay, *op. cit.*, t. II, p. 111.)

2. *Commission à Guillaume Briçonnet, évêque de Lodève, et à Denis Briçonnet, évêque de Saint-Malo, envoyés pour négocier une ligue avec le pape Léon X, la république de Florence, le duc d'Urbin et toute la maison de Médicis.* Amboise, le 3 novembre 1516. L'original de cet acte est aux archives de Florence. (Cf. *I manoscritti Torregiani*, p. 462, n° 99.) — Voir aussi : *Ordre de faire payer à Guillaume Briçonnet, évêque de Lodève, ambassadeur à Rome, 1,275 écus d'or au soleil pour les frais de son ambassade.* (Arch. nat., K. 81, n° 14.) La date

De Grenoble, le Roy veint à Lyon et y séjourna douze jours, durant lesquelz renvoia le sire de Boissy, grand maistre de France, l'évesque de Paris et le président Olivier à Noyon, pour estre le premier jour d'aoust, et leur fist bailler instructions, desquelles la teneur ensuyt :

Instructions à messieurs de Boissy, comte de Carvaz, conseiller et chambellan ordinaire du Roy nostre sire, grand maistre de France, l'évesque de Paris, conseiller dudict seigneur, et Me Jacques Olivier, conseiller et président en la court de Parlement à Paris, ambassadeurs du Roy, pour capituler, ordonner et conclure avec le s^r de Chièvres et chancelier de France ou aultres ambassadeurs du Roy catholicque sur les différens, questions et querelles qui sont de présent ou pourroyent estre entre lesdictz seigneurs Roys pour quelque cause ou occasion que ce soit[1].

Et premièrement diront que le Roy, de sa part, a eu tousjours vouloir et désir que le traicté d'alliance, amytié et confédération faict dernièrement à Paris entre luy et icelluy Roy catholique fut par eulx gardé et observé, sans venir aulcunement au contraire. Mais d'aultant que ledict seigneur Roy catholicque a succédé au feu Roy d'Arragon, contre lequel ledict seigneur avoit plusieurs

de ces deux actes est d'ailleurs postérieure au départ des ambassadeurs, qui arrivèrent à Rome au commencement d'août. (Marino Sanuto, *Diarii*, t. XXII, col. 443.) Ils remplaçaient Antonio Maria Pallavicini (*Ibid.*). Guillaume et Denis Briçonnet étaient frères ; ils moururent, le premier en 1533, le second en 1535.

1. Le texte de ces instructions a été collationné sur le vol. 160 du fonds Dupuy, à la Bibliothèque nationale, fol. 291 à 304.

querelles, fault à présent que icelles querelles soient entre eulx vuydées et décidées. Et, pour ce que lesdictes querelles pourroyent causer division et guerre entre lesdicts seigneurs Roys et rompture dudict traicté d'amytié, alliance et confédération, dont pourroient procéder plusieurs maulx et inconvéniens, non seullement à eulx, mais à leurs subjectz et à toute la chrestienté, ledict seigneur, pour y obvier, a esté contant et s'est condescendu que leursdictz différentz se vuydassent par l'amyable, en gardant à ung chascun d'eulx ce que raisonnablement et de droict luy doibt compéter et appartenir; et mesmement, car trop mieulx est avoir une paix certaine et vivre en repos et tranquillité que de mouvoir guerre dont l'issue [seroit] incertaine, [et] en laquelle plusieurs grans maulx, comme meurdres, ravissemens, bruslemens, pilleryes et sacrilèges se pourroyent commectre, esquelz Dieu, nostre créateur, seroyt grandement offensé. Et jacoyt que, dès l'heure que icelluy feu Roy catholicque fut deceddé, ung gros et puissant personnage se seroyt offert entrer en armes au royaume de Naples, avec grosse puissance, soubz couleur de quelque outrage, qu'il disoit les Espagnolz et aultres gens de guerre en passant par ses terres et seigneuries luy avoir faictz, et par ce moien se saisir du royaume et le bailler entre les mains du Roy, néantmoings ledict seigneur n'y a voullu entendre jusques à ce que il auroyt sceu la volunté dudict Roy catholicque pour préférer tousjours la paix et amytié à la guerre. Pareillement, ledict seigneur a eu plusieurs advis des royaumes de Castille et Arragon, esquelz, facillement, en voulant adhérer et tenir la main aux mal contens, il eust peu mectre la guerre ausdictz royaulmes sans riens frayer, à quoy n'a voulu entendre, désirant, comme dessus [est dict], plus tost recouvrir le sien par paix et amitié que par guerre. Et est bien cler et notoire à toutes gens de bon sens et entendement que ledict seigneur avoit plusieurs moiens, tant par mer que par terre, de faire et mectre la guerre ès païs et terres que tient et possède ledict Roy catholicque, qui sont loingtains les ungs des aultres, de sorte que très difficille et ennuyeuse chose lui eust esté et seroit à demesler une telle fusée. Toutesfois, ledict seigneur est de sy bonne nature et a tant aymé et ayme ledict Roy catholicque, qu'il ne l'a voulu ne veult faire que préalablement ne sache la volunté dudict Roy catholicque. Mesmement a eu regard et considération ès raisons qui s'ensuivent :

Premièrement, que ses païs, terres et seigneuries sont voisines, confines et contiguës à celles d'icelluy Roy catholicque et que, au trafic et communication de marchandise d'entre leurs subjectz, consiste leur richesse, et que la guerre et division seroit leur totale destruction et pour les réduire à pauvreté et mendicité, pour ce, ledict seigneur, comme conservateur et protecteur de ses subjectz, pour obvier audict inconvénient, se veult mectre à toute raison, comme espère que fera ledict Roy catholicque pour la conservation et tuition des siens. — Secundo, considère, ledict seigneur, que luy et ledict Roy catholicque sont yssus de la maison de France et du Roy Jehan, l'un du costé paternel et l'autre du maternel, et sont venuz en ung mesme temps au règne, gouvernement et administration de leurs terres et seigneuries. — Tertio, l'affinité et alliance très proche qui doibt estre entre eulx et que jamais n'y a eu hayne ny malveillance ne cause pour l'avoir, ains tousjours amour et très cordialle affection. — Quarto, que leur accord pourra causer une paix universelle en la chrestienté et moyennant laquelle pourront entreprendre et faire contre les infidelles la guerre et délivrer les pauvres chrestiens de la captivité où ilz sont à l'honneur de Dieu, nostre rédempteur, exaltation et augmentation de nostre foy et convertir le glaive et effusion de sang qu'est, à son très grand regret et desplaisir, entre les chrestiens, contre les ennemys de la foy. Pour ces causes et considérations a esté ledict seigneur très ayse quant a sceu que le Roy catholicque désiroit, de sa part, leurs différendz et querelles estre vuydées et décidées par l'amyable et gardant ung chascun raisonnablement ce qui luy peult appartenir par droict et raison, qu'est en effect ce que ledict seigneur a souhaité et désiré, d'aultant qu'il se contente du sien et ne veult ne appéte riens de l'autruy, et, quant scauroit et congnoistroyt sesdictes querelles n'estre justes ne raisonnables, n'en vouldroyt aucunement parler. Et croit fermement ledict seigneur que icelluy Roy catholicque sera sy bon, juste et raisonnable que amyablement luy rendra et restitura ce qui luy appartient et conservera l'amour et amytié qu'est entre eulx et ne donnera cause ne occasion audict seigneur de luy faire la guerre et aura bon regard et considération au bien et commodité qui luy adviendra d'avoir paix et amytié avec ledict seigneur, et que aultrement le faire seroit très dommageable à luy et à ses subjectz par les raisons et considérations que dessus, et mesmement actendu que le royaulme de France est grand, fort et puissant, et entre les terres et seigneuries dudict Roy catholicque, et que pour la commodité de luy et de ses subjectz, le passer et repasser, luy est plus que utile et nécessaire, car, d'aller et venir luy et les siens par mer, de l'un à l'autre, seroit chose longue, de grans fraiz, très difficile et plus que incertaine. Et pour venir à la matière et entendre les querelles que ledict seigneur avoit contre icelluy Roy catholicque est à présupposer que le royaulme de Naples compète et appartient audict seigneur, lequel icelluy feu roy d'Arragon détenoit et occuppoyt indeument et contre raison, et par ainsy, le Roy catholicque, qui a succédé à icelluy feu Roy d'Arragon, en toute raison, vérité et justice, est tenu et doibt bailler icelluy royaume audict seigneur pour éviter la guerre et tous autres inconvéniens, dont dessus est faict mention, qui s'en pourroient ensuivre.

Et, pour entendre le droict que le Roy a audict royaume de Naples, est assavoir que l'Empereur Frédéric, qui tenoyt en fief icelluy royaume de l'église de Romme, fut privé d'icelluy par Innocent quart de ce nom au concille de Lyon, et le remist en l'église jusques à ce qu'il auroyt pourveu d'icelluy par le conseil des cardinaulx à quelque bon personnage. Et depuis Pape Urbain quart de ce nom investit dudict royaume Charles, comte d'Anjou et de Provence, filz et frère du Roy de France, sur certains pactes. Et après le décès d'icelluy Urbain, Pape Clément quart de ce nom paracheva ce que icelluy Urbain avoyt commencé et inféoda derechef icelluy royaume audict comte Charles, perpétuellement pour lui et ses successeurs hoirs qui descendroient en droicte ligne de loyal mariage, tant masles que femelles, et au deffault d'iceulx voulut que l'un des enffans de France y succédast, ainsi qu'il appert par l'investiture donnée à Pérouse, « quarto kal. marcii, pontificatus ipsius Clementis anno primo », de laquelle faict mention Jehan André. Nonobstant lesquelles privations et inféodations Manfred et Conrar, enffans d'icelluy Frédéric, s'efforçoient indeument occupper ledict royaume, et y avoit quelques prélatz en icelluy royaume qui leur favorisoyent et tenoient la main. A ceste cause, ledict Pape Clément, estant à Viterbe, déposa iceulx prélatz, ainsy que dit le Spéculateur. Et depuis ledict Charles d'Anjou deffict auprès de Naples ledict Manfred et par ainsi fut vray seigneur et possesseur d'icelluy royaume. Ledict Charles, premier Roy de Sicille et de Naples, alla de vie à trespas, délaissant son filz, qui succéda à icelluy royaume, et fut tenu et réputé vray seigneur et possesseur d'icelluy, et print à femme Marie, fille du Roy de Hongrye, de laquelle eust plusieurs enfans. Le premier fut Roy de Hongrye ; le second fut frère myneur, évesque de Tholoze, qui, pour lors, n'estoit archevesché, et est descript « in Catalogo Sanctorum » ; le tiers fut Robert, qui succéda au royaume de Sicille et de Naples, et l'autre fut prince de Tharante. De Robert, Roy de Sicille et de Naples, descendit Charles, qui fut duc de Calabre, lequel eut deux filles : c'est assavoir Jehanne et Marie, et mourut avant son père, survivantes les deux filles. Marie fut mariée, vivant ledict Robert, Roy de Sicille et de Naples, son ayeul, à Loïs de Duras, [lequel fut père de Charles de Duras]. Et d'icelluy Charles sont descenduz en loyal mariage Ladislas et Jehanne. Jehanne, seur de ladicte Marie et fille primogénite dudict Charles, duc de Calabre, fut mariée avec Andréas, filz du Roy de Hongrye, son cousin, et l'institua ledict Robert, par son testament, son héritière universelle de l'auctorité de l'église. Et par ainsy fut icelle Jehanne Royne de Sicille et de Naples, et après le décès d'icelluy Andréas, Roy de Hongrye, auquel ladicte Jehanne survesquit, le père d'icelluy Andréas, Roy de Hongrye, entra au royaume de Sicille et de Naples et chassa icelle Jehanne, laquelle eut recours au Pape Clément cinquiesme de ce nom, qui, pour lors, estoit en Avignon, lequel Pape envoya deux cardinaulx en la compaignye d'icelle Jehanne audict royaume pour remonstrer que icelle Jehanne estoyt leur vraye dame et que pour telle l'eussent à tenir et recongnoistre, ce qu'ilz firent, et bailla icelle Jehanne dès lors à icelluy Pape Clément la cité d'Avignon, laquelle l'église a depuis tenue. Si se remaria icelle Jehanne et print à mariage son cousin Loïs, prince de Tharante, lequel, à cause de sa femme, fut Roy d'icelluy royaume de Sicille et de Naples et, après la mort d'icelluy Loïs, icelle Jehanne print à mari

Jacques, filz du Roy de Maillorques, appellé l'Infant, et après le décès d'icelluy Jacques icelle Jehanne eut à mary messire Othon de Gazon, Allemant, lequel survesquit sa femme. Laquelle Jehanne, ainsy qu'il appert par ce que dessus, fut Royne de Sicille et de Naples, sans aucun doubte, tant par le testament de son père, confermé par l'auctorité de l'Église, que par la déclaration faicte depuis par Pape Clément cinquiesme, ainsy que dict est cy-dessus. Toutesfois, durant son règne, Charles de Duras, filz de sa seur, qui estoit son vassal, commectant félonye et venant directement contre son serment, donna plusieurs afflictions à icelle Jehanne et la poursuivit, de sorte qu'il la tenoit close et enfermée dedans la ville de Naples. A ceste cause, icelle Jehanne, considérant qu'elle n'avoit aucuns enffans, l'ingratitude et félonnye de son nepveu et qu'elle estoit extraicte de la maison d'Anjou, appella Loïs, duc d'Anjou, frère du Roy Charles cinquiesme, et icelluy adopta en filz et le fit duc de Calabre et l'institua son héritier universel, et néantmoings luy donna par donation entre vifz icelluy royaume, et le tout par auctorité, consentement, approbation et confirmation du Pape Clément VIIe de ce nom, ainsy qu'il appert par les bulles données en Avignon, l'an M III^c IIII^{xx} II, soubzcriptes d'icelluy Pape et de dix-sept cardinaulx. Et ainsy que icelluy Loïs se préparoyt pour aller mectre hors de captivité icelle Jehanne, qui estoit enclose en la ville de Naples par icelluy Charles, son nepveu, ledict Charles print icelle Jehanne et la feit estrangler. Et peu après arriva audict royaume icelluy Loïs, où il fut receu par plusieurs citez, villes et nobles gens du païs, du consentement et auctorité d'icelluy Pape Clément VIIe, et peu après mourut, délaissant deux fils, c'est assavoir Loïs, second de ce nom, et Charles, prince de Tharante. Lequel Loïs, filz primogénite et successeur dudict royaume, alla en icelluy royaume en l'aage de douze ans, et ce du consentement et auctorité dudict Pape Clément VII°, et eut l'obéissance et fidélité de tout le royaume, fors de la cité de Gayette, et teint par longtemps icelluy royaume pacifiquement et finablement print à femme Yollande, fille unicque de Jehan, Roy d'Arragon, de laquelle eut plusieurs enffans, c'est assavoir : Loïs, René, Charles, Marie, Royne de France, femme du roy Charles VII°, et Yollande. Et fut tenu icelluy Loïs vray Roy de Sicille et investit tant par Pape Clément, par Pape Benedic, que depuis au concille de Pise par Pape Alexandre quint, et fut créé gonfallonnier et défenseur de l'église et fut approuvé vray Roy et investit de nouveau en approuvant l'adoption et institution d'icelle Royne Jehanne, ainsy qu'il appert par les bulles dactées à Pise M IIII° IX, soubzscriptes d'icelluy Pape Alexandre et de treize cardinaulx, tant Italliens que François. Toutesfois, icelluy royaume estoit soubz l'obéissance dudict Pape Alexandre et tout ce qui fut faict respectivement au temps des scismes par les Papes et pays qui estoient de leur obéissance fut ratiffié et approuvé par le concile de Constance ; et depuis, par Pape Jehan XXIII fut tenu et approuvé vray Roy d'icelluy royaume et comme tel bailla la rose et accompagna icelluy Pape comme gonfalonnier et vassal de l'église, et finablement pour tel fut tenu, censé et réputé par le concille de Constance. Si seroit, puis icelluy Loïs, second Roy de Sicille et de Naples, allé de vye à trespas, délaissant plusieurs enffans, c'est assavoir Loïs, René et Charles. Lequel Loys, primogénite et successeur audict royaume, y alla et eut une partie du royaume, et l'autre partie Jehannelle, fille de Charles de Duras et seur de Ladislas. Et depuis Pape Martin, qui fut « electus in concordia » au concille de Constance, prévoyant [querelle] venir audict royaume entre iceulx Loys et Jehannelle, par le conseil des cardinaulx, ordonna que icelluy Loïs tiers, après le décès d'icelle Jehannelle, auroyt entièrement ledict royaume et dès lors le créa, institua et ordonna Roy, sans préjudice de ses inféodations et aultres droictz qu'il y prétendoit, lesquelz demoureroient en leur force et vigueur, et avec ce que icelle Jehannelle, au préjudice d'iceulx décret et ordonnance, ne pourroyt en nulle manière autrement disposer d'icelluy royaume, lequel il vouloit et ordonnoit totalement revenir audict Loys tiers et à ses enffans, et à deffault d'eulx à iceulx René et Charles, ses frères, successivement, ainsy que plus amplement appert par les bulles données à Florence « secundo nonas decembris anno M° quadringentesimo XIX°, cum subscriptione Martini quinti et tredecim cardinalium manu propria ». Et jaçoyt que le droict du Roy soyt tout cler et évident, tant par le droict que ont eu audict royaume par cy-devant ceulx de la maison d'Anjou, comme est dict cy-dessus, et par la succession et transport que la maison de France a eu de ceulx de ladicte maison d'Anjou que par les investitures et possession que en ont eu feuz de bonne mémoire les Roys Charles huictiesme et Loïs XII°, et de sorte que ne fut besoing en discuter, néantmoings là et quant les ambassadeurs dudict Roy catholicque vouldroyent entrer en disputation, on leur pourra remonstrer ledict droict par les faictz, généalogies, investitures et raisons contenus cy-dessus et aultres, que les ambassadeurs du Roy, par leur prudence et discrétion, verront estre requis et nécessaire pour parvenir à l'intention dudict seigneur, selon qu'ilz verront et congnoistront que les aultres entendront et enforneront les matières et seront fornis de pièces, car, selon les propos qu'ilz tiendront, sera besoing déduire le droict du premier Charles qui fut investit par Pape Urbain, ou commencer à Loys, qui eut le droict de Jehanne, héritière de Robert, ou à celluy qui eut le droict de Jehannelle et investiture du Pape Martin. Et, si ledict Roy catholicque voulloit prendre sur ce droict au royaume de Naples par le droict prétendu par Alphonse, Roy d'Arragon, finablement se pourra confuter le droict que icelluy Alphonse prétendoyt par le moien de ladicte Jehannelle, tant par la révocation causée sur ingratitude que par la bulle du Pape Martin quint. Aussy, quant ledict Alphonse y auroit eu droict, il en auroyt disposé au proffict de Ferrand, son filz, auquel droict avoient succédé les enffans dudict Ferrand, lesquelz en avoient disposé au proffict dudict Roy Loÿs, que Dieu absolve, et de ses successeurs à la couronne; et, derechef, n'y pourroit aucune chose prétendre ledict Roy catholicque, car encores que les enffans dudict Ferrand n'en eussent disposé au proffict dudict feu Roys Loÿs et de la couronne, néantmoings encores n'y auroit riens le Roy catholicque, car il y avoit encore des enffans descenduz dudict Ferrand. Et si ledict Roy catholicque vouloit fonder ledict droict sur les pactes et convenances faictes entre feuz, de bonne mémoire, le Roy Loÿs XIIe, dernier décedé, et le Roy d'Arragon, tant moyennant le mariage de madame Germaine de Foix que auparavant, sera dict et remonstré que ne le pourroyt faire au préjudice de son successeur à la couronne, considérant la teneur du testament et déclaration depuis faict par Charles d'Anjou, comte du Mayne, Roy de Naples et comte de Provence, dernier masle de la maison d'Anjou, [lequel] en tous lesdictz biens fit son héritier universel le Roy Loÿs XIe et après luy le Roy Charles VIIIe et successivement les successeurs à la couronne de France, ainsi qu'il appert, tant par son testament que examen sur ce faict, et le feu Roy Loÿs XIIe n'en peult disposer au proffict dudict feu Roy d'Arragon et au préjudice de son successeur à la couronne. Et quant seroit trouvé icelles convenances estre bonnes et devoir sortir effect, à tout le moings la moictyé seroit et appartiendroyt au Roy, ensuyvant lesdictes convenances. Et si les ambassadeurs dudict Roy catholicque vouloient entrer en disputations sur le droict prétendu par la couronne de France par le moyen de ladicte institution faicte par Charles d'Anjou et débattre les testamens tant d'icelluy Charles que de René, son oncle, leur sera respondu que c'est alléguer le faict d'ung tiers et que icelluy tiers et le Roy sont bien d'accord, et d'aultre part « dispositiones testamentariae habent locum in dicto regno neapolitano, quod regnum jure scripto regitur »; et [que] lesdictz testamens n'ont poinct esté impugnez par ceulx qui avoient intérestz; et que plus est la maison de France « titulo pro herede » a prescript ledict royaume, car l'a possédé « realiter aut civiliter » par plus de vingt ans, à compter du temps que le Roy Charles y alla. Et pour la corroboration du droict de la maison de France, ilz ont les investitures faictes tant audict feu Roy Charles VIIIe que à Loïs XIIe et sy ont le transport faict par les enffans de Ferrand audict feu Roy Loïs. « Ex omnibus constat clarissime » droict du Roy joinct les autres raisons à plain desduictes cy-dessus et que lesdictz ambassadeurs scauront très bien adviser; secundo, prétent le royaume d'Arragon, les comtez de Sardaigne et de Roussillon, Cathelongne, Maillorque et Minorque luy compéter et appartenir par le moien de Yoland, seulle fille et héritière de Jehan, Roy d'Arragon, mère du Roy René, lequel feit son héritier Charles d'Anjou, dernier masle de la maison d'Anjou, lequel, comme a esté dict cy-dessus, disposa de ses biens au proffict de la maison de France; tertio, prétent ledict seigneur que icelluy Roy catholicque luy est tenu et obligé en la somme de II^c M escus, ainsy qu'il appert par l'instrument sur ce faict et passé, qui a esté baillé ausdictz ambassadeurs dudict Roy catholicque; lesquelz, ensuyvant leurs meurs et anciens façons de faire, feront

plusieurs plainctes et doléances, prétendant que le Roy, de
sa part, n'a entretenu le traicté d'amytié faict entre eulx
dernièrement à Paris; sy leur sera respondu « in genere » que
le Roy ne pensa jamais aller au contraire, directement ne
indirectement, en quelque façon que ce soit. Et s'ilz vouloient entrer en quelque cas particulier, comme de monsieur de Gueldres, leur sera dict que le Roy, de sa part,
a faict ce qui estoit en luy, sans aulcune faincte ne dissimulation, pour faire garder et entretenir ce que le Roy
avoit promis par ledict traicté de Paris, et à ces fins luy a
envoyé ambassadeurs, lettres et messagers expres, et n'a
poinct sceu ledict seigneur que ledict seigneur de Gueldres
ayt faict aucune chose contre et au préjudice de ce que
ledict seigneur avoit promis audict traicté de Paris. Et, s'ilz
parloient du faict de Navarre, leur sera dict, jaçoyt que
le Roy de Navarre, qui est proche parent dudict seigneur,
l'ayt, par plusieurs fois, requis et prié de luy donner ayde
et secours pour recouvrir sondict royaume, néantmoings
ledict seigneur n'y a jamais voulu entendre et ne sera sceu
ni trouvé que, à la motion de guerre que feyt dernièrement icelluy Roy de Navarre à Sainct-Jehan-de-Pié-de-Porc,
y ait eu aucun capitaine, homme d'armes, archer ne sol-
dat du Roy, et, quant ledict seigneur eust esté de ceste
entreprinse, y feust allé d'aultre sorte que n'a fait icelluy
Roy de Navarre, toutesfois estoit loisible au Roy, si bon
lui eust semblé, de donner ayde et assister audict royaume
de Navarre pour le recouvrement de son royaume sans
venir aulcunement contre le traicté de Paris, car il fut
expressément convenu en icelluy et par articles séparez
que le différend dudict royaume se vuyderoit par l'amyable
et que, pour ce faire, ledict seigneur et le Roy catholicque se mectroient en debvoir d'y faire consentir le feu
Roy d'Arragon et le Roy de Navarre et que, s'il ne tenoit
audict Roy de Navarre que icelluy différend ne se vuydast

par l'amyable ou au cas que recouvert ne seroit dedans l'an, le Roy lui pourroit assister et ayder au recouvrement d'icelluy royaume, ce qui est advenu, car n'a tenu audict Roy de Navarre que icelluy différend n'ait esté vuydé par l'amiable, ainsi que dès lors il déclara aux ambassadeurs dudict Roy catholicque, par quoy le Roy, si bon luy eust semblé, sans enfraindre ledict traicté, eust peu assister et ayder audict Roy de Navarre pour le recouvrement de sondict royaume. Et, s'il mectoient en avant les praticques que le Roy a faict mener tant à Romme, Gennes, Venise, Portugal que Prosper Coulonne pour le recouvrement de Naples, diront que n'a faict chose que raisonnablement et justement n'ait peu faire pour la conservation de son droict et que tousjours il a eu son ymagination et volunté de recouvrer ce que justement et raisonnablement luy appartenoit, en intention que pour se faire essayeroit, premièrement, la voye amyable, et en icelle se mectroit en tout devoir de raison pour éviter effusion du sang humain, le hazard de la guerre et aultres maulx et inconvéniens cy-dessus spécifiez, et que là et quant par l'amyable raison et justice ne pourroit avoir et recouvrer le sien, auroyt recours à la force et se ayderoit de ses serviteurs et amys, et ainsy l'a faict, car s'est condescendu à traicter et mectre fins à ses différendz par l'amyable raison, équité et justice. Vray est qu'avant que venir audict amyable il a bien voulu entendre comment, par la force, recouvreroit ce que luy appartient, là et quant ledict Roy catholicque n'eust voulu entendre audict amyable ou que audict traicté de l'amyable ne se trouveroit aucune conclusion, et sur ce a conduict des praticques qui ont esté toutes conditionnelles, c'est assavoir là et quant fauldroit venir à la force, sy aultrement, par quelque bon traicté, ne se pouvoyt recouvrer [ce qui lui appartient], en quoy faisant n'a faict chose que justement et raisonnablement n'ayt peu faire. Et s'ilz faisoient cas de ce que le Roy a escript à son ambassadeur en Angleterre, après le trespas du feu Roy d'Arragon, qu'il dist au Roy d'Angleterre que s'il se voulloit ayder de luy en aulcune chose [il le trouveroit prest], à ce sera respondu que là et quant le Roy l'auroit ainsi escript n'auroit faict chose qui ne fust honneste et qui ne se deust faire, d'aultant que ledict seigneur, prévoyant ses affaires et ayant espérance de recouvrer ce qui lui appartient, auroyt voulu entendre et sentir la volunté du Roy d'Angleterre, mais qu'il lui ait offert ayde contre le Roy catholicque et qu'il l'ait incité ou meu de faire la guerre, cela ne sera sceu ne trouvé. Et quant le Roy d'Angleterre se fust déclairé et eust demandé ayde au Roy, s'il l'eust demandé contre ledict Roy catholicque, jamais ne luy eust accordé. Et, s'ilz se deullent de ce que leurs messagers et courriers ont esté prins et arrestez, leur sera dict que le Roy estoit en guerre avec le Roy d'Arragon, ses païs, terres et seigneuries, et qu'il n'y avoit communication des subjectz de l'un à l'aultre et estoient les passages gardez pour prendre ceulx qui, respectivement, entreroient sans sauf-conduict à l'un ou à l'aultre desdictz royaumes. Et dès l'heure que le feu Roy d'Arragon fut trespassé, et après que ledict seigneur fut adverty qu'il avoit faict son héritier ledict Roy catholicque et que le païs tenoit pour luy, pensa ledict seigneur, actendu l'amytié qui estoit entre eulx, que les subjectz, qui luy estoient arrivez à cause de ladicte succession et ceulx dudict seigneur, eussent à hanter et fréquenter les ungs avec les aultres et aller respectivement à leurs païs, terres et seigneuries, ainsi que font ceulx de Brebant et de Hollande; toutesfois fut adverty que les Espagnolz avoient prins plusieurs Bretons subjectz dudict seigneur et avec ce le s^r de Lansac, lequel ledict seigneur envoyoit par devers la Royne d'Arragon pour la conseillier comme sa prochaine parente, n'eut loy de passer aux terres dudict Roy catholicque, dont le Roy advertit M° Jehan Jonglet, ambassadeur d'icelluy Roy catholicque par devers luy, pour en escripre et avoir response, laquelle ne peut jamais avoir, tellement que ledict seigneur de Lansac fut contrainct s'en retourner sans riens faire, jaçoyt que ledict seigneur n'ayt refusé sauf-conduict ne passage à tous ceulx des terres du feu Roy d'Arragon qu'ilz luy ont demandé et si plusieurs y ont passé sans sauf-conduict, ausquelz on n'a demandé aucune chose. Et, quant à ceulx qui ont esté arrestez venant dudict feu Roy catholicque, ledict seigneur n'entendyt jamais qu'ilz fussent arrestez, et a esté la faulte des officiers, qui n'ont bien entendu sa volunté, et aussy, dès l'heure que ledict seigneur a sceu que aucun venant dudict Roy catholicque estoit arresté, l'a faict délivrer. Et, s'ilz mectoient en avant le faict des monnoyes, celluy de madame Margueritte touchant Chaussin et La Perrière et de la traicte foraine, leur sera dict que le Roy a faict à ce responce tant à ses ambassadeurs estant vers luy que par ceulx dudict seigneur. Et, s'ilz parloient de la duché de Bourgongne et aultres anciennes querelles qu'ilz disent avoir contre la maison de France, leur sera dict que le Roy est prest et appareillé de faire et accomplir de sa part tout ce qui fut dernièrement accordé et traicté à Paris sur lesdictz différendz et querelles; et oultre leur diront que, sy le Roy voulloyt entrer en plainctes et doléances comme eulx, il a cause et matière de ce faire trop plus que ledict Roy catholicque, mais, considérant que telz chemyns et moyens empeschent communément que fin ne soit mise ès causes principalles pour lesquelles on s'est assemblé, n'a voulu ledict seigneur qu'ilz entrassent en aulcunes doléances. Toutesfois, sy besoing est et en temps et lieu, ledict seigneur les fera desduire pour en avoir réparation. Et, finablement, lesdictz ambassadeurs, qui d'eulx-mesmes sont assez instruictz et informez de telles choses que on leur pourroyt dire et mectre en avant, se ayderont des choses susdictes tant et sy avant qu'ilz congnoistront leur estre besoing et nécessaire, et, selon les propoz que leur tiendront les ambassadeurs dudict Roy catholicque ou d'eulx-mesmes, pourront faire aultre responce, ainsy qu'ilz verront estre à faire pour le mieulx au bien et proffict du Roy et tout ainsy que ledict seigneur a en eulx sa parfaicte fiance et tascheront de recouvrer ledict royaume de Naples et de Arragon, contez de Sardaigne et de Perpignan, Cathelongne, Maillorque et Minorque et les deux cens mil escuz, à tout le moings à l'extrémité Naples et Roussillon, et, sy cela ne se peult faire, advertiront le Roy à quoy lesdictz ambassadeurs s'arrestent, les ouvertures qu'ilz feront et leur adviz, et sur cela le Roy leur fera sçavoir sa résolution.

Aprez que le Roy eut séjourné douze jours à Lyon, partit pour aller à Amboyse veoir madame Loyse de France, sa fille, laquelle il n'avoit poinct encores veue. Avant son partement, envoya en Suisse le bastard de Savoye et le sieur de Solliers pour faire ung traicté de paix générallement avec tous les cantons des Ligues et leur furent baillées instructions et pouvoir suffisant[1]. De Lion, le Roy veint à Moulins, où il séjourna trois jours, puis se mist sur la rivière pour aller à Amboyse. Toutefois, pour ce qu'on l'avoit transporté aux Montilz-lez-Tours, ledict seigneur passa oultre et vint aux Montilz-lez-Tours.

Pendant ce temps, le bastard de Savoye et le s[r] de

---

1. Bibl. nat., fonds Clairambault, vol. 317, fol. 4700 (cop.), juillet 1516.

Solliers, ambassadeurs du Roy devers les seigneurs des Ligues, envoyèrent quelques chappitres que lesdictz seigneurs des Ligues leur avoient baillez, sur lesquelz fut faicte la responce ausdictz ambassadeurs en la forme que s'ensuyt :

Sur les chappitres baillez par les seigneurs des treize cantons des Ligues des Haultes-Allemaignes aux ambassadeurs du Roy très chrestien faut notter et considérer ce qui s'ensuyt pour venir à une bonne résolution avec eulx.

Et, premièrement, fault présupposer le traicté dernièrement faict à Genesve entre ledict seigneur Roy très chrestien, d'une part, et iceulx seigneurs des treize cantons, d'aultre, par lequel et au premier article d'icelluy font entre eulx ligue et confédération et conviennent de l'ayde et secours que respectivement se doibvent bailler l'un à l'aultre en temps de guerre, et devoit durer icelle ligue et confédération dix ans après le trespas d'icelluy seigneur Roy très chrestien, lequel temps a esté lymitté à ung an. Laquelle ligue, ayde et secours, est autant ou plus à l'avantage et faveur desdictz seigneurs des Ligues que dudict seigneur Roy très chrestien, car ledict seigneur Roy très chrestien a paix et confédération quasy avec tous les princes chrestiens et n'espère avoir aulcune guerre ny en offensant ny en deffendant, et par ainsy ne fault que lesdictz seigneurs des Ligues craignent d'entrer en ligue avec luy ny en à ce que moyennant icelle souventesfois soient tenuz luy bailler ayde ; d'aultre part, ledict seigneur Roy très chrestien est tenu, par lesdictes ligues, leur bailler grosse ayde à ses despens, et iceulx seigneurs ne sont tenuz en bailler audict seigneur s'il ne les paie et si ne peult prendre gens à son service sans préalablement les avoir demandez ausdictz seigneurs des Ligues, qui montre clèrement que icelle ligue est trop plus à l'avantage d'iceulx seigneurs des Ligues que dudict seigneur Roy très chrestien. Et ne doubte icelluy seigneur Roy très chrestien, quand il auroit à soustenir aucune guerre, que de là ou d'ailleurs, encores qu'il n'y auroit poinct de ligue, il ne finast assez gens pour son argent. Et jaçoyt que, pour le présent, lesdictz seigneurs des Ligues n'ayent aulcune guerre pour la deffense de leur païs à soustenir, toutesfois ilz ne sçavent qui leur est à advenir, les fortunes se changent ainsi qu'il plaist à Dieu et par ainsi pensent au temps advenir, et, au cas qu'ilz auroient guerre, la ligue, ayde et secours de France leur seroit très utile et séante ainsy que aultresfois ont expérimenté. Ce néantmoings, par lesdictz articles, lesdictz seigneurs des Ligues ont tollu et osté dudict traicté ladicte ligue et confédération et disent qu'ilz veullent seulement avoir paix, laquelle chose a semblé très estrange au Roy tant à cause que ladicte ligue leur est sy séante comme à luy, aussy pour ce que, en ce faisant, ilz viennent contre la foy et promesse baillée audict traicté de Genesve, qui pourroit causer que, cy-après, ceulx qui auront affaire et besongne avec eulx ne adjousteront plaine et entière foy à leurs capitulations, foy et promesses et d'aultre part, car leur donne une grosse et grande somme de deniers et pension annuelle chascun an, que ne vouldroit faire pour une simple paix, qui seroit trop chèrement acheptée. Et, pour venir au poinct, il est plus que notoire que, sy entre ledict seigneur et les seigneurs des Ligues y avoit seulement paix, facilement lesdictz seigneurs des cantons pourroient causer quelque querelle pour entrer de nouveau en guerre avec luy ou faire alliance et confédération de offenser avec quelques ennemys du Roy, affin de luy faire la guerre soubz umbre d'icelle ligue et obligation, et seroit le Roy à recommencer et auroyt perdu l'argent que leur auroyt baillé et frustré de son intention qui est de pacifier et mectre paix et concorde en la chrestienté, afin d'aller employer sa force et jeunesse contre les ennemys de la foy chrestienne. Vray est que, [sur] la prière et requeste des seigneurs des huict cantons, ses alliés et confédérez, et pour leur gratiffier et complaire, ledict seigneur a esté content paier leurs pensions ainsy que d'ancienneté se payoient et les traicter comme ceulx de sesdictz huict cantons, pourveu que de leur part ilz se obligeroient de ne faire la guerre audict seigneur Roy très chrestien ne bailler de leurs gens à quelques personnages que ce fust ne pour quelque cause ou occasion que l'on pourroyt excogiter ou immaginer et que sy de faict leurs hommes y vouloient aller les empescheroient de ce faire avec peynes de punition corporelle et perdition de biens. A ceste cause, quant esdictz seigneurs des cinq cantons, sy aultrement ne se peult faire et pour entretenir sa parolle et ce qu'il a dict, sera content ledict seigneur Roy très chrestien, quant à eulx seullement, que ledict premier chappitre des articles baillez à leurs ambassadeurs ayt lieu joinct le xiie, pourveu que oultre ce ilz promectent, ainsy que dict est cy-dessus, audict seigneur de ne luy faire la guerre et ne pourront prendre alliance et confédération à ses ennemys pour la luy faire. Toutesfois, aymeroit trop mieulx ledict seigneur que les chappitres du traicté de Genesve eussent lieu et qu'il mist diverses obligations et convenances entre luy et lesdictz seigneurs des Ligues, qui seroyt trop plus séants, convenables et honnestes pour eulx et éviteroyent plusieurs questions et querelles qui pourroient à cause de ce sourdre entre eulx ; et quant le tout yroit ung mesme branle, ledict seigneur auroit plus grand foy et amour à eulx que quant yroient aultrement. Mais, quant esdictz seigneurs des huict cantons qui ont ratiffié ledict traicté faict à Genesve, ledict seigneur n'entend aulcunement se départir d'icelluy traicté, ains le veult garder et observer sans aucunement l'enfraindre, espérant lesdictz seigneurs des huict cantons estre sy joyeulx et de bonne foy et tant aymer leur honneur et ne vouloir offenser Dieu et blesser leurs consciences, qu'ilz feront de mesme de leur part, et par ainsy quant à eulx ledict seigneur ne veult aucunement consentir au premier chappitre desdictz articles.

Et sy lesdictz seigneurs des huict cantons disoient que, d'aultant que icelluy seigneur accorde ledict premier chappitre aux seigneurs des cinq cantons, doibt aussy consentir quant à eulx, affin qu'ilz ne soient de déterieure condition que ceulx seigneurs des cinq cantons, leur sera dict que ledict seigneur n'entend que pour cela ilz soient de déterieure condition, ains de meilleure, car ladicte ligue est autant à leur advantage que dudict seigneur, lequel n'eust jamais consenty à iceulx seigneurs des cinq cantons le contenu audict premier article retranctif dudict traicté de Genesve, sy n'eust esté l'intercession, prière et requeste desdictz seigneurs des huict cantons, lesquelz, par bonne raison et honneste, ne doibvent retorquer ce que icelluy seigneur a faict à leur requeste à son préjudice et dommage.

Et oultre s'ilz voulloyent dire que ledict seigneur n'a aucun intérest de leur accorder ledict premier chappitre, joinct le xiie chappitre et l'obligation de ne faire la guerre audict seigneur, sera respondu que chascun sçait assez de quelle importance est une ligue et confédération, et jaçoyt que iceulx cinq cantons ne veullent prendre ligue et confédération avec ledict seigneur, toutesfois actendu que lesdictz huict cantons demeurent en ladicte ligue, iceulx cinq cantons seulz n'oseront machiner ne entreprendre ce que feroyent les treize ensemble.

Les iie, iiie, ive, v^e, vi^e, viie, viiie, ixe, x^e, xie, xiie, xiiie, xve et xixe chappitres desdictz articles sont quasi conformes au traicté de Genesve, et quant à la substance et essent d'iceulx ne si peult comprendre différend de grosse importance ne conséquence fors aux poinctz que s'ensuyt :

Primo, il est au viie article que le cardinal de Syon, quant se tiendra en son évesché, joyra du privilège des chappitres accordez entre feu de bonne mémoire le Roy Loïs dernier décéddé, d'une part, et iceulx seigneurs des cantons, d'aultre part, et aussy de l'ordonnance de procedder ès différendz et querelles qui pourroyent advenir sur ledict subject, d'une part et d'autre, jaçoyt que par le traicté de Genesve il en feust totallement exclus et débouté.

A ceste cause, fault remonstrer esdictz seigneurs des Ligues que ledict cardinal est ennemy notoire et manifeste dudict seigneur Roy très chrestien, a poursuivy, procuré et pourchassé par tous les moiens dont il s'est peu adviser de porter nuysance et dommage audict seigneur, a esté cause principalle des guerres, querelles et divisions qui ont esté entre ledict seigneur Roy très chrestien et iceulx seigneurs des Ligues, a empesché que les traictez faictz entre eux, tant à Verseil que Galleras n'ayent sorty effect, dont plusieurs bons personnages en ont porté la pénitence, au très grand regret et desplaisir dudict seigneur, et par ainsy les prie bien fort icelluy seigneur de riens changer quant à ce audict traicté de Genesve, par lequel il est totallement forclu desdictz chappitres. Et sy lesdictz seigneurs des Ligues persistoyent au contenu audict viie article leur sera dict que le Roy, pour leur complaire, est content l'accorder pourveu ce et non aultrement que icelluy cardinal, quant sera en sondict évesché, jurera, promectera et se obligera de ne machiner ou conspirer directement ou indirectement aucune chose contre l'honneur personnel ou estat dudict seigneur, à la peine d'estre débouté du bénéfice desdits chappitres et sauf et réserve qu'il ne pourra demander l'évesché de Noarre ne aultres terres et possessions en la duché de Milan, [pour] ce [que] ne seroit honneste ne raisonnable que ledict seigneur Roy très chrestien souffrist ne tolérast que un sien ennemy manifeste entrast ne yssist ne eust cause d'entrer ne sortir par luy ou aultres en ses païs, terres et seigneuries, ne que y tinct ou possédast aucune chose pour les dangers et inconvéniens qui en pourroient advenir. Toutesfois, quant iceluy cardinal se vouldra retirer vers ledict seigneur Roy très chrestien et lui estre bon, loyal et féal, et de ce luy donner bonne seureté, sera ledict seigneur content à la prière et requeste desdictz seigneurs et non aultrement le recevoir bénignement et mectre en oubly toutes les machinations et conspirations qu'il auroyt par cy-devant faictes contre lui.

Secundo, au ixe chappitre n'est faict mention de Galéas Visconte, combien que au traicté de Genesve, ainsi que a esté veu par l'original, y fut comprins, toutesfois est faict mention de luy par un article à part, qui est le xve dudict article, auquel il demande que ledict Galéas soit comprins en ladicte paix et puisse retourner en ses biens, et jaçoyt que les ambassadeurs dudict seigneur interprètent cela en l'avantage du Roy et contre ledict Visconte, cuydans [que] par ce moien ne luy soit pardonné l'offense qu'il a faicte, ains qu'il fault venir par prière pour la luy faire pardonner et qu'il soit à l'arbitre du Roy de pardonner ou non, toutesfois le fault prendre en aultre sens qui est véritable et à la gloire et louange dudict Galéas, car, par iceluy xve article, il requiert qu'il soit comprins à la paix et qu'il retourne à ses biens, et n'est poinct question de pardonner ne de prendre abolition comme aux aultres; à ceste cause remonstreront lesdictz ambassadeurs esdictz seigneurs des Ligues que leur plaisir soit ne innover aulcune chose quant audict Galéas Visconte et le laisser en la forme et manière qu'il est couché au traicté de Genesve, car n'y a propos ne apparence que ung subject soit admis à faire paix avec son seigneur, ains s'il a offensé doibt retourner à son seigneur par miséricorde et pardon et s'il pense n'avoir offensé par purgation et innocence.

Tertio, quant à la difficulté que font les ambassadeurs du Roy au xe chappitre desdictz articles, qui est touchant les payemens, d'aultant que par le contenu d'icelluy sembleroit qu'il fallust derechef commencer iceulx payemens et que ce que seroit païé fust perdu, sera respondu et satisfait par ce que dessus a esté dict que le Roy, quant aux huict cantons, ne veult riens innover ains laisser les choses ainsy qu'elles sont, mais, quant aux cinq cantons, ledict seigneur les payera en la forme et manière contenue au xe article, pour ce que encor n'ont receu aulcun payement.

Et quant au contenu au xvie chappitre desdictz articles, qu'est totallement différent et dissonnant au contenu dudict traicté de Genesve, car par icelluy traicté est dict qu'ilz rendront les places fors Bellinssonne moyennant la somme de iii^c m escus payables à termes, et à icelluy xvie chappitre est contenu que terme leur sera donné pour prendre advis s'ilz les rendront ou non, pour satisfaire au contenu dudict chappitre fault entendre que, à la prière et requeste desdictz huict cantons et pour leur complaire et gratiffier, ledict seigneur Roy très chrestien leur a accordé nonobstant le contenu audict traicté de Genesve, que lesdictz seigneurs des Ligues auroyent terme de adviser s'ilz aymeroient mieulx retenir icelles places et laisser iceulx trois cens mil escus audict seigneur ou bailler et délivrer icelles places et avoir iceulx iii^c m escus, laquelle promesse ledict seigneur, comme prince d'honneur et de foy, veult garder et observer et ne venir au contraire.

A ceste cause sur le contenu au xviiie chappitre desdictz articles ne se peult faire pour le présent responce, car ou lesdictes places seront rendues audict seigneur ou non : [si elles sont rendues], jouyront de telz et semblables privilèges que jouyssoient au temps que estoient ès mains des ducz de Milan, et, si elles ne sont rendues, fauldra lors capituler sur les privilèges que demanderont, ainsy que ont accoustumé faire ceulx qui sont prochains voysins de la duché de Milan.

Quant aux pensions mentionnées au xiiie chappitre desdictz articles, par lequel ne veullent que le Roy soit obligé à leur donner aucunes pensions, ains que cela vienne de sa grâce et libéralité, et jaçoyt qu'il y fust obligé par le traicté de Genesve, fault respondre que ladicte obligation est à leur faveur et proffict, à quoy ilz peuvent renoncer et s'en fault rapporter à eulx, toutesfois obligé ou non obligé le Roy les veult gratiffier et donner et eslargir du sien, selon le contenu audict traicté, et ceulx qui le prendront luy feront plaisir et luy donneront à congnoistre que en temps et lieu le déserviront.

Et, touchant le secours et ayde que ledict seigneur doibt bailler en temps de guerre à iceulx seigneurs des Ligues et lesdictz seigneurs des Ligues audict seigneur, ainsy qu'est contenu audict traicté de Genesve et dont aux chappitres contenuz ausdictz articles n'est fait aucune mention, fault entendre que, quant ausdictz huict cantons avec lesquelz le Roy entend demourer en ligue et confédération, est besoing que soyt escript mention de ladicte ayde ; mais, quant aux aultres cinq cantons qui veullent seullement avoir paix, ne fault mectre aulcune ayde, car l'ayde est promise à cause de la confédération et ligue et non pour la paix. Et, sy lesdictz cinq cantons entrent en la ligue, ilz n'oublieront de demander ladicte ayde, de laquelle n'est parlé ausdictz chappitres, pour ce que en iceulx est faict seullement mention de paix et non de confédération.

Sur le xviie chappitre desdictz articles, par lequel lesdictz seigneurs des Ligues demandent que ceulx de Svych soient contentez touchant leur messager et esmail(?), leur sera dict que ledict article est contraire et dissonnant audict traicté de Genesve et pareillement au second chappitre desdictz articles. Et là et quant la querelle demoureroit encores nonobstant lesdictz traicté et articles, si la fauldroyt il poursuivre selon les chappitres accordez avec le feu Roy Loïs, que Dieu absolve, et selon qu'est contenu au ve chappitre desdictz articles, et si fault leur donner à entendre que, d'aultant que le Roy, à leurs prières et requestes, remect et pardonne les offenses et rébellions d'aucuns ses subjectz, que il est bien raisonnable qu'ilz pardonnent à leurs subjectz, qui auroyent suyvi le party du Roy, ou à tout le moings qu'il soit couché en la forme et manière qu'il est escript audict traicté de Genesve.

Et, quant aux Valésiens et Grisons, dont mention estoit faicte audict traicté de Genesve et [qui] sont obmis esdictz chappitres, le Roy, quant à ce, n'y a aucun intérest et s'en rapporte à eulx.

Et, quant à la compréhension qu'ilz font esdictz chappitres du Siège apostolique et autres, s'ilz veullent aucune chose changer aux propres parolles qui sont au traicté de Genesve, il fault bien y avoir l'œil et regarder comment le coucheront, car s'ilz le font par manière de compréhension, fault mectre temps dedans lequel iceulx comprins se déclaireront, alias le temps passé n'y seront plus comprins, et que sy ceulx, qui se déclaireront y vouloir estre comprins, rompoyent de leur part ledict traicté, néantmoings quant aux aultres qui n'auroyent rompu demourera en son entier. Et, s'ilz veullent comprendre leurs alliez par manière de réservation, fauldra mectre ces parolles : « ès choses non desrogeans et contraires au présent traicté », qu'est encores plus advantageux pour le Roy que ce qui est couché au traicté de Genesve.

Et pourront lesdictz ambassadeurs, de leur part, nommer ceulx qui sont nommez au traicté de Genesve et, par conclusion et résolution, sy lesdictz seigneurs des cinq cantons veullent faire ung traicté à part contenant seullement paix et non alliance, lesdictz ambassadeurs le pourront faire ensuyvant leursdictz chappitres avec les limitations, modifficationes et additions cy-dessus escriptes et spécifiées. Et, s'ilz veullent entrer en ligue comme lesdictz seigneurs des huict cantons, souffira du traicté de Genesve et qu'ilz baillent ratiffication et touchant les places et aultres petites choses cy-dessus mentionnées, que le Roy consent, se pourra faire lectres à part. Et, finablement, en tout et partout, ainsy que dessus est dict et mieulx s'ilz peuvent, capituleront et conclueront lesdictz ambassadeurs au proffict et utillité du Roy et tout ainsy qu'il a en eux sa parfaicte fiance.

Durant le temps que le Roy fut aux Montilz-lez-Tours, il envoya Mᵉ François de Bourdeaulx, conseiller en la court de parlement à Rouen, par devers le Roy d'Escosse, les gens des trois estatz du païs et le parlement d'icelluy pour quelques affaires qui touchoient le faict des royaumes de France et d'Escosse.

Audict temps, à Bougency, trespassa Loïs, duc de Longueville, et fut son corps inhumé en l'église Nostre-Dame de Cléry avec ses prédécesseurs. Il laissa trois filz et une fille.

De Montilz-lez-Tours, le Roy veint à Tours, où il fit son entrée[1], et de là veint à Amboise. Audict lieu eut nouvelles comme le sire de Boissy, grand maistre de France, et autres ses ambassadeurs estans à Noyon avoient faict un traicté de paix, alliance et confédéra-

1. Le 21 août 1516.

tion avec le sieur de Chièvres et autres ambassadeurs de Charles, Roy des Espagnes. Pour la raison de ce en furent faictz feuz de joye par toutes les bonnes villes de ce royaume; duquel traicté, qui fut appelé le traicté de Noyon, la teneur ensuit[1].

Durant ce temps, le Roy avoit souvent nouvelles de M⁰ Roger Barmes, son ambassadeur à Romme pour faire omologuer les concordatz qui avoient esté faictz et concludz à Boulongne par les cardinaulx d'Ancone et de Sainct-Quatre depputez par le Pape et par monsieur le chancellier depputté par le Roy, car le Pape Léon et le Consistoire vouloient quelques restrinctions et limitations sur les articles desditz concordatz, lesquelz furent omologués par le Pape et tout le

---

1. « Par le traité qu'ils conclurent le 13 août 1516 au nom de leurs maîtres, Artus de Boisy et le seigneur de Chièvres réglèrent du mieux qu'ils purent leurs intérêts, s'attachèrent à prévenir leurs différends, et crurent resserrer leur amitié par un mariage qui les rapprocherait encore davantage. Au lieu de la princesse Renée, fille de Louis XII, que devait épouser l'archiduc Charles d'après le traité de Paris de 1515, ce fut la princesse Louise, fille de François I*ᵉʳ*, qui fut désignée dans le traité de Noyon comme la future femme du roi d'Espagne. La partie du royaume de Naples à laquelle prétendait François I*ᵉʳ* dut servir de dot à sa fille. Il fut convenu seulement que, jusqu'à l'accomplissement du mariage, qui ne pouvait être que fort tardif, vu l'âge très tendre de la princesse, le roi catholique payerait annuellement au roi très chrétien 100,000 écus d'or. Il fut aussi convenu qu'un dédommagement serait accordé par le roi d'Espagne à la reine Catherine, veuve du roi de Navarre, dépouillé de son royaume en 1512, à cause du dévouement qu'il avait montré à la France. » (Mignet, *Rivalité de François I*ᵉʳ* et de Charles-Quint*, t. I, p. 112-113.) Nous ne donnons pas ici le texte du traité, que l'on trouvera dans Du Mont, *Corps diplomatique*, t. IV, part. ɪ, p. 224.

Consistoire, mais ce ne fut selon les premiers articles qui avoient esté accordez à Boullongne et ne se peult faire qu'il n'y eust quelque restrinction. Et retourna ledict Barme en France.

Le Roy séjourna à Amboise environ cinq sepmaines, et vers la fin du mois de septembre arriva le sieur de Ravastain[1], Me Jehan Jonglet[2] et quelques aultres ambassadeurs du Roy catholicque pour prendre le serment du Roy et la ratiffication du traité qui avoit esté faict à Noyon, et furent lesdictz ambassadeurs honnorablement receuz et fit ledict seigneur le serment d'entretenir ledict traicté de Noyon en l'églize Sainct-Florentin et rattifia icelluy traicté.

Lesdictz ambassadeurs supplièrent le Roy, de par le Roy catholicque leur maistre, qu'il donnast ordre au faict des monnoyes de son royaume, car disoient qu'il s'y commectoit de gros abbuz ; ce que ledict seigneur promit faire et manda aux bonnes villes de son royaume qu'elles envoyassent aulcuns de par elles le xve jour d'octobre ensuyvant à Paris, où il espéroit aller de brief, affin de trouver quelques bons moiens pour donner ordre le temps advenir au faict desdictes monnoyes.

Le dernier jour de septembre, le Roy partit d'Amboise pour aller à Paris, où il arriva le quatriesme jour d'octobre. Il laissa à Amboise la Royne, qui estoit fort ensaincte.

Le cinquiesme jour d'octobre, ledict seigneur alla

---

1. Philippe de Clèves et de la Mark, seigneur de Ravestein, mort en 1527.

2. Jean Jonglet, seigneur des Maretz, conseiller et maître des requêtes ordinaire du roi d'Espagne aux Pays-Bas.

à Sainct-Denis en France pour rendre grâce à Dieu et faire remonster les corps sainctz qui avoient esté descenduz quand ledict seigneur alla delà les monts.

Environ ce temps, le Pape concéda au Roy une décime sur tous les gens d'église de son royaume et pour lever icelle décime envoya des conseilliers d'églize de sa court de Parlement à Paris par tous les diocèses de son royaume.

Aussy octroya audict seigneur une croisade par tout son royaume, qui estoit fort ample, et devoit durer deux ans, pendant lesquelz tous pardons concédez aux églizes de ce royaume estoient suspenduz[1].

Le quinziesme jour d'octobre M V° et XVI, à Paris, fut faict une assemblée des déléguez des bonnes villes de ce royaume à laquelle fut remonstrée par monsieur le chancellier le gros désordre qu'il y avoit aux monnoies de ce royaume, la nécessité qui estoit de y donner remède et plusieurs autres remonstrances. Et furent lesdictz déléguez plusieurs fois assemblez en l'hostel de la ville, à Paris, affin de trouver quelque moyen d'y donner ordre. Toutesfois, le tout fut délaissé comme il estoit auparavant et lesdictz déléguez retournèrent en leurs maisons sans rien faire.

Audict temps, le Roy envoya devers le Roy catholicque le sire d'Orval, les seigneurs de Champdidier et de la Rochebeaucourt[2], M° Jacques Olivier, prési-

---

1. « En cest an fut publié le pardon jubilé pour aller contre les Turcqs, appelé la croisade, contre lequel Martin Luther, Allement, de l'ordre Sainct-Augustin, escrivit quelque opuscule en calumpniant la puissance et auctorité du Pape. » (*Cronique du Roy François Ier*, p. 25.)

2. Il y a ici une double erreur de noms. Aux « seigneurs de

dent en la court de Parlement, et Robert Gedoyn, secrétaire des finances, affin de prendre le serment dudict Roy catholicque et apporter la ratiffication du traicté de Noyon; et trouvèrent icelluy Roy catholicque à Bruxelles, lequel fit serment solennel d'entretenir ledict traicté et le ratiffia. Depuis, le Roy envoya instructions et pouvoir à sesdictz ambassadeurs pour traicter une paix et alliance avec l'Empereur, duquel ledict Roy catholicque disoit avoir pouvoir spécial pour ce faire.

Le xxve jour d'octobre M V^c et seize, la Royne accoucha d'une fille[1], au château d'Amboise, de quoy adverty le Roy veint en diligence audict lieu d'Amboise, et fut ladicte fille tenue sur fons par le sieur de Ravastein, ambassadeur dudict Roy catholicque, au nom de son maistre, et nommée Charlotte.

En ce temps trespassa le sire de Graville, admiral de France[2], et le Roy donna ledict office à messire Guillaume Gouffier, seigneur de Bonyvet, frère du sire de Boissy, maistre de France[3].

Champdidier et de la Rochebeaucourt », il faut substituer François de Rochechouart, seigneur de Champdenier. Cf. *Pouvoir donné au sire d'Orval, gouverneur de Champagne, à François de Rochechouart, à Jacques Olivier et à Robert Gedoyn (seigneur de la Tour) pour aller comme ambassadeurs de François Ier recevoir le serment de Charles, roi d'Espagne, au sujet du traité de Noyon.* Amboise, 15 septembre 1516. (Bibl. nat., Mél. de Colbert, vol. 363, n° 291, orig.)

1. Louise de Savoie la fait naître le 23 oct. (*Journal*, p. 90.)

2. Louis Malet, sire de Graville, né en 144..., nommé amiral en 1486, se démit de cette charge en faveur de son gendre, Charles d'Amboise, et la reprit après la mort de celui-ci, en 1511. Il mourut le 30 octobre 1516.

3. Cf. Isambert, t. XII, p. 149.

Le Roy eut nouvelles de son ambassadeur, estant à Venise, que le Turc[1] avoit deffaict le Soldan près la ville de Damas[2] et qu'il y avoit eu grosse desconfiture de Maumelutz et autres gens dudict Soldan, qui mourut en ladicte desconfiture, et après le Turc preint les terres et seigneuries que possédoit ledict Soldan. On envoya au Roy la translation des lectres que le filz du Turc[3] escrivoit à ceulx de Raguse, desquelles la teneur ensuyt.

Le Roy, adverty de ceste victoire, escrivit au Pape unes lettres, desquelles la substance ensuit[4].

1. Sélim Ier.
2. Le sultan Khanson Gawry avait été défait à la bataille d'Alep, le 24 août 1516, et ce succès, complété par la prise de Damas, avait livré toute la Syrie aux Ottomans. On comprend la gravité de ces nouvelles pour la chrétienté. Jusqu'alors le Turc avait eu à se défendre contre la Perse et le sultan, dont les agressions étaient venues toujours à propos sauver l'Europe de l'invasion ottomane. Or, la victoire d'Alep avait été précédée, en 1514-1515, d'un succès non moins éclatant de Sélim en Perse. Tebriz, ancienne capitale de la Perse, avait été obligée de capituler et maintenant le Turc avait les mains libres et pouvait se tourner vers l'Occident.
3. Plus tard Soliman II. Cette lettre se trouve dans Charrière, *Négociations de la France avec le Levant*, t. I, p. 12-13. C'est pourquoi nous croyons inutile de la reproduire.
4. Datée d'Amboise du 15 novembre 1516. Elle est aussi reproduite dans Charrière, *op. cit.*, t. I, p. 16-18. Le roi s'y déclarait prêt à commencer la guerre contre le Turc : « Arma, viros, equos, naves, machinas, tormenta bellica, pecuniam ad tam sanctam tamque vere necessariam expeditionem dabimus, facultatibusque et regni nostri opibus viribusque tam sacrum tamque pium bellum adjuvabimus, in ea militia tam salutari tamque honesta nomen dabimus, parati adversum christiane religionis hostes et mahumetica pravitate pollutos, pro Christo

Durant ce temps, à Amboise arriva devers le Roy le comte Franciscus de Sekinghen[1], du païs d'Allemaigne, et estimé homme de crédit pour lever gens de guerre audict païs, lequel promit audict seigneur de le servir envers tous et contre tous, excepté contre messire Robert de la Mark, son grand ami, et contre quelque aultre prince d'Allemaigne, et ayder de tout son povoir que ledict seigneur seroit esleu Empereur, la vaccation de l'Empire advenant, et à ce faire se obligea solemnellement. Moyennant ce, icelluy seigneur luy promist donner grosse pension par chascun an.

Aussy veint devers le Roy le chancelier de l'archevesque de Trèves, électeur de l'Empire[2], lequel, ayant povoir de son maistre, feyt quelque traicté et promist

et Christi dogmate fideque, dimicare, et pro asserenda religione nostra sanguinem et vitam, si opus sit, prompte hilariterque profundere. » (Charrière, *loc. cit.*)

1. Franz de Sickingen, de très vieille noblesse allemande, quoiqu'il ne fût ni électeur, ni prince, ni comte, avait alors une influence considérable en Allemagne. C'était une sorte de *condottiere* qui pouvait mettre au service de ses alliés 2,000 chevaux, 10,000 hommes de pied et de l'artillerie à l'avenant. Avec cela, un caractère chevaleresque, un esprit cultivé. Élève de Reuchlin, il fut l'ami d'Ulrich de Hutten et de beaucoup d'érudits allemands. Il s'était surtout établi entre lui et Robert de la Mark une solide amitié et ce fut le Jeune Adventureux qui servit d'intermédiaire entre François Ier et le gentilhomme allemand. (*Mémoires de Fleuranges*, p. 60. — Cf. Münch, *Franz de Sickingen*, 2 vol. in-8°, 1827.)

2. Ce chancelier s'appelait Henry Dungin de Vuitlich. (Mignet, *Rivalité de François Ier et de Charles-Quint*, t. I, p. 125.) Les lettres de créance données à ce personnage par Richard, archevêque de Trèves, sont du 18 novembre 1516. (Arch. nat., J. 995, orig.)

que, la vaccation de l'Empire advenant, sondict maistre donneroyt sa voye audict seigneur moyennant une grosse pension que on luy donneroit par chascun an. Pareillement veint devers icelluy seigneur ung nommé Ulrich Hutthen, secrétaire de l'archevesque de Mayence, électeur de l'Empire[1], lequel, ayant povoir suffisant dudict archevesque son maistre, feit semblable promesse au Roy que avoit faict le chancelier de Trèves, moyennant grosse pension que ledict seigneur donneroit par chascun an audict archevesque de Mayence.

Le Roy séjourna à Amboise environ deux mois et partit la vigille de Noël pour venir à Blois, où il demoura toutes les festes de Noël, durant lesquelles, audict Blois, trespassa messire Mondout de la Marthonie, premier président de la court de Parlement de Paris.

En ladicte ville de Blois arrivèrent le sire d'Orval et autres ambassadeurs du Roy qui venoient de devers le Roy catholicque. Lesquelz apportèrent ung traicté de paix et alliance et confédération qu'ilz avoient faict avec le Roy catholicque, comme procureur suffisamment fundé de l'Empereur Maximilien, son grand'père; duquel traicté, qui fut appellé le traicté de Bruxelles, la teneur ensuit[2] :

1. Ulrich de Hutten est trop connu pour qu'il soit nécessaire de lui consacrer une notice. Les lettres de créance données par Albert, archevêque de Mayence, prince électeur de Germanie et marquis de Brandebourg, à Ulrich de Hutten de Steinheim sont aux Archives nationales, J. 965, n° 1, orig.

2. Ce traité est, croyons-nous, inédit, sauf un passage publié dans Le Glay, *Négociations de la France avec l'Autriche*. Nous en donnons le texte d'après l'original conservé aux Archives nationales, J. 663.

Traité de Bruxelles.

Au nom et à l'honneur et louenge de Dieu nostre créateur, de la très glorieuse Vierge Marie et de toute la court célestielle. A tous, présens et avenir, soit notoire et manifeste que, comme très haulx, très excellans et très puissans princes Maximilian, par la grâce de Dieu Empereur toujours auguste, et le très chrestien Roy de France François, premier de ce nom, désirans de tout leur cueur venir à bonne paix et accord et mectre fin aux guerres et divisions qui par ci-devant ont esté et pourroient encores estre entre eulx s'ilz n'estoient appoinctez, éviter effusion de sang humain et aultres infinis maulx qui adviennent par faict et disposition de guerre, mesmement ladicte Césarée Majesté avertie de l'amitié, fraternité, confédération, alliance et intelligence qui, nagaires, a esté faicte et traictée en la ville de Noyon entre icelluy Roy très chrestien et le Roy catholicque, son filz, leurs royaumes, pays, terres et seigneuries, et aussi de l'alliance de mariaige d'icelluy Roi catholicque et de madame Loyse de France, fille aisnée dudict Roy très chrestien, aiant lesdicts traicté et alliances très agréables et voullant en faveur d'iceulx non seulement entrer audict traicté d'amitié fait à Noyon, ainsi que faire il peut, comme nommé et comprins pour allyé de la part dudict Roy catholicque, son filz, mais traicter avec ledict Roy très chrestien particulièrement paix, amitié, fraternité, confédéracion et alliance, affin que, par la grâce de nostredict Créateur, cestedicte paix puisse succéder au bien, repoz et tranquillité de toute la chrestienté universelle et s'en puisse ensuyvre fruict à l'honneur d'icelluy nostredict Créateur contre les Infidèles ennemys de nostre saincte foy catholicque, ainsi que lesdicts princes désirent; et, à ceste cause, ledict Empereur, par ledict Roy catholicque, son filz, ayant de ce tout povoir et faculté de lui, et ledict Roy très chrestien par messire Jehan d'Albret, chevalier de son ordre, seigneur d'Orval, comte de Dreux et de Rethel, messire François de Rochechouart, chevalier, seigneur de Champdenier, conseiller et chambellan ordinaire dudict seigneur, maistre Jacques Olivier, président en la court de Parlement, Jehan de la Roche, chevalier, seigneur dudict lieu, aussi son chambellan, et maistre Robert Gedoyn, conseiller et secrétaire des finances d'icelluy seigneur, tous ses ambassadeurs et procureurs espéciaulx, garniz aussi de povoir souffisant qui ont esté baillez les ungs aux autres, ont traicté, conclud et accordé les choses qui s'ensuivent, le tout sans innover ou derroguer audict traicté de Noyon, et icellui demourant en tous ses points et articles en sa force et vertu. — Premièrement, a esté traicté, conclud et accordé entre ledict Roy catholicque audict nom et les dessusdicts ambassadeurs du Roi très chrestien que, s'il y avoit aucunes haynes, rancunes ou malveillances entre lesdicts seigneurs Empereur et Roy très chrestien ou leurs prédécesseurs par le faict des guerres passées ou aultrement, seront remises et demoureront abolyes et comme non advenues et dès maintenant ont prins et prennent entre lesdicts Empereur et Roy très chrestien bonne, seure, vraye, loyalle et indissoluble paix, amitié, fraternité, confédération et alliance perpétuelle pour eulx, leurs successeurs, royaumes, pays, terres et seigneuries, tant deçà que delà les monts, telle et semblable qu'elle a nagaires esté prise, faicte et conclute audict lieu de Noyon entre lesdicts Roys très chrestien et catholicque. C'est assavoir que lesdicts Empereur et Roy très chrestien seront doresnavant bons, vrays et loyaulx frères, confédérez et alliez, amys d'amys et ennemis d'ennemis pour la garde, tuition et deffence de leurs Estatz, royaumes, païs, terres, seigneuries et subgectz tant deçà que delà les monts, s'entreaymeront, chériront et garderont chacun bien et loyaument de tout leur povoir la vie, l'honneur et les Estatz l'un de l'autre, sans fraulde, dol ou machinacion quelconque, et ne favoriseront ou soustiendront quelque personne que ce soit l'un à l'encontre de l'autre, mesmement ne donneront passaige, ayde, faveur, assistance ou recueil par leurs places, villes et pays, soit de vivres, artillerie, gens, argent ou autres choses à celui ou ceulx qui, par invasion, pourroient ou vouldroyent porter nuysance ou grevance l'un à l'autre, directement ou indirectement, en quelque manière que ce soit, mais, au contraire, seront tenuz ayder et assister l'un à l'autre à ladicte garde, tuition et deffence d'iceulx leurs Estatz, royaumes, pays, terres et seigneuries que, à présent, ilz tiennent et possèdent tant decà que delà lesdicts monts, envers et contre tous ceux qui offenser et invader les vouldroient, sans nulz excepter, aux despens toutesvoyes de celui qui demandera l'ayde. Et si iceulx Roys et princes vouloient cy-après faire aucune juste conqueste, celui d'eulx qui la vouldra faire la communicquera à l'aultre et par commun accord seront tenuz s'entreayder, selon que entre eulx sera lors advisé. — *Item*, et pourront les subgectz desdictz Empereur et Roy très chrestien de leurs royaumes, pays, terres et seigneuries licitement converser ensemble, aller, venir, retourner, demourer et fréquenter seurement et sauvement, tant en faict de marchandise que autrement, par mer, par terre et eaues doulces ès royaumes, pays, terres et seigneuries l'un de l'autre, sans ce que par eulx et leurs gens soit ou puisse estre faict, mis ou donné aucun empeschement ou dommaige au préjudice les ungs des aultres, en payant seulement les anchiens péaiges, coustumes, tonlieux et autres devoirs en la forme et manière que de toute ancienneté l'on a accoustumé de payer. — *Item*, s'il advenoit que Dieu ne veulle que aucun dommaige feust faict, donné ou procuré à l'un desdicts seigneurs Empereur et Roy très chrestien ou à leurs subgectz et serviteurs sitost qu'il viendra à la cognoissance de celui par qui ou par les serviteurs ou subgectz duquel le dommaige aura esté donné et procuré, incontinent et sans délay le fera réparer et pugnira ou fera pugnir les délinquans selon l'exigence des cas et comme infracteurs et perturbateurs de paix, amitiez et alliances. Et seront en ceste présente paix, amytié et confédération comprins les amys, allyez et confédérez l'un de l'autre. Et, pour le présent, sont nommez et employez, de la part dudict Empereur, ceulx qui ont esté nommez audict traicté de Noyon par ledict Roy catholicque, et, de la part dudict Roy très chrestien, ceulx que aussi ont esté et sont nommez par lui audict traicté, et le reste, s'aucun y estoit, réservent de povoir nommer dedans le tamps de la confirmation ou ratification de cedict présent traicté. Lesquelz alliez seront tenuz envoyer leurs lettres d'acceptation dedans le temps et dans la forme qu'il est contenu audict traicté de Noyon. — *Item*, et pour ce que la ville de Véronne, que ledict Empereur tient et possède à présent et prétend luy appartenir, pourroit donner trouble et empeschement à ce présent traité de paix et amitié, parce que la seigneurie de Venise la querelle et prétend aussi et dont ilz sont à présent en guerre contre ledict Empereur pour la recouvrer, à quoy icelluy Roy très chrestien leur assiste, comme il est tenu par traicté faict entre eulx, a esté expressément conclud et accordé, affin que toutes causes et occasions de guerres, querelles et souspessons cessent et soient ostées et abolyes entre lesdits Empereur et Roy très chrestien, que ladicte ville de Véronne et le Véronnois seront promptement et sans délay mis ès mains d'icelluy Roy catholicque ou de ses depputez pour les mectre en la main dudict Roy très chrestien ou de son lieutenant dedans six sepmaines prochaines venans pour après en faire et disposer à son plaisir. Et sera tenu ledict Empereur, incontinent qu'il aura mis ladicte ville de Véronne ès mains dudict Roy catholicque, son filz, ou ses depputez de faire deppartir son armée estant dedans ou dehors ladicte ville de Véronne, sans bruller ou piller ladicte ville. Et aussi ledict Roy très chrestien, incontinant après que, par ledict Roy catholicque ou ses depputez, il, ou sondict lieutenant général delà les montz, aura esté certiffié que ladicte ville sera en ses mains ou de sesdictz depputez pour en faire en la forme que dessus est dict, icelluy seigneur Roy très chrestien fera retirer son armée en sa duché de Milan et fera par effect que ceulx de ladicte seigneurie de Venise feront retirer la leur et sera baillé sauf conduict bon et vaillable aux capitaines gens de guerre dudict Empereur et autres qui sont dedans ladicte ville de Véronne, pour retirer eulx et leurs biens et aussi l'artillerie, munitions et aultres biens appartenans à icelluy Empereur. Et, pendant le temps qu'elle sera ès mains du Roy catholicque ou de sesdictz depputez, ne pourra ladicte ville estre fortifiée ne aussi advictaillée, sinon pour la provision seulement et sans fraulde des habitans de ladicte ville et gens de guerre nécessaires qui demoureront pour la garde des chasteaulx d'icelle ville. Et, à la délivrance, qui se fera par ledict Roy catholicque ès mains dudict Roy très chrestien ou sondict lieutenant de ladicte ville de Véronne et Véronnoys, icelle ville non brullée ne pillée comme dessus est dict et, fournissant de la ratiffication de ce présent traicté par ledict Empereur, ledict Roy très chrestien sera tenu bailler et furnir audict Empereur ou sesdictz depputez la somme de cent mil escus d'or au soleil comptant et aultres cent mil escus d'or au soleil dedans l'an ensuivant, à deux termes, par moictié, c'est assavoir le premier six mois après la délivrance qui se fera ès mains dudict Roy très chrestien de ladicte ville de Véronne et Véronnois, et l'autre moictié dedans autres six mois prochains après que sera l'an révolu ; desquelz deux cent mil escuz en sera payé la moitié par ledict Roy très chrestien et l'autre moictié par ladicte seigneurie de Venise. Toutesvoyes, ledict Empereur n'entend avoir à besongner ne se adresser du payement d'icelle somme à autre que audict Roy très chrestien, lequel sera tenu luy en bailler ses lettres de promesse et obligacion en bonne forme, avec quictance bonne et vaillable de trois cens vingt-cinq mille escus, qui furent baillez audict seigneur Empereur par feu de bonne mémoire le Roy Loïs dernier décédé, que Dieu absoille. Et sy, rendra iceluy seigneur Roy très chrestien audict Empereur toutes les lettres, scellez et obligacions, s'aucunes en a, quant aux III^c xxv^m escuz comme cassés et nulles. — *Item*, et combien que les Vénitiens prétendent les places de Rif[1] et Rouvret[2] estre dudict Véronnois, néantmoings ledict seigneur Roy très chrestien prend à sa charge de faire condescendre ceux de ladicte seigneurie à ce qu'ilz demourent audict Empereur ensemble ce qu'il tient à présent au Fryol, retenant aussi par eulx ce qu'ilz tiennent. — *Item*, et pour ce que icelluy Roy catholicque pourroit estre en doubte que, durant lesdictes six sepmaines qu'il puet tenir ladicte ville de Véronne et Véronnois, iceulx Vénitiens la prinssent sur lui pour estre desgarnye de gens de guerre et de deffence, ledict seigneur Roy très chrestien promect que sy, durant lesdictes six sepmaines, iceulx Vénitiens surprenoient ladicte ville de Véronne, en ce cas il aydera de son povoir audict Empereur à la recouvrer sur eulx et remectre entre ses mains. — *Item*, et à cause que entre ledict Empereur et la seigneurie de Venise

1. Riva.
2. Rovoreto.

puet avoir aucunes autres choses à vuyder, ledict Roy catholicque, en vertu de sondict pouvoir, a promis et promect faire que ledict Empereur se soubzmectra desdictz différens ausdictz Roys très chrestien et catholicque pour les appoincter par voye amiable, s'ilz pevent, et ledict Roy très chrestien que ladicte seigneurie de Venise fera le semblable de sa part. Et dès à présent est prinse et accordée entre ladicte Césarée Majesté et ladicte seigneurie de Venise bonne, seure et louable trêve et abstinance de guerre durant jusques à ung an et demy prochain, à compter de la délivrance qui sera faicte de la ville de Véronne ès mains dudict Roy très chrestien, et tiendront paisiblement les dessusdictz et chascun d'eulx ce qu'ilz tiennent à présent, pendant lequel temps les choses demoureront en l'estat qu'elles sont, sans riens innover d'une part ne d'autre, s'il n'estoit aultrement appoincté par lesdictz seigneurs Roys très chrestien et catholicque en ensuyvant ladicte submission. — *Item*, et a esté prins pour conservateur de ce présent traicté nostre Sainct-Père le Pape et le Sainct-Siège appostolicque, ausquelz lesdictz Empereur et Roy très chrestien se soubzmectent et consentent qu'il ayde et se joigne à la partie acquiesçant et entretenant cedict traicté contre celle qui vouldroit aller au contraire.
— *Item*, et pour ce que lesdictz Empereur et Roys très chrestien et catholicque ont à traicter de plusieurs choses qui touchent la seureté de leurs Estatz et bien de la chrestienté, a esté conclud et accordé que la veue et assemblée desdictz princes se fera dedans la feste de la Chandeleur prochaine venant. Et se trouveront lesdictz Empereur et Roy catholicque dedans ledict terme à Cambray ou Castel en Cambrésis et ledict Roy très chrestien en la ville de Sainct-Quentin, Péronne, Bohain ou Crèvecœur, et sera advisé quelque lieu assis entre lesdictes villes et lieux propre et commode pour faire ladicte veue et assemblée.

— *Item*, et ont promis ledict Roy catholicque et les ambassadeurs du Roy très chrestien faire ratiffier et confermer ce présent traicté, c'est assavoir : icelluy Roy catholicque par ledict Empereur son grant-père et lesdictz ambassadeurs par le Roy très chrestien dedans six sepmaines prochaines venant, et aussi de faire jurer solempnellement icelluy traicté par eulx, ainsi que a esté celui de Noyon, en la présence de ceux qui seront par chacun d'eux à ce commis et depputez, dedans deux mois prochains venans ou plustost si faire se puet et ilz en sont requis. — Toutes lesquelles choses cy-dessus contenues et escriptes ainsi traictées, conclutes et accordées, ledict Roy catholicque et les ambassadeurs depputez et déléguez dudict Roy très chrestien, dessus nommez, en vertu des pouvoirs et ès noms et qualitez que dessus ont promis et promectent faire ratiffier, aggréer, confermer, approuver et jurer par lesdictz Empereur et Roy très chrestien, chacun en son regard, dedans le temps et en la forme et manière que dessus est déclairée. Et, en tesmoing de ce, ont signé ces présentes de leurs mains et faict sceller de leurs seaulx. En la ville de Bruxelles, le IIIe jour de décembre, l'an mil cincq cens et seize.

CHARLES,

D'ALBRET, DE ROCHECHOUART,

OLIVIER, DE LA ROCHE, GEDOYN.

En ce temps, le Pape escrivit ung bref aux Suisses, duquel la teneur s'ensuyt :

Leo Papa decimus.

Dilecti filii, accepimus, conquerentibus nobiscum ea de re aliquibus principibus christianis, esse nonnullos qui devotionem vestram ad res novas commovendas pacemque

que, si alias unquam, nunc maximae christiane Reipublice necessaria est, bellis rursum excitatis penitus exterminandam non solum hortentur sed etiam, quod gravius visum est, ad eam rem auctoritatem nostram utantur et nomine, quod de dilecto filio nostro Matheo, cardinali Sedunensi ad nos delatum est, quanquam credibile non est hominem tanto honore sacerdotii decoratum in has Deo et Dei fidelibus maxime infestas actiones se immiscere. Sed hac re profecto nec nostris consiliis magis adversum quicquam, nec a generali salute, que nobis maxime proposita semper fuit, alienius esse potest. Nostra, sicut vobis arbitramur notum esse, actio omnis et cogitatio pacem et concordiam universalem inter christianos complexa perpetuo est bellumque non modo sanctum et salutare verum etiam necessarium contra Infideles appetivit quo omnes cure nostre, omnia consilia, omnes nostri labores contenderunt. Belli vero inter christianos commovendi, si tempus ullum judicamus alienum fuisse, hoc certe est alienissimum, quum eterno hoste fidei Thurca novis successibus elato dimicandum est, et nobis gravius pertimescenda est in dies immanissimi hostis auctoritas et potentia, cui nullum aliud quod apponamus vallum habemus, quam pacem et conspirationem inter nos. Hec scripsimus devotioni vestre tum nostro judicio, tum in testimonium veritatis ut devotio vestra a nobismet ipsis intelligeret que sit nostra voluntas vel belli vel pacis, a qua si qui sunt qui diversa vobis nuncient eos debetis existimare non solum a rectis consiliis sed etiam a cognitione nostri valde esse aversos. Vestra quidem devotio ex statu et conditione rerum facile potest conjectare quid vel pastorali officio nostro vel his temporibus conveniat, [et] in omnem eam partem perspiciet nihil esse hac tempestate magis procurandum aut cupiendum quam pacem. Datum Rome sub annulo piscatoris, die xix^a novembris anno millesimo quingentesimo XVI°; pontificatus nostri anno quarto.

Le dernier jour de décembre, le Roy partit de Blois et retourna à Amboise, devers la Royne et Madame, qui estoient demourez; de Amboise vindrent à Romorantin, où ilz séjournèrent deux ou trois jours; aprez vindrent à Paris.

Et, pour ce que par le traicté de Bruxelles estoit mis que l'Empereur, le Roy et le Roy catholicque se debvoient veoir à Cambray ou près de là dedans la feste de la Chandeleur ensuivant et que, pour la briefveté du temps, cela ne se pouvoit faire, lesdictz Empereur et Roy catholicque mandèrent au Roy que, s'il voulloit envoyer en la ville de Cambray aucuns ses ambassadeurs, que de leur part y en envoyeroient, affin de convenir du temps et du lieu que lesdictz princes se pourroient veoir et de la forme qui seroit observée en ladicte veüe; ce que ledict seigneur accorda. En ce temps, le Roy envoya devers l'Empereur l'évesque de Paris et le seigneur de Breuilles (?) pour prendre le serment dudict Empereur d'entretenir, observer et garder le traicté de Bruxelles et pour apporter la ratiffication dudict traicté, ce que ledict Empereur feyt.

Aussy veindrent à Paris devers le Roy le seigneur du Ru[1] et quelques autres ambassadeurs de l'Empereur pour recevoir le serment dudict seigneur et avoir

---

1. Adrien de Croy, seigneur de Beaurain, comte de Rœux, chevalier de la Toison d'or, chambellan, premier maître d'hôtel de Charles V, premier gentilhomme de sa chambre, gouverneur de Lille, Douai, Orchies, mort en 1553. (Voir sa notice dans Brantôme, *Œuvres*, t. I, p. 319-320.) Le comte de Rœux arriva à Paris le 28 janvier 1517. (*Journal d'un bourgeois de Paris*, p. 46-47.)

la ratiffication dudict traicté de Bruxelles ; ce que icelluy seigneur feyt en la grande église Nostre-Dame de Paris et ratiffia ledict traicté.

Davantage, le Roy envoya le sire de Boissy, grand maistre de France, et autres ses ambassadeurs à Cambray pour convenir et accorder avec les ambassadeurs de l'Empereur et du Roy catholicque de la forme de la veüe, qui se debvoit faire desdictz princes, du temps et du lieu où elle se feroit, et furent baillez aucuns advertissemens et secrettes instructions au sire de Boissy, desquelles la teneur s'ensuyt :

Touchant la dyette de Cambray.

S'ensuivent quelques petitz advertissemens sur les matières qui se doibvent traicter à Cambray entre les commis et depputtez de très hault et très puissant prince l'Empereur et Roy très chrestien et Roy catholicque pour obvier que, soubz umbre d'amytié et bonne intelligence, ne se conduisist quelque secrette entreprinse et menée contre ledict seigneur Roy très chrestien.

Primo, fault considérer la ligue et confédération que on disoit saincte, qui a esté par cy-devant entre le Pape, Empereur et feu Roy catholicque et les Suisses ; laquelle avoit esté principallement faicte pour ruyner et adnichiller l'estat dudict seigneur Roy très chrestien.

Secundo, que ladicte ligue et confédération a esté rompue moyenant la glorieuse victoire qu'il a pleu à Dieu donner audict seigneur Roy très chrestien contre iceulx Suisses, Pape, Roy catholicque et Empereur, et aussy pour la conqueste par luy faicte de la duché de Milan et finablement par les praticques et moiens qu'il a trouvez à les desjoindre à son grand honneur, bien, proffict et utillité de son royaume.

Tertio, que, par son soing et diligence, a trouvé façon avoir alliance et confédération avec le Pape, Empereur et Roy catholicque et paix et amytié avec les Suisses, et de sorte que, demourans les choses en l'estat qu'elles sont, il pourroyt vivre en grand repos et tranquilité, soulager et enrichir son peuple et amasser de l'argent pour faire par cy-après quelque bonne entreprinse contre les infidelles ou ceulx qui luy tiendront tort.

Quarto, que tous ceulx qui estoient à ladicte ligue, que l'on disoyt saincte, en ont eu dommage et déshonneur à la rompture d'icelle, comme le Pape, qui a perdu Parme et Plaisance, la réputation et superintendance de l'Itallye, en laquelle il estoit entièrement obéy, et sy ne fault sur luy prendre grand fondement ne seureté par ce qu'on a peu congnoistre depuis l'alliance et confédération faicte entre luy et le Roy, car nonobstant icelle, quant l'Empereur fut dernièrement en Itallye envoya audict Empereur ung cardinal et de l'argent, et sy ne voullut bailler ayde ne secours au Roy, combien qu'il fust obligé de ce faire, et Marc-Antoine Coulonne, qui estoit en la solde avec ses gens, invada la duché de Milan et fut à la prinse de Lodde, en venant directement contre les promesses et obligations que icelluy Pape a envers icelluy seigneur Roy très chrestien, et d'autre part il a eu volunté de conquester Ferrare, à quoy le Roy n'a voulu assentir, ainçoys le poursuit de rendre Rege et Modenne à icelluy duc de Ferrare.

L'Empereur a perdu Bresse, Bergame, Véronne et la réputation, a esté chassé luy et son armée hors d'Itallie, a eu tousjours hayne et malveillance à la maison de France pour la rompture des promesses de mariage de madame Marguerite, de la feue Royne et de la Royne qui est aujourd'huy.

Les Suisses ont perdu la bataille en laquelle ont esté occis les principaulx de leurs bons capitaines et compaignons de guerre, ont esté chassez par deux fois honteusement de l'Itallie, ont perdu les grosses pensions tant générales qui estoient de xl^m escus soleil que particulières que prenoient chacun an sur la duché de Milan, et si avoient la superintendance et principal gouvernement en icelle duché et sy n'ont voullu faire alliance ne confédération avec le Roy ne eulx obliger de ne luy faire la guerre.

Le feu Roy catholicque, qui estoit en ladicte ligue, est depuis decedé et jacoit que ayons avec son successeur bonne amytié, alliance et confédération, toutesfois fault considérer son bas aage, qui est tel que sur icelluy on ne pourroyt asseoir fondement ne fermeté d'amytié, et que une partie de ceulx de sa maison sont directement contre la maison de France et est à doubter qu'il ne pourra actendre l'aage de unze ans et demy de madame Loyse, et que l'Empereur, son ayeul, le conduira du costé qu'il vouldra, [ce] que facillement pourra faire pour la jalousie du royaume de Naples et de cent mil escus qu'il luy conviendra bailler par chacun an et pour la crainte de voir le Roy duc de Millan et grand en Itallie.

Et jacoit que le Roy d'Angleterre ne fust en ladicte dernière Saincte-Ligue, toutesfois actendu la grosse envye qu'il a contre le Roy, ainsy qu'il a donné assez à congnoistre, seroit bien ayse de la remectre encore sus et en estre ainsi qu'il a monstré par ce que a faict dernièrement avec le cardinal de Syon ; et d'aultre part pour les mauvais tours qu'il a faictz dernièrement contre le Roy en venant directement contre sa foy et promesse, il crainct la revanche et, pour y obvier, seroit bien ayse que le Roy eust beaucoup d'affaires ailleurs.

Quinto, il est à doubter, actendu ce que dict est, que facillement les dessusdictz se pourroient de nouveau railler ensemble et faire une nouvelle ligue et confédération pour cuyder adnichiller et déstruire l'estat du Roy à quoy fault obvier et ne leur donner cause ne occasion de ce faire, ains les entretenir par bons moiens et mectre tousjours subtillement quelque picque, hayne et jalousie entre eulx et ne se endormir à leurs belles parolles et promesses, car sont ennemys réconciliez desquelz se fault garder et mesmement quant iceulx ennemys pour la réconciliation ont eu quelque perte, intérest ou dommaige, car cela leur rement tousjours ou ronge et fault à ceste cause présumer que l'amytié que y pourroyt estre est faincte et dissimulée et n'y fault prendre ne pied ny fondement, et pour ce est à craindre que ledict Empereur, s'il a, comme est vraysemblable, quelque mauvaise volunté contre le Roy, ne veuille faire son proffict de ce que se traictera et moyennera audict Cambray pour animer soubz umbre de ce les dessusdictz contre ledict seigneur pour faire une nouvelle ligue contre lui, à quoy fauldra obvier par les moiens qui seront cy-après touchez.

Sexto, si l'Empereur voulloit tenir bon pour ledict seigneur, tellement que on peult prendre en luy quelque ferme seureté et stabilité, ne fauldroit craindre ne doubter des aultres, car les Suisses et Gibelins ne innoveront aucune chose contre ledict seigneur tant que l'Empereur tiendra son party, le Roy catholicque demourera tousjours en la bonne volunté que est envers le Roy, le Pape seul n'oseroit aucune chose entreprendre et aura grand plaisir sy on le laisse vivre en paix, le Roy d'Angleterre sera en grande craincte et ne pensera que de soy sauver.

Septimo, car ladicte assemblée de Cambray se faict principallement pour trouver moien de gagner entièrement icelluy Empereur et luy faire des partiz moyennant lesquelz on puisse prendre quelque seureté en luy, se fault prendre garde que, en l'ouverture et conclusion desdictz partiz, le Roy ne habandonne ses anciens amys desquelz la foy et l'amour a esté par plusieurs fois éprouvée, ains, sy faire se peult, les fault comprendre audict traicté et promectre pour eulx qu'ilz prendront les armes pour exécuter la conclusion d'icelluy et si ne fault prendre charge de commancer aucune guerre s'il ne la commance avant et quant et quant, et le tout pour éviter les dangiers esquelz le feu Roy que Dieu absolve se meist en faisant le traicté de Cambray.

Octavo, pour obvier que icelluy Empereur ne feist son proffict de ce que se dira ou traictera audict Cambray fault, sy faire se peult, que ses depputtez et du Roy catholicque commencent les ouvertures de leur part, car par ce moien le Roy aura matière, sy l'Empereur luy voulloit jouer mauvais tour, de faire scavoir aux aultres princes et affermer que les ouvertures ont esté faictes par ledict Empereur et que, d'aultant que ledict Empereur n'y a voulu assentir, ledict Empereur pour se cuyder venger a semé le contraire et pourra on aussy retorquer l'inimytié qu'il vouldroit causer contre le Roy contre luy par bons et subtilz moyens; et s'il fault faire ung estroict serment, tant par lesdictz depputtez que par iceulx Empereur et Roy et à ceulx de leur conseil, esquelz ilz le vouldront communicquer, et ne dire ne réveller directement ne indirectement ce que aura esté conclud audict traicté, ains le tenir secret jusques à ce que l'exécution et exploict se fera des choses conclues, et fauldra que le Roy face avoir le soing à tous ses ambassadeurs, qu'il a par la chrestienté, de scavoir s'ilz entendront aucune chose de la conclusion dudict traicté et s'ilz l'entendent et à la vérité, ainsy que sera couché, on pourra assez présumer que cela sera venu de l'Empereur et de l'autre; [lors], sans actendre plus avant, fauldra soy ayder et retorquer contre luy sa malice secrettement et par bons moyens.

Reste après de adviser les ouvertures que les depputez du Roy feront, sy ceulx de l'Empereur et Roy catholicque les conduisent jusques là qu'il faille qu'ilz commencent.

La première ouverture sera sur le faict de Grèce, de la conquester à communs despens et partir par égalles portions et sur ce sera remonstré que c'est la plus honnorable, utille et proffitable conclusion que se pourroyt faire et prendre entre telz princes, car le vray office de l'Empereur est de deffendre et augmenter la foy par la force et aussy est d'ung Roy très chrestien, qui a ceste cause en porte le nom, et d'un Roy catholicque, et en ce faisant jecteront hors captivité les pauvres chrestiens qui sont soubz l'empire et subjection du Turc, mectront en seureté la chrestienté, laquelle, ainsy qu'est vraysemblable, icelluy Turc veult invader, mectront la guerre et effusion de sang humain, qu'est entre les chrestiens, hors la chrestienté, se acquitteront de leurs charges, feront chose agréable à Dieu, honnorable et salutaire à eulx et pareillement proffitable, et de là pourront aller plus avant, selon que la fortune leur sourira, et conquester la Terre Saincte, et, s'ilz trouvent ceste ouverture bonne et veullent que dès à présent on face les partaiges et scavoir quelle armée chacun conduira et par quel lieu entreront en la Grèce et en quel temps se pourra commancer la guerre, pourront lesdictz depputtez y adviser et conclure, ainsy qu'ilz scauront très bien faire.

Si ceste ouverture n'est agréable, pourront faire l'ouverture de Tournay et de Calais et aultres terres que le Roy d'Angleterre tient deçà la mer et que le Roy donnera Tournay au Roy catholicque et qu'il luy donne ayde et secours à conquester Calais et autres terres que ledict Roy d'Angleterre tient deçà la mer. Et, pour parvenir à ladicte ouverture, sera remonstré comment Tournay est séant au Roy catholicque, le diocèse principal de tout son pays de Flandres, la clef et boullevart d'icelluy; secundo, le chasteau que le Roy d'Angleterre y faict faire sera une vraye baronnie et pour tenir en subjection tous les subjectz desdictz seigneurs qui seront prins allans et venans et contrainctz pour ce faire éviter affaire à Paris, et que c'est grosse honte à telz deux princes de souffrir que ung Roy d'Angleterre devant leurs yeulx et sur les bortz et limittes de leurs païs face une telle forteresse. Et, d'aultre part, en luy ostant Calays, on luy ostera le passage de ne faire jamais mal aux païs des dessusdictz seigneurs.

Et, ce faict, qui vouldra tirer plus avant, on pourra facillement conquester le royaume d'Angleterre et se enrichir des biens qui y sont et le bailler au duc de Suffolk, qui est à Metz, à tiltre de duc ou de comte dont il sera tributaire par moictié ou par tiers de telle somme qui sera advisé ou partir le royaume entre lesdictz seigneurs, ou si l'ung d'eulx le veult avoir seul l'aura en baillant rescompense aux aultres. Et sy ceste ouverture leur duist, fauldra adviser et conclure du commencement de la guerre et de ce que chacun fournira et de ce que sera faict dudict royaume d'Angleterre.

S'ilz ne se contentent desdictes ouvertures et veullent entrer plus avant en besongne, leur fault parler de l'Itallye et partir entre eulx les protections de Sienne, Lucques, Florence, Mantoue, Ferrare, Montferrat et aultres, et, s'ilz ne se contentent des protections, diviseront l'Itallye en deux parties, dont l'une sera appellée le royaume de Lombardye et l'aultre le royaume de l'Itallye. L'Itallye sera depuis les Alpes jusques au royaume de Naples, icelluy comprins, et la Lombardye depuis lesdictes Alpes jusques aux montaignes de Savoye, et auront l'Empereur et Roy catholicque le royaume d'Itallie, fors Lucques, qui demourera au Roy, et le Roy le royaume de Lombardye; et pour ce que l'Église esdictz royaumes a plusieurs terres et vassaux qui sont de toute ancienneté de patrymoine de l'Église, cela demourera à l'Église, sans riens actempter au préjudice d'icelle. Et, quant aux seigneurs, marquis, comtes et aultres seigneurs et communaultez qui ont des terres dedans lesdictes deux parties, elles leur demoureront sans diminution de leur revenu, mais ilz seront respectivement vassaulx desdictz Roys qui auront telle et semblable puissance sur eulx que a le Roy sur les ducz, princes et vassaulx, et leurs terres et hommes qui sont en France. Et, s'ilz trouvent bonne ceste ouverture, fauldra adviser le moien de l'exécuter cautement, discrettement et secrettement et faire assembler leurs armées soubz coulleur et umbre de quelque aultre entreprinse et de sorte que la chose soit plus tost exécutée que entendue, et fauldra adviser le temps le plus commode et se pourra faire sans grans despens, car le Roy a son armée ordinaire à Millan et le Roy catholicque la sienne à Naples, et l'Empereur pourroit fournir de gens de pied.

La dernière ouverture que faire se pourroyt, c'est des Suisses et diviser leur païs, et toutesfois le mieulx est que, si l'ouverture ne vient d'eulx que on n'y entre poinct pour le présent, et s'il se prent quelque résolution et conclusion sur lesdictes ouvertures ou aultres qui [se] pourroyent faire et par icelles estoyt conclud entrer en guerre, faut nécessairement prolonger par quelque bon moien le commancement d'icelles le plus que faire se pourra, actendu la pauvreté du peuple et les finances qui sont en arrière et que les gens d'armes se veullent reposer, et aussy pendant icelluy délay pourront survenir des choses au grand advantaige du Roy.

Et pour ce que toute la chrestienté est en suspicion à cause de ceste assemblée et que on leur pourroyt donner occasion de machiner plusieurs nouvelletez et practiques nouvelles seroit bon, sy aucune conclusion se prend entre lesdictz princes, faire ung traicté faict à part, parlant seullement de la Grèce, par lequel on pourra prier au Pape et aultres princes de y entrer et l'envoyera on partout pour les endormir et oster l'occasion de ne penser plus avant.

Et si sera bon dire esdictz depputtez que le Roy a ung chascun jour plusieurs personnaiges, tant d'Itallie et Allemaigne que ailleurs, qui taschent luy faire nouvelles inventions pour le cuyder départir de l'alliance et amour desdictz seigneurs, Empereur et Roy catholicque, et que ledict seigneur ne leur veult prester l'oreille, sachant que c'est jalousie qui les meut à ce faire et la grande craincte qu'ilz ont de ce que ces trois maisons sont ensemble, car par là ilz seront tenuz en subjection et ne feront plus leur proffict de l'un et de l'autre, ainsi que avoient accoustumé faire, et que ledict seigneur croyt que l'Empereur et le Roy catholicque ne sont moings praticquez de leur costé, mais ilz sont si sages qu'ilz entendent bien à quelle fin cela se faict et y scauront bien obvier sans y adjouster foy.

Et pour ce que l'Empereur, ensuyvant les mœurs des Allemans, est insatiable et sera tousjours du costé où luy sera plus offert et présenté, ainsy que ont accoustumé faire jusques à présent, et que ceulx qui sont autour de luy et le gouvernent sont subjectz à la prinse et ne leur chault du bien ny honneur de leur maistre, mais qu'ilz ayent semblé [trouver] que seroit bon que l'argent et pension qui se baillent à ceulx d'Angleterre se donnast à l'Empereur et à ceulx qui sont autour de luy, est à croire que c'est la meilleure et plus seure ouverture que on luy scauroit faire et qui le tiendra plus longuement aux biens du Roy.

Et quant aux Vénitiens pour le partaige d'Itallie, ilz tomberont à la part du Roy, lequel sera tousjours sur ses piedz pour les traictez, ainsy qu'il verra estre à faire pour le mieulx.

Et, pour conclusion, on pourra prendre ou laisser des

choses susdictes selon les propos, ouvertures ou adviz qui se pourront faire entre lesdictz depputtez.

Faict à Paris, le xii[e] jour de febvrier l'an mil V[c] et XVI.

FRANÇOIS.

DE NEUVILLE.

Lesdictz ambassadeurs du Roy furent à Cambray et y trouvèrent le seigneur de Chièvres et autres ambassadeurs de l'Empereur et du Roy catholicque. Ilz communiquèrent ensemble par quelques jours. Toutesfois ne se feit aucune conclusion sur les ouvertures contenues ès secrettes instructions susdictes et seullement se feyt ung petit traicté[1], par lequel, entre aultres choses qui n'estoient de grande importance, la veue qui se debvoit faire de l'Empereur, Roy de France et Roy catholicque, fut différée jusques au moys de may ensuyvant, laquelle veue depuis ne se fit poinct, car l'Empereur usoit de dissimulation et révéla les secretz des ouvertures qui furent faictes à ladicte dyette de Cambray au Pape Léon X[e] et au Roy d'Angleterre.

Fin de la seconde année.

1. Il s'agit du traité de Cambrai du 11 mars 1517. (Du Mont, *Corps diplomatique*, t. IV, part. i, p. 228.) L'empereur, Charles, roi d'Espagne, et François Ier s'y garantissaient leurs États, promettaient de s'assister mutuellement et s'engageaient à lever une armée pour résister en commun aux Turcs.

CHAPITRE III.

AVRIL 1517-AVRIL 1518.

Après que le Roy eut faict traicté de paix, alliance et confédération avec le Pape Léon X^e, Maximilien, Empereur, et Charles, Roy catholicque, et que, ensuyvant le traicté faict à Bruxelles, la ville de Véronne avoit esté rendue aux Vénitiens et l'armée, qui estoit devant, départie et tous gens d'armes retournez en leurs maisons, ce royaume de France estoit en grand paix et tranquilité, et n'y avoit pour lors aucun bruyct ou rumeur de guerre, division ou partialité. Les marchans faisoient leur train de marchandise en grande seureté, tant par mer que par terre, et commerçoient pacificquement ensemble Françoys, Anglois, Espaignolz, Allemans et toutes autres nations de la chrestienté, qui estoit grande grace que Dieu faisoit au peuple chrestien, et, audict temps, s'il y avoit une émotion de guerre, et elle estoit contre les Infidelles, car aucuns Mammeluks, qui estoient eschappez de la bataille en laquelle le Souldan avoit esté tué, s'estoient rassemblez, avoient faict ung nouveau Souldan[1] et faisoient guerre aux terres d'Égipte et de Sirye nouvellement conquestées par le Turc. Toutesfoys, icelluy Turc avoit assemblé une grosse armée et estoit allé contre lesdictz Mammelukz et nouveau Souldan, les-

---

1. Toman-Bey, élu régent pendant la minorité du fils du dernier sultan Khansou-Gawry, tué à Alep. (Charrière, *op. cit.*, t. I, p. 21.)

quelz pour la seconde fois il avoyt deffaictz et ledict Souldan occis[1].

En ce temps, retournèrent de Suisse le bastard de Savoye et le seigneur de Soliers, ambassadeurs du Roy, et avec eux vint Galléas Vicomte, qui avoit faict son appoinctement avec le Roy par le moien des Suisses. Pareillement vindrent aucuns ambassadeurs de par douze cantons des Ligues de Suisse. Lesquelz bastard de Savoie et seigneur de Soliers, ambassadeurs du Roy, apportèrent ung traicté faict avec lesdictz douze cantons des Ligues de Suisse seullement, car le canton de Zurich et aucuns des Grisons n'estoient voulu entrer audict traicté duquel la teneur ensuyt[2].

Le Roy, après avoir faict veoir ledict traicté par son conseil et icelluy entendu, le confirma et fit on plusieurs dons et gratieusetés aux ambassadeurs de Suisse et à aucuns particuliers de la nation qui estoient venuz avec iceulx ambassadeurs. Les Suisses ne sont poinct honteux à demander ne soubz de dons et gratieusetez.

Ung peu de temps après, ledict seigneur, soy voulant ségréger de la presse qui estoit dedans Paris et pour ung peu se recréer, se veint tenir au bois de Vincennes, où se tint environ trois sepmaines.

Le xv° jour de mars, l'an M V° et XVI, arrivèrent à

---

1. La bataille eut lieu non loin du Caire le 2 janvier 1517.

2. Nous ne donnons pas ici le texte de la paix perpétuelle avec les Suisses conclue à Fribourg le 29 novembre 1516, et qui rétablit l'amitié de la France et de la Suisse aux conditions que François Ier avait proposées. On en trouvera le texte dans Du Mont, *Corps diplomatique*, t. IV, part. I, p. 249, et l'original aux Archives nationales, J. 724.

Paris plusieurs personnaiges depputez par les bonnes villes de ce royaume, par ce que le Roy, ung mois auparavant, ne scay par quel conseil, avoit escript aux bonnes villes de son royaume que chascunes d'icelles envoyast à Paris devers luy audict xve de mars deux personnaiges, car ledict seigneur voulloit enrichir son royaume et exposer auxdictz depputtez les moiens comme on le pourroit faire, et sur ce en avoir leur advis pour après en faire une bonne ordonnance[1].

Et, quant lesdictz depputez furent arrivez à Paris, monsieur le chancelier le feyt scavoir au Roy, qui estoit au bois de Vincennes, lequel manda que le xxie jour dudict mois de mars il se trouveroit en la court de Parlement et feroit exposer ausdictz depputez la cause pour laquelle il les avoit mandez, et ledict xxie de mars, en la chambre de Parlement, en la présence du Roy et de plusieurs princes de ce royaume, monsieur le chancelier proposa ainsy que s'ensuyt :

« Messieurs, le Roy très chrestien, nostre souverain et naturel seigneur, depuis que par la grâce de Dieu est parvenu à la couronne de France, a mis toute sa cure, soing et solicitude à faire vivre ses subjectz en repos et tranquilité et les enrichir et oster toutes causes et occasions par lesquelles par cy devant auroient esté foullez et appauvriz, ce que icelluy seigneur n'a peu exécuter ne accomplir sy tost qu'il eust bien désiré pour les grans obstacles qu'il trouva à son

---

[1]. Paris, Rouen, Bordeaux, Toulouse, Grenoble, la Provence, Dijon, Lyon, Montpellier, Tours, la Rochelle, Limoges, Orléans, Bourges, Troyes, Bayonne, Amiens, Boullogne-sur-Mer, la Bretagne élirent et envoyèrent des députés. (Bibl. nat., f. Brienne, vol. 173, fol. 6 et 7.)

advènement à la couronne, car premièrement les finances estoient en arrière, le domayne vendu et engagé, et néantmoings luy convint faire grans fraiz tant pour les obsèques de feu Roy, de bonne mémoire, le Roy Loïs dernier décéddé, que Dieu absolve, que pour son sacre et entrée de Paris, et aussy pour satisfaire et paier ce qui avoit esté promis à la Royne Marie, et se trouva grand nombre de piétons et gens d'armes à sa soulde qui n'estoient en rien exploictez et que le Pape, Empereur, feu Roy catholicque et Suisses avoient faict une ligue, qu'ilz appelloient la Saincte-Ligue, affin de invader par divers lieux le royaume de France et icelluy adnichiller et destruyre. Et, quant au Roy d'Angleterre, la paix et confédération que le feu Roy avoit faicte avec luy estoit quasi expirée, car ne debvoit durer que ung an après son décès. Et, touchant l'archiduc, n'y avoit aucune amytié, alliance et confédération avec luy et estoit vraisemblable qu'il adhéroit à ses ayeulx l'Empereur et le Roy catholicque. Et par ainsy, considérant ledict seigneur les finances de son royaume estre en arrière, les ennemys, les alliances et confédérations qu'estoient faictes contre son royaume, eut son recours à Dieu, disant avec le psalmiste : *Ad Dominum, cum tribularer, clamavi et exaudivit me.* Et dès lors se délibéra d'avoir paix avec les ennemys de sa couronne par doulceur et amytié, se mectant à tout debvoir tant et sy avant que on pouvoyt faire en tel cas, et à ces fins furent expédiez plusieurs ambassadeurs. Mais, quelque chose qu'il sceut faire, le Pape, Empereur, Roy catholicque et Suisses n'y voulurent entendre, persévérans tousjours en leurs mauvais propos de ruyner ce royaume.

Mais, quant à l'archiduc et Roy d'Angleterre, firent paix, alliance et confédération avec luy. Et, voyant ledict seigneur ne pouvoir avoir la paix avec les dessusdictz et qu'ilz le tenoient en grant despence, tant en gens d'armes que piétons, pour la deffence du royaume, se délibéra exploicter ses gens d'armes et piétons et avoir la paix, que n'avoit peu avoir par amour, par guerre, et entreprint le voiaige de Milan, où ne espargna sa propre personne et passa luy, son armée et artillerye quasi miraculeusement par rocqz et montagnes inaccessibles à grand peyne, travail et labeur et à sy grand soing et dextérité que une partie de sadicte armée et artillerye estoit en la plaine avant que ses ennemys, qui gardoient les passages, s'en advisassent, et avoit contre luy les Suisses à grant nombre, l'armée des Espagnolz, celle du Pape et des Florentins et de Maximilien Sforce et quasi toute l'Itallie ; contre lesquelz il eut la bataille et la victoire en laquelle il n'espargna sa personne et fut tousjours des premiers aucunes fois à donner dedans et frapper et receut plusieurs grans coupz, aultresfois à donner cœur et animer ses gens d'armes, tellement qu'il faisoyt office de Roy, de capitaine et de gendarme, et de sorte que par son sens, dilligence et vaillance, Dieu luy donna la victoire. De laquelle victoire sont proceddez plusieurs biens desquelz perpétuellement le royaume sera grandement tenu et obligé audict seigneur. Premièrement, moyennant icelle a recouvert la duché de Milan, dont il a tous les ans huict cens mil livres, qui ont aydé à soustenir les frays et mises de la soulde des gens d'armes, avec plusieurs tailles, dons et compositions qu'ilz ont paiez oultre l'ordinaire, qui a aydé merveilleusement à faire les mises qu'il a convenu nécessairement faire. — Secundo, l'honneur des François a esté restabli, car, par la route de Novarre et de Thérouenne, estoit tellement descrié que on n'avoit quasi nulle estimation d'eulx. — Tertio, l'entreprinse de la ligue du Pape, Empereur, Roy catholicque et Suisses a esté rompue et au moien de ce le Roy a eu amytié, alliance et confédération avec le Pape, et depuis paix et amytié perpétuelle avec les Suisses, paix, alliance, ligue et confédération avec l'Empereur, et sy a vuydé les différens qui pouvoient estre entre luy et le successeur du feu Roy catholicque et de sorte qu'il peut dire avec le psalmiste que, moyenant la victoire qu'il a pleu à Dieu luy donner et le soing et cure qu'il a eu de garder que ses ennemys ne se raillassent : *Laqueus constrictus est et nos libertati sumus.* — Quarto, le concile de Latran, à l'instigation des ennemys de France, taschoit de abolir et adnichiller la Pragmaticque et nous remectre en l'estat d'auparavant icelle, qui eust esté ung dommaige irréparable au royaume de France, car le Pape eust conservé huict mois les bénéfices et eust usé, par tous les bénéfices collatifz et électifz, de réservation généralle et particulière, et par ce moien les ordinaires collateurs eussent esté frustrez de leurs collations et les estrangiers pourveuz en ce royaume, gens scavans et de lettres fussent demourez derrière, tous les bénéfices, par la multiplication des expectatives, eussent esté litigieux, les causes fussent plaidées à Rome, les interdictz souvent mis et sans cause, l'argent du royaume vuidé. A ceste cause, pour y obvier, le Roy, au lieu d'icelle Pragmaticque, a faict ung concordat, approuvé par le concille, qui est plus seur que la Pragmaticque, car c'est une loy conventionnée et ne pourra jamais estre tollie ne ostée ne par Pape, ne par concille. Vray est qu'il y a quelque mutation quant au faict des élections, qui a esté faict à bonne cause pour la malice du temps, qui se pourra rabiller en aultre temps en trouvant le moien de oster les abbuz et faultes qui se faisoient esdictes élections.

« Or, Messieurs, vous pouvez comprendre et considérer le bien qu'il a pleu à Dieu en sy peu de temps, par le moien du Roy, faire en ce royaume, duquel on espéroit la ruyne et destruction totalle, qui avoit perdu tout honneur et réputation, duquel tous les princes chrestiens estoient ennemys, et à présent est en plus gros honneur et réputation et en grand seureté plus que ne fut oncques, tellement que nous pouvons dire : *A Domino factum est istud et est mirabile in oculis nostris.*

« Or, puisqu'il a pleu à Dieu que nous avons paix, qu'estoit le préalable et le fondement de l'intention du Roy pour parvenir à ce qu'il désire, qu'est de faire vivre en tranquillité et repoz et enrichir ses subjectz, qui sont choses qui consistent en pollice et bonne administration de la chose publicque, de laquelle est fondement justice, pour laquelle avoir fault deux choses, bonne loy et bons ministres, *quia parum est legem condere;* quant aux ministres, depuis qu'il est venu à la couronne, son désir et volunté a esté comme est encores, que les offices de justice de son royaume fussent donnez à gens scavans, de bonne conscience et libérallement; et, s'il est trouvé qu'il y ait autrement pourveu, il a esté circonvenu et deceu, et, quand il viendra à sa congnoissance, les pugnira de sorte que sera correction à eulx et exemple aux autres; quant aux loix, il a commis quelques personnages pour assembler et veoir toutes les ordonnances de ses ancestres et prédécesseurs et tollir et oster les superflues, contraires et celles qui sont hors de usage et celles qui, par la variété du temps, se doibvent changer et muer, et le surplus mectre par tiltre et ordre, et, s'il est expédient pour le proffict de la chose publique, en faire de nouvelles et les y adiouster : et, ce faict, assemblera les principaulx personnages des cours de son royaume pour veoir icelluy volume, le corriger, augmenter et dyminuer comme verront estre à faire.

« Et, quant au faict de sa gendarmerie, il en a cassé beaucoup pour soulager les finances, et conséquemment son peuple, et, quant à ceulx qui demeurent, dont une partie sera au royaume et l'autre en Itallie, pour les faire vivre en ordre et police, il commectra avec ses mareschaux quelques personnages pour veoir toutes les ordonnances faictes sur le faict de la gendarmerye, et icelles fera corriger et augmenter et adapter au temps présent et les garder et observer sans enfraindre.

« Touchant le faict de ses finances, luy-mesme en personne y a vacqué par long temps et a voulu tout congnoistre et entendre, et, veu les grans fraiz et mises qu'il luy a convenu faire, n'a esté possible que ne soient esté en arrière. Mais, pour y remédier et paier ceulx qui ont presté de l'argent en son grant affaire, il a tranché l'estat de sa maison et les pensions des princes et aultres de son royaume et les gaiges de ses officiers, de sorte qu'il espère que en bref seront en l'estat que doibvent estre, ce que souhaite et désire de tout son cœur, affin de soullager son peuple.

« Quant au faict des monnoies, il y a ung grand abbus et désordre à son regret et desplaisir, lequel ne s'est peu amender durant ces guerres, et pour y pourvoir il feyt dernièrement faire une assemblée en ceste ville de toutes les villes de son royaume pour leur communicquer icelluy abbus et trouver le remède que on y scauroit mectre; lesquelz abbus sont venuz par la faulte, négligence ou coulpe de ses officiers, esquelz des bonnes villes il feyt remonstrer que, combien que le marc d'argent par son ordonnance ne feust que à XI liv. et le marc d'or à LXX escus, ce néantmoings le marc d'argent se montoyt à XIII liv. et le marc d'or à LXXII escus, dont procède le foiblage de la monnoye, tant d'or que blanche; car jacoit que au marc d'or ne deust avoir que LXX escus, ce néantmoings il y en a LXXII, qui est deux escus de perte, et d'alloy vingt-trois karatz et une octave de karat et davantage ilz ne sont qu'à XXII karatz et demy, qui est près de quatre escus sur ce, et si mectent les escus à quarante solz, et combien que ne se deussent mectre que à XXXVI sols trois deniers tournois.

« Et quant à la monnoie, à ung marc de brassage de douzains n'y doibt avoir que quatre-vingtz-six pièces, ce néantmoings il s'en trouve quatre-vingt-douze et XCIII et sy devroient estre d'alloy.

« A quoy le Roy est grandement intéressé pour les intérêts des payements qu'il lui convient faire qui montent à ung gros argent une fois l'an; aussy les églises et les gentilshommes de ce royaume, pour leurs rentes, qui en diminuent, et toutes choses, qui leur sont nécessaires, leur enchérissent. Avec ce, le Roy, pour l'abbus des officiers, car l'ouvrage n'est loyaument contrerollé par les boettes, ne prent aucun esmolument des escharcettes, qui s'y devroient monter à ung grand argent qui reviendroit au soulagement du peuple.

« Reste à présent le principal poinct, qui est d'enrichir son royaume. Sur quoy le Roy a faict assembler plusieurs grans personnages et expérimentez en telz affaires qui ont vacqué par plusieurs jours et ont mis par articles plusieurs ouvertures et adviz, lesquelz concernent ladicte matière que le Roy entend et veult vous estre communicquez avant que y faire aulcune conclusion, car il y a plusieurs choses qui pourroient estre proffictables à ung païs et dommageables aux autres, et le Roy n'entend point grever l'ung pour soullager l'autre, et vous aime tous, comme ses subjectz, d'une mesme amour.

« Ce royaume et autres païs, terres et seigneuries du Roy sont, gràces à Dieu, sy oppulentz et fertilz en toutes choses nécessaires à l'homme, que se peult passer de tous aultres royaumes, païs, terres et seigneuries, et nos voisins ne scauroient se passer de nous. Il y a plusieurs portes par lesquelles l'argent vient et entre en ce royaume et aucunes par lesquelles il en sort, desquelles la pluspart tendent plus à volupté et superfluité que nécessité; par quoy il est besoing de les clorre, de sorte que nous tirions les deniers de noz voisins et qu'ilz ne tirent riens de nous, et extirper l'avarice et ambition de quelzques particuliers, qui, pour eulx enrichir par leurs inventions, appauvrissent les aultres, et garder que les estrangers ne viennent en nostre royaume prendre pied pour nous oster la laine dessuz le doz, qui se pourra facilement faire, comme verrez par les articles que le Roy a commandé vous communicquer.

« Messieurs, le Roy vous a envoié quérir pour quatre causes : l'une pour se congratuler avec vous de ce que son royaume est en paix, car le bien du royaume est le bien du Roy et le bien du Roy est le bien du royaume, car c'est un corps misticque dont le Roy est le chef, et de sorte qu'il peult dire avec vous : *Anima nostra sicut passer erepta est de laqueo venantium.*

« Secundo, il vous a envoié quérir pour vous communicquer et faire entendre comme il a pourveu et entend pourveoir aux plus gros affaires de son royaume.

« Tertio, pour vous communicquer et avoir vostre adviz et conseil sur le cayer qu'il a faict faire pour enrichir son royaume.

« Quarto, pour vous remercier que, quant il vous a demandé quelque chose pour ses affaires occurrens, vous l'avez faict libérallement et promptement et combien que ce fust pour le bien de son royaume et conséquemment de vous, toutesfoys il vous en scait aussy bon gré comme s'il l'eust mis en sa bourse, car le bien du royaume est le sien. Aussy vous remercie des prières et oraisons qu'avez faictes et faict faire pour la conservation de son estat et personne. Il vous prye de continuer et estre de bien en mieulx ses bons subjectz, et il vous sera bon prince. »

Ensuict la teneur des chappitres.

Ce sont les chappitres, ordonnez estre faictz par le Roy par manière d'ouverture, concernant le bien, proffict et utillité de la chose publicque, pour iceulx estre communicquez aux gens des bonnes villes du royaume, assemblez en ceste ville de Paris par le commandement dudict seigneur, affin d'avoir sur iceulx leur adviz, pour ce faict y estre par ledict seigneur pourveu et ordonné, ainsy qu'il verra estre à faire pour le mieulx[1].

« Premièrement, a esté advisé que, pour remectre sus le traffic de marchandise par la mer, seroit bon, utile et proffitable prohiber et deffendre que nulle espicerie ne autres drogues n'entreroient en ce royaume que par les portz et havres maritins des royaume, païs, terres et seigneuries du Roy.

« Desdictes prohibitions proviendront trois profflctz, car l'or et l'argent, qui se vuyde du royaume, païs, terres et seigneuries du Roy pour le faict d'icelle espi-

---

1. A ces articles, lus le 26 mars à l'hôtel de ville de Paris, les délégués des villes firent le jour même et le lendemain, 27 mars, deux « réponses » générales et assez vagues. (Bibl. nat., f. Brienne, vol. 173, fol. 1 à 5.) Aussi furent-ils congédiés sans retard; on les pria seulement, par pure forme, de préciser un peu plus leurs « avis » et d'envoyer ensuite le texte de ces « avis » à la cour. On verra plus loin le sort qui fut fait à ces documents. (Voir p. 449.) Malgré tout, ils nous ont été conservés en copie dans le vol. 173 du f. Brienne à la Bibl. nat., et, s'ils n'ont pas le mérite de l'impromptu, du moins en général ne manquent-ils pas d'intérêt. Pour chacun des « chapitres, » nous en citerons donc quelques extraits correspondants.

cerie, demourera esdictz païs, d'aultant que les marchans, qui entreprendront le navigage, porteront à Levant et autres lieux où lesdictes espices se acheptent aultre marchandise, de laquelle, par troques ou argent qui en proviendra, achepteront icelles espiceries et drogues.

« D'aultre part, moyennant icelles inhibitions, le traffic de navigage se mectra sus, moyennant lequel plusieurs denrées qui se vendent à vil prix en France se mectront hors, desquelles on retirera de l'argent, et avec ce, en temps de paix, les navires ordonnés pour le faict de la guerre se entretiendront.

« Et n'y faict riens si on voulloit dire que l'espicerye et drogues sont à trop meilleur marché quant chascun est en liberté de les apporter et mectre au royaume par là où bon luy semble, que ne seront si ladicte ordonnance est faicte, ainsy que on a veu par cy-devant par expérience et mesmement depuis que le roy de Portugal a faict le voyage de Calicut. Car, si par bonne prudence et considération on veult poiser le proffict qui pourra yssir desdictes prohibitions, se trouvera qu'il est trop plus à estimer pour le bien de la chose publicque et pour enrichir le royaume, que n'est le dommage de la cherté de l'espicerye et drogues, mesmement, car l'espicerie tend plus à volupté que à nécessité, et sy a plus, car les marchans se pourront adextrer, par succession de temps, de faire le voiage de Calicut, et demourera le proffict en ce royaume, que le Roy de Portugal et ses facteurs y prennent, moyenant ladicte espicerie [1].

1. Sauf de Bourges, de tous les points de la France arri-

« Secundo, jaçoit que aux royaume, païs, terres et seigneuries du Roy y ait des laynes à suffire pour la drapperie et autre manufacture de layne et aussy pour ce qui sort dehors, néantmoings, par curiosité et pour avoir de plus fins draps, les marchans vont quérir des laynes en Angleterre et en Espaigne, dont sort gros argent de ce royaume ; à ceste cause seroit bon prohiber et deffendre à toutes gens, se meslant du faict de la drapperie ou autre manufacture de layne, de ne ouvrer de laynes estrangières, ains seullement des laynes de ce royaume, païs, terres et seigneuries du Roy, et ce sur peyne d'amende arbitraire.

« Et ny faict rien si on voulloit dire que les laynes des royaumes, païs, terres et seigneuries du Roy enchériront, la drapperie sera plus chère et ne se feront de si fins draps que s'y font, car fault considérer que l'argent, qu'est le nerf de la chose publicque, demourera au royaume, païs, terres et seigneuries dudict seigneur, pour quoy ne fault avoir regard ne considération à icelle cherté, et, quant à la bonté des draps et autres choses qui se composent de layne, cela concerne plus volupté que nécessité [1].

vèrent des protestations contre ce régime prohibitionniste. Ceux de Rouen, de Bordeaux, de Bayonne, de Limoges, du Dauphiné envoyèrent les avis les plus défavorables, ces derniers « pour ce que le plus grand bien que les sujets et païs puissent avoir, c'est la liberté. » (Bibl. nat., f. Brienne, vol. 173, fol. 26 r°.)

1. Ceux de Provence seuls envoyèrent une réponse favorable. Les autres villes se déclarèrent hostiles à toute innovation : « Sur le deuxiesme article des laines, s'il estoit ainsy que les laines qui se treuvent ausdictz royaume et païs du Roy fussent souffisantes pour fournir à la drapperie que l'on y faict, le

« Tertio, jaçoit que en ce royaume se face grant quantité de drapperye, qui suffist, non seullement pour pourvoir les royaume, païs, terres et seigneuries du Roy, mais aussy pour en vendre aux estrangiers, ce contenu audict chappitre sembleroit estre proufitable pour garder de nous vuyder l'argent dehors. Toutesfoys pour ce que, selon l'informacion que lesdictz respondans ont peu avoir et entendre de la quantité desdictes laines, celles qui sont ausdictz royaume et païs ne souffiroient point pour la drapperie que l'on y faict, considérant la grande quantité d'icelle en plusieurs quartiers, mesmement en Normandie, là ou la pluspart des gens vivent et font leurs prouffictz de la manufactures des draps, ce qu'ilz pourroient perdre, cessant habondances de laines, par ceste cause, actendu que desdictz draps qui se font ausdictz royaume et païs s'en tirent grandes sommes de deniers des estrangiers, ce que ne se feroit pas à si grande habondance sy en ces draps l'on ne mettoit quelques laynes fines estranges, car les draps ne se feroient point sy bons ne sy fins que l'on faict, semble, pour ce, qu'il est plus utile de laisser la liberté ausdictes laynes, ainsy comme elle est, que d'en faire inhibition et deffence. » (Réponse aux articles par ceux de Dauphiné, *ibid.*, fol. 27 v° et r°.) — « Sur le second chappitre contenant deux articles faisant mention de la drapperie et de prohiber l'entrée des laines non ouvrées soient d'Angleterre, Espaigne ou Navarre, [ladicte entrée] doit estre permise et tollérée pour occuper le pouvre populaire des pays de France, Normandie, Poitou et Xaintonge, qui incessamment besongnent desdictes laynes et font grande magnificence de drapperie, et aussi que les laynes de France ne souffiroient pour employer et occuper ledict populaire, qui pourroit avoir occasion d'aller ailleurs et hors du royaume pour gaigner sa vie et de là s'ensuivroit un grant inconvénient, et aussy aprez que lesdictes laines sont drappées par les regnicolles, plusieurs estrangiers, comme Espaignolz, Navarrois, Portugalloys et Italliens en achètent en grosse quantité et en demeurent les deniers ausdictz royaumes, bien sont d'advis... » (Réponse de ceux de Bourges, *ibid.*, fol. 63 r° et v°.)

néantmoings, par l'avarice d'aulcuns particuliers marchans et par la curiosité des subjectz dudict seigneur, se apportent en ce royaume plusieurs draps d'Itallye, Angleterre et Parpignan, moyenant lesquelz l'argent vuyde ; à ceste cause seroit bon prohiber et deffendre l'entrée de tous draps estrangiers sur peyne de confiscation d'iceulx, de laquelle confiscation la moictyé seroyt au dénonciateur [1].

« Quarto, pour ce que, grâce à Dieu, les royaume, païs, terres et seigneuries dudict sieur sont fertilz et habondent en toutes choses, mesmement en bledz, vins, pastel, cuirs, cordages, estamynes, quinquailleries, huilles, amendes, chair, poisson sallé, gresses, suifz, chappeaulx, fromages, drapperies et autres denrées et marchandises, desquelles noz voisins ne se peuvent honnestement passer, seroit utile de ordonner que noz marchans, qui marchandent et trafficquent hors du royaume pour achepter marchandises estrangières, pour icelles débiter esdictz royaume, païs, terres et seigneuryes, ne portassent or ny argent pour icelles achepter ains chargeassent des marchandises des royaume, païs, terres et seigneuries dudict seigneur selon le païs, saison et gens à qui auront à besongner, et que, par trocq ou argent provenant d'icelles mar-

---

1. Limoges émet un vœu dans ce sens contre Rouen, Bordeaux, Bayonne, etc. — « Semble que ladicte défense ne doit estre faicte et que, ce elle estoit faicte, les autres pays pourroient faire semblables deffences de non achepter les draps qui se font en ce royaume, de ne apporter aucunes marchandises de leurs pays qui seroient utilles en icelluy, qui seroit grandement dommageable à la chose publicque. » (Réponse de Rouen, *ibid.*, fol. 10 r°.)

chandises, recouvrassent les marchandises qu'ilz veullent débiter esdictz royaume, païs, terres et seigneuries, à tout le moings les deux tiers.

« Aussy seroit utile et proffitable qu'il fut prohibé et deffendu aux marchans estrangiers, qui apportent en ce royaume leurs marchandises et denrées pour icelles vendre, qu'ilz ne missent hors du royaume les deniers d'icelles marchandises, ains, si bon leur sembloit, se chargeassent de noz marchandises, à tout le moings de deux tiers, pour reporter en leurs païs, où là où bon leur sembleroyt ; et ainsy le faict le Roy d'Angleterre en son païs, qui est la cause principale de la richesse d'icelluy.

« Pareillement, pour ce que les royaume, païs, terres et seigneuries du Roy sont grans et, le bien prendre et considérer, se trouvent en iceulx toutes choses nécessaires à la personne, c'est assavoir, en ung païs une chose, en l'autre une aultre, de sorte que, sans aller aux païs estranges, les ungs pourroyent ayder et secourir aux nécessitez des aultres, néantmoings ceulx qui sont aux extrémitez, pour ce qu'il leur est plus aysé et qu'ilz ont à meilleur compte la marchandise qui leur est nécessaire des estrangiers leurs voisins que de ceulx du royaume plus loingtains, qui ont semblable marchandise en leur païs, vont achepter icelles marchandises à eulx nécessaire des estrangiers, et par ainsy l'argent vuyde du païs et, pour ce, seroit bon d'ordonner, affin que l'argent demourast aux subiectz dudict seigneur, que des choses qui se trouvent en ce royaume, païs, terres et seigneuries du Roy ne feust loisible, sur peyne d'amende arbitraire, d'en achepter des estrangiers, sy ce n'est par troques et sans bourse deslier.

« Et, car y a plusieurs marchans estrangiers qui se sont venuz habituer en ce royaume et ont prins lectres de naturalité du Roy, lesquelz ont de grosses et grandes intelligences avec les marchans des païs dont ilz sont, moyenant lesquelles font tenir les marchandises les ungs aux aultres et besongnent par brevetz et lettres de cambitz et, par la grant bourse qu'ilz ont, tirent toute la marchandise d'un païs, ostent le gain des petitz marchans et du populaire, et on s'aperceoit peu que desdictes marchandises argent entre au royaume et par leurs adveuz défraudent les péages et impositions du Roy; à ceste cause seroit bon de les censer en ce royaume comme estrangiers, quelzques lectres de naturalité qu'ilz ayent, et leur faire très bien garder les ordonnances, affin de obvier aux frauldes et abbus qu'ilz font chascun jour.

« D'aultre part, les traictes sont souvent sans nécessité deffendues, moyennant lesquelles deffences les denrées, qu'on a accoustumé vendre aux estrangiers et mectre hors du royaume, viennent à vil prix et sont acheptées par les grosses bourses des estrangiers, qui ont intelligences aux marchans de ce royaume, lesquelz trouvent après façon, par argent ou aultrement indeument, d'avoir des congez et par ainsy frustrent les petiz marchans et populaire du proffict qu'ilz debvroient avoir et s'en va aux grosses bourses, qui besongnent par intelligences et brevetz. A ceste cause, pour y obvier, seroit bon ordonner que nulles deffences de traictes ne feussent doresnavant faictes sans congnoissance de cause et que, depuis que les deffenses seroient faictes, nulz congez ne seroient baillez, et mesmement par les gouverneurs du païs[1].

1. Sur ce quatrième chapitre, les avis des villes sont plus variés que pour les précédents. Ils sont aussi en général moins absolument défavorables. Nous donnons ici les *Réponses de ceux de Dauphiné* à chacun des quatre articles dudit chapitre : « Sur le quatriesme article, de ne permettre achepter marchandises estranges, sinon par change d'autres, ou argent provenant d'icelles, réservant en ce l'advy et oppinions des marchands qui en ce pourront mieux répondre et adviser comme mieux informez du proufict ou dommaige qui en pourroit venir, semble que le contenu audict article pourra estre prouffictable en tant que touche aucunes marchandises [autres] que mengailhe (mangeaille), car en icelluy est requis que la liberté demeure, pour ce que les pays, qui sont aux extrémitez, ont tousjours à prendre aux estrangers qui les portent là et quelquefois l'on en va quérir, qui sont toutesfois à petite despence et peu de vallue, comme en ceste ville de Grenoble de poissons de eaux doulces, de fromaiges, que l'on apporte de Savoye, et se vendent à menu ayséement et aux prouffictz des vendeurs et acheteurs, ce que ne se pourra pas changer, ains demoureroient les estrangiers à venir et les subgectz seroient despourveuz de ce qui leur est nécessaire, qui leur seroit grand dommaige.

« Sur l'aultre article que se commence : *Pareillement...*, contenant que les marchans desdictz royaulme et pays ne acheptent marchandises fors de ceux du pays mesme, en tant qu'ilz pourront trouver d'icelles marchandises, semble que cela seroit grandement dommageable et seroit quasy la destruction d'aucuns pays du Dauphiné, qui sont voisins aux pays de Savoye, Pyémont et comté de Nisse, car les subgectz dudict Daulphiné prennent et ont des voisins estrangiers plusieurs choses à eux nécessaires à bon compte, qui sont toutesfoys de petite somme en achapt, comme fromaiges, fers œuvrez en palles, forches de fer et aultres menues choses, lesquelles, s'il falloit qu'ilz prinsent aultre part, fauldroit qu'ilz les allassent

« Quinto, sur le faict des monnoyes, tant blanche que d'or, est très requis et nécessaire y donner ordre et

quérir les aucuns en Auvergne, les aultres à Paris et aultres pays lointains, tellement que le port cousteroit deux ou trois fois plus que lesdictes marchandises à présent ne leur coustent et que elles ne valent en achapt. Par quoy supplient les tenir en leur liberté et ne leur vouloir faire tel dommage.

« Sur l'autre article commenceant : *Et car...*, sur le faict des marchans estrangiers, de les tenir comme estrangiers, nonobstant quelconques lettres de naturalitez, semble que observance de celx est louable et proufictable.

« Sur l'aultre article commenceant : *D'autre part...*, sur le faict des traictes, lesdictz commis ignorent sy aux autres pays elles sont sans nécessité deffendues, toutesfoys en cedit pays de Daulphiné la prohibition ne se faict jamais sans grand nécessité et en bonne forme et au soullagement du peuple, car quand on voit que les voisins et estrangiers non subgectz du Roy charoient si grant quantité de bledz dudict Daulphiné hors d'icelluy, tellement que, qui ne deffendroit la traicte, les subgectz dudict Daulphiné seroient mis à la faim, comme cest an mesme est advenu par ceux de Savoye, qui emportoient tous les bledz, lors venans les plaintes de cela aux seigneurs des Estatz dudict pays, eux y advisent avec bonne délibération, soy informant et regardant les quantitez des bledz qui peuvent estre, et aprez, s'ilz voient estre requis et nécessaire que prohibition soit faicte, ilz le démonstrent à messieurs de la cour et les prient de prohiber ladicte traite et aussy que nulz greniers ne se facent, et en ceste manière sans fraulde l'on pourvoit au pouvre peuple, et aussy quant ilz voient aucune grande nécessité à quelcungs de leurs voisins, mesmement des subgectz du Roy, et qu'ilz congnoissent se pouvoir passer de quelque petite quantité de bledz, ilz en font requeste à la cour pour user de charité, toute fraude cessant et la cour partie consentant y pourveoir. Pour quoy, quand audict Daulphiné, n'est besoing d'aultre provision à cedict chappitre, ains observance de ce que on y a accoustumé de faire, comme dessus est dict. » (Bibl. nat., f. Brienne, vol. 173, fol. 28 r°-29 v°.)

y pourvoir, car, par les ordonnances du Roy, les escus soleil, qui se font en ce royaume, doibvent estre de poids de LXX au marc et d'aloy à vingt-trois karatz et ung huictiesme, ledict VIIIe de remède; et les douzains, par lesdictes ordonnances, doibvent estre du poids de quatre-vingt-six pièces au marc et d'aloy à quatre deniers douze grains, et a deux grains de remède.

« Or, est-il que les escuz et douzains courans sont, la pluspart desditz escuz, de LXXI et LXXII de poix et d'aloy à XXI et XXII et à XXII karatz et demy, et lesdictz douzains de quatre-vingtz-douze et quatre-vingt-treize pièces au marc et d'aloy à quatre deniers huict et dix grains, qui est ung très grand intérest au Roy et à la chose publique sans que aucun profict soyt advenu audict seigneur, à cause desdictz remèdes, foyblages et escharcettes.

« Par quoy fault présupposer que les ordonnances et le droict dudict seigneur ont esté trez mal gardez, et est besoing et très requis, pour le bien dudict seigneur et de la chose publicque, y pourvoir et mesmement, car, combien que les escuz sont foybles et que par les ordonnances leur mise soit à XXXVI sols VI deniers tournois, néantmoings par voluntez sont haulsez jusques à quarante et ung solz, auquel foyblage et pris voluntaire le Roy a grand intérest pour les intérestz que luy convient porter chascun jour pour les payemens que luy convient faire, et aussy l'Église, nobles et officiers, pour leurs rentes et gaiges, qui en dimynuent, et toutes marchandises accoustumées dudict foyblage et haut pris enchérissent, aussy reçoivent moings et payent plus.

« A ceste cause, dès le mois de septembre dernier

passé, le Roy feit convocquer de toutes les bonnes villes de son royaume les gens expertz et entenduz au faict desdictes monnoyes et leur fit dire et entendre les choses dessusdictes, lesquelz, d'ung commun accord, supplièrent ledict seigneur que, actendu la pauvreté du peuple, son plaisir feust surceoir à pourveoir au faict desdictes monnoyes jusques à quelque temps que le peuple pourroit mieulx porter la mutation et descry qui s'en pourroyt faire, ce que ledict seigneur accorda libérallement.

« Si, a ledict seigneur depuis faict assembler expers et congnoissans en telles matières, appellez quelzques généraulx des monnoyes, lesquelz ensemble, le tout bien calculé et advisé, ont esté d'advis que ledict seigneur ne debvoit changer le pied de ses monnoyes, car redonderoit à gros intérest à luy, aux églizes, nobles et officiers de son royaume, et avec ce que, tant que le foiablage qui a cours de présent sera de mise, seroit chose impossible donner bon ordre au faict desdictes monnoyes, car le foyble mangera tousjours le fort, et que est besoing de descryer et mectre tout au billon et faire nouveaulx patrons, tant pour l'or que pour la monnoye, et avoir bons officiers bien expérimentez et de bonne conscience qui besongneront loyaument, selon le pié et ordonnance du Roy, et qu'ilz soient souvent visitez par les généraulx des monnoyes et bons et loyaulx essais faictz des deniers des boyttes, et ceulx que on trouvera en faulte et coupables soient corporellement pugniz et que nul ne soit pourveu des offices des monnoyes s'il n'est expert suffisant et bien certiffié tant de son art et dilligence que bonne conscience.

« Que les généraulx des monnoyes ne preignent aucun esmolument sur icelluy et ne soient payez de leurs gaiges et chevauchées des deniers provenant des escharcettes et pareillement les aultres officiers des monnoyes sur l'ouvrage que se faict en icelles, ains assignez ailleurs et que de ce dont ilz avoient accoustumé estre payez soit faict estat par les trésoriers.

« Que tous ceulx qui se disent estre monnoyeurs et qui ne besongnent actuellement aux monnoyes, et qui ont prins lesdictz offices par fraulde pour jouir des privilèges et ne paier la taille, soient cassez et abboliz.

« Que le nombre effréné des monnoies de ce royaume, païs, terres et seigneuries du Roy soit réduict à quelque nombre compectant, et que celles que ont accoustumé malverser et dont est proceddé tout ledict désordre soient perpétuellement clauses.

« A ceste cause, a esté advisé qu'il seroit bon faire une ordonnance sur ce que dessus et ce que l'on verroit que le temps et le peuple le pourroyent porter.

« Et, quant au faict des monnoyes estrangières, si on leur donnera cours en ce royaume ou non, y a eu diversité d'oppinions, car les ungs ont dict que on ne leur debvoit donner cours en ce royaume pour les fraudes que par cy-devant ont esté commises, d'aultant que les voisins du royaume faisoyent quelque forte monnoye, à laquelle on donnoit selon la bonté pris en ce royaume et tost après altéroient la bonté et affoiblissoient leurs monnoies, et, avant que les regnicoles s'en advisassent, faisoient une grosse perte sur ce, et les voisins s'en enrichissoient au grand intérest du royaume, païs, terres et seigneuries du Roy. A ceste cause seroit utille, en faisant l'ordonnance que dessus, les totallement descryer, fors les pièces anciennes, desquelles ne s'en forge plus aujourd'hui, esquelles on pourroyt donner cours au pris et estimation qui sera advisé.

« Les aultres ont esté d'oppinion contraire, qu'on debvoit donner cours aux monnoies estrangières de ce royaume pour le pris et estimation de leur bonté, à tout le moings tant qu'elles valent en matière, car le faire aultrement seroit estrangler les communs marchans estrangers, qui viennent marchander en ce royaume, qui ne vouldroient billonner le petit argent dont ils trafficquent, et fauldroit l'un des deux, ou que nos denrées nous demourassent, qui viendroient à néant et à pourriture, ou que le tout passast par les grandes bourses et intelligences des gros marchans, qui besongnoient par brevetz et lettres de cambitz, et fauldroit nécessairement passer par leurs mains et par ainsi vendre la marchandise à vil pris, et n'en reviendroit si grand prouffict et argent au Roy comme si chascun y venoit libérallement marchander.

« Et, quant aux frauldes et abbuz qu'on dict avoir esté commis par cy-devant aux monnoyes estranges, fault entendre qu'il y a des païs de loy et de justice qui ont tousjours gardé leur pied et loyaulté sans aulcunement l'altérer, et n'a on trouvé en iceulx aucune faulte comme Arragon, Castille, Hongrye, Venise et Florence, Sienne, Gennes, Flandres, l'Empire et quelques seigneurs et comtes d'Allemaigne. Et, quant à ceux-là, on ne peult faillir donner cours à leurs monnoyes en ce royaume, mectant le pris et estimation en icelluy de ce qu'ilz peuvent valloir en matière d'ailleurs. Mais, quant à ceulx du Pape, tant d'Avignon que d'ailleurs, Navarre, Savoye, Montferrat, Saluces, Lorraine, Mantoue, Ferrare, Seigneur Jean-Jacques et aultres, qui ont accoustumé souvent de altérer leur pied et qui font estat et prouffict sur leurs monnoyes, les fault totallement descrier et ne leur donner aulcun cours en ce royaume. Et, quant à Angleterre, depuis la guerre ont accoustumé de changer et altérer leur pied, combien que paravant gardassent loyaulté ; par quoy, quant à leurs pièces anciennes et des Roys qui ont esté par cy-devant, on leur pourra donner cours et les nouvelles descrier totallement.

« Et finablement, le tout bien calcullé et arresté, le dernier advis a esté trouvé meilleur quant au faict des monnoyes estrangières.

« D'aultre part, a esté advisé de donner ordre aux abbuz et faultes qui se commectoient contre toute disposition de droict commun et ordonnances royaulx, c'est assavoir que on fond ung chascun jour monnoie, tant d'or que d'argent, tant du Roy que aultres, ayans cours en ce royaume pour faire chaisnes et autres ouvrages, tant d'or que d'argent, au grand intérest de la chose publique, pour ce a esté advisé qu'il sera bon faire inhibitions et deffences sur les peynes de droict de ne actempter telles choses et que ceulx qui viendront, au contraire, soient pugniz sans aucun déport[1].

« Sexto, pour obvier aux frauldes, abbuz et larre-

1. La question monétaire et la nécessité d'une réforme ne semblent pas avoir beaucoup frappé les villes. Presque toutes se prononcent pour le *statu quo* et ne souhaitent que des réformes générales dans l'administration des monnaies.

cins, que notoirement se commectent en ce royaume pour la diversité des poix et mesures, a esté advisé qu'il seroit bon que en ce royaume, païs, terres et seigneuries du Roy n'y ait que ung poix et une mesure en toutes denrées et marchandises qui se débitent et distribuent, et, pour ce que Paris est la ville capitalle de ce royaume, seroit bon que le poix et mesure de Paris eust lieu par tout le royaume, païs, terres et seigneuries du Roy, et à ce nul ne scauroit causer intérest, sy n'est ceulx ausquelz sont deubz rentes et pensions, car en aulcun païs les mesures sont plus grandes que en l'autre, mais cella se rabillera facilement en réduisant le plus au moings et le moings au plus[1].

« Septimo, pour corriger le grand désordre et abbuz qui a cours le jourd'huy en ce royaume, païs, terres et seigneuries du Roy sur la sumptuosité des habitz et habillemens que plusieurs portent, jaçoyt que leurs estatz et biens ne le puissent comporter, dont plusieurs viennent à mendicité, les autres, pour l'entretenir, commectent larcins, faulcetez et plusieurs aultres meschancetez, a esté advisé qu'il seroit bon donner ordre sur le faict des habillemens et des fourreures et de la superfluité de l'argent dont ilz sont et réduire les choses en l'estat et sorte qu'estoient au temps de

---

1. Rouen et Bayonne sont favorables à ces propositions. La Provence et le Dauphiné y sont absolument opposés. Bordeaux admet l'unification, sauf pour les mesures de blé et de vin, « lesquelles seroient fort difficiles à confondre et unir, mesmement quant aux seigneurs divertz esqueulx est deue rente de bled et de vin. » (*Ibid.*, fol. 19 r°.) Ceux de Bourges admettent l'unification des mesures des draps et toiles. Limoges ne réclame, comme Bordeaux, qu'en faveur des mesures de blé et de vin, « qui doivent rester en l'estat qu'elles sont. »

Philippes le Bel et Philippes de Valois, le Roy Jehan et Charles le Quint.

« Et, pour ce que difficille chose seroit tout à une fois y mectre ordre, a esté advisé y commencer par quelque bout et peu à peu et de temps à temps, une chose après autre, on pourra réduire le tout pour le bien de la chose publicque au vray et condescent estat que chascun par le debvoir peult porter.

« Et, pour quelque commencement, le Roy a faict une ordonnance sur les draps d'or, d'argent, toille d'or et d'argent, damas, sattin, camelotz et taffetas brochez et brodez d'or ou d'argent, velours, satins et damas cramoisins, laquelle il veut et entend que soit inviolablement gardée et observée[1].

« Et oultre ce a esté advisé qu'il seroit utile et proffictable de prohiber et deffendre à toutes gens de quelque estat, qualité ou condition que soient, fors les princes et seigneurs du sang, de ne porter martes sebellines ne genettes noires sur peyne de confiscation d'icelles, car il a esté trouvé qu'il sort gros argent de ce royaume à cause desdictes martes et genettes noires.

« Aussy a esté advisé qu'il seroit bon de prohiber et deffendre à toutes gens de quelque estat, qualité et condition que soient, fors aux nobles, officiers de cours souveraines, domestiques de la maison du Roy et des princes du sang, de ne porter aucuns habictz de soye.

« Pareillement a esté advisé qu'il seroit bon de prohiber et deffendre de ne découpper les habillemens

---

1. Cette ordonnance est donnée dans le *Journal d'un Bourgeois de Paris*, p. 50 à 53.

ainsi qu'on les découppe, car icelle découppeure les adnichille de sortent qu'ilz ne servent plus de riens. Toutesfois, à ce l'on n'entend comprendre les princes, lesquelz se pourront habiller à leur plaisir et volunté.

« D'aultre part, plusieurs qui se veullent esgaller aux Rois, princes et grans seigneurs en leurs bastymens et couvertures de maisons font de grandes dorures en adnichillant totalement l'or, qui ne peult plus estre réduict à faire quelque service qui est le nerf de la chose publicque, sy, a esté advisé de prohiber telles dorures, fors aux princes et pour ornemens d'église[1].

« Octavo, sur le faict des hostelleries y a ung grand désordre et abbuz en ce royaume, païs, terres et seigneuries du Roy, qui procedde en partie de la grande avarice des hostes et en partie des passans et rapassans qui veullent avoir et demander trop plus de choses que ne leur sont requises et nécessaires selon leur estat.

« Si, a esté advisé qu'il seroit très utille et nécessaire y pourvoir et y donner quelque bon ordre, qu'est chose très difficile, car, selon la diversité des lieux et païs, le pris des denrées se change, et pour ce ne se pourra faire une loy générale.

« Mais, pour y donner, pour le présent, ordre et jusques à ce que meilleur expédient se pourra trouver, après avoir eu l'advis des baillifs et seneschaulx, chascun en son endroict, a esté advisé que chascun juge ordinaire sera tenu, une fois le mois, taxer la valleur du foing, avoyne, poulle, vin, poullaille, chair,

---

1. Sur ce septième chapitre, il n'y a aucune opposition de la part des villes.

bois, sellon et ensuyvant le pris que vault au marché et icelle taxe rédigera par escript et sera affigée au-devant de la porte de l'église, en lieu patent que chascun le puisse veoir et y avoir recours.

« Et seront tenuz les hostes tenir en leurs hostelleryes foing, avoyne et paille et mectre le foing par botteaux et scauront le nombre qui s'en doibt faire au quintal et les hostes qui viendront en leurs maisons prendront de leur foing, avoyne et paille ce qu'ilz vouldront seullement, qui leur sera compté au pris de la taxe faicte par le juge ordinaire et, pour l'actache et litière, payeront ung denier pour disner et pour couschée deux deniers, et, quant au demeurant de leur vivre, payeront ce que prendront au taux comme dessus.

« Et, touchant le feu, chambre, lict et belle chière, sera taxé sellon la diversité des lieux justement et esgallement par les juges ordinaires, appellez avec eulx les principaulx de la paroisse, lesquelz feront serment solemnel en leurs consciences de l'estimer et taxer justement, ayans regard à la valleur du bois, linge, chandelle et aussy aux aultres gains que l'hoste peult faire sur les aultres denrées; et, avant que conclure la taxe, feront avoir sur ce l'advis et confirmation des bailliz et seneschaulx royaulx, où ilz ressortissent, ausquelz le Roy enjoindra, sur le debvoir de leur serment, justement et esgallement besongner, de sorte que la raison soit gardée et à l'hoste et aux passans, et ne se payera aucune chose de belle chère pour la disnée, sy ce n'est la taxe du bois[1].

1. Les villes ne paraissent pas en général approuver ces

« Nono, quant au faict de l'argent qui vad à Romme pour l'expédition des bulles, qui procedde de l'ambition et cupidité de ceulx qui appettent des bénéfices plus que leur scavoir et estat ne portent et aussy des charges nouvelles que chascun jour le Pappe y mect et aussy sur le faict des banquiers, qui allicent et attirent les gens pour faire telles impétrations et sur icelles font de grans proffictz et font eux-mesmes les inventions pour extorquer argent, reste advisé qu'il sera très nécessaire que le Roy y pourvoye[1]. »

Fin desdictz chappitres.

Après que lesdictz depputtez des bonnes villes de ce royaume eurent par devers eulx lesdicts chappitres, ilz se assemblèrent par plusieurs fois en l'hostel de

réglementations. Preuve qu'alors, comme de nos jours, « l'hostelier » était chose intangible. Quelques-unes proposent, au lieu de la carte officielle et forcée — pour l'aubergiste — indiquée dans le projet d'ordonnance, l'établissement d'un prix fixe par jour : « Actendu que comme tous les jours on peut veoir quant les hostes content à pièces, ilz font la somme de despences beaucoup plus grande que en contant à journées, pourquoy seroit louable que les juges ordinaires des lieux de trois en trois mois deussent faire tauxations aux hostelleries de tant pour jour ou tant pour disner et tant pour la souppée et service commung et raisonnable, tel que les gens de bien de commung estat ont accoustumé se contenter, ayant regart aux vivres et au prix d'iceulx, donnant et laissant facultez aux hostes, quant ilz viendront aucuns grands seigneurs ou aultres qui veullent avoir les grands services, que de cella ilz se puissent faire payer raisonnablement. » (Réponse de ceux de Dauphiné, *ibid.*, fol. 31 v° et 32 r°.) — Ce principe fut admis dans l'ordonnance du 1er juin 1532 sur les hôtelleries. (Isambert, t. XII, p. 359-361.)

1. Avis favorable des villes.

la ville de Paris avec le prévost des marchans et eschevins de ladicte ville, pour adviser et consulter sur lesdictz chappitres. Toutesfois, ilz ne peurent s'accorder, car, au lieu de bailler leur advis sur iceulx chappitres, aucuns desdictz depputtez avoient apporté particulièrement ung grand cayer plein de doléances et plainctes des griefz qu'ilz disoient leur estre faictz en leurs villes et desquelz ilz requéroient premièrement provision leur estre donnée, les aultres, qui préféroient leur proffict particulier au bien universel de la chose publicque, ne voulurent bailler aulcun adviz sur lesdictz chappitres. Par quoy, quant on entendit ceste façon de faire et que en telles assemblées publicques, où y a gens qui sont sy affectez au particulier proffict, à la longue y pourroit avoir du dommage, fut advisé de rompre ceste assemblée, et pour ce faire fut remonstré ausdictz depputtez, par monsieur le Chancelier, que ès chappitres à eulx baillez y avoit plusieurs choses où estoit besoing et nécessaire y procedder par bonne et meure délibération et que ung chascun l'entendist bien, parce que on en voulloit faire une loy et constitution perpétuelle, et par ce le Roy avoit advisé que ausdictz depputtez particulièrement on bailleroit ung double desdictz chappitres et qu'ilz se retireroient en leurs villes et plaine assemblée de ville, appellée la plus grande et saine partie des habitans, où se feroit lecture desdictz chappitres, et, ce faict, adviseroient et délibéreroient si lesdictz chappitres estoient bons ou non, pour après renvoier devers le Roy et son conseil leur advis signé du greffier de leur ville, affin que ledict seigneur, leurs advis veuz, feist une bonne ordonnance, et que chascun se retirast en bonne paix en sa maison, et que le Roy avoit délibéré les mieulx traiter que nul de ses prédécesseurs n'avoit faict, et plusieurs aultres bonnes parolles leur furent dictes[1].

Par ce moien, lesdictz depputtez, assez contens, se retirèrent en leurs villes, et, quelque temps après, chascune ville, qui avoit envoié ses depputez, renvoya devers le Roy et son conseil son advis clos et scellé sur lesdictz chappitres qui avoient esté baillez particulièrement à iceulx depputtez, et, quant on apportoyt lesdictz advis sans les desclorre, on les mectoyt en ung grand sac de cuir, et depuis n'en fut parlé[2]. Ainsy se despartit ceste assemblée sans riens faire.

En ce temps, le Pape n'avoit encores confermé[3] le traicté faict à Chervaulx par le duc de Savoye et l'évesque de Tricarie, ses ambassadeurs, avec le Roy, au mois de septembre l'an M V^c et XV, mais avoit tousjours dissimulé tant par le trespas du magnificque Julian de Médicis, son frère, que pour quelques petites nouvelletez qu'il entendoit faire, car vouloit donner la duché d'Urbin à son nepveu, le magnificque Laurens de Médicis, et en priver Philippes-Marie, nepveu du feu pape Julles[4], qui la possédoit. Aussy voulloit

1. Voir p. 421, note 1.
2. Ce sont ces « avis » que nous avons retrouvés à la Bibl. nat., fonds Brienne, vol. 163, et dont des extraits ont été cités plus haut.
3. Barrillon doit vouloir dire exécuter, car le traité avait été approuvé par le pape à Viterbe le 13 octobre 1515. (Voir p. 179.)
4. François-Marie (et non Philippe-Marie) de la Rovère, duc d'Urbin.

priver Alphonse, duc de Ferrare, du duché de Ferrare, que on dict estre fief de l'Église, et, pour ce que ledict duc de Ferrare s'est mis soubz la protection du Roy, le Pape désiroit que ledict seigneur l'abandonnast et plusieurs fois en parla aux évesques de Lodève et de Sainct-Malo, ambassadeurs dudict seigneur par-devers luy, disant qu'il ne confermeroit le traicté faict à Chervalz si le Roy n'abandonnoit ledict duc de Ferrare. Toutesfois, à la fin, le Pape conferma ledict traicté de Charvalz. Semblablement, ledict seigneur de sa part le conferma, et ensuivant icelluy promist bailler secours des gens de cheval et de pied au Pape pour le recouvrement de la duché d'Urbin. Et, quant au duc de Ferrare, il demoura en l'estat qu'il estoit.

Durant ce temps, le concille de Latran, qui avoit esté convocqué par le feu pape Julles[1] et continué par le pape Léon, se dissolut. Toutesfois, avant sa dissolution, il conferma et approuva les concordatz faictz entre le Roy et le siège apostolique, et aussy revoca et adnulla la Pragmaticque Sanction. Durant icelluy concile, il n'y eut de grandes choses faictes, car il ne séoit tous les jours et la cause principalle pour laquelle avoit esté assemblé estoit pour casser et adnuller tout ce qui avoit esté faict par le concille de Pise, convocqué par l'empereur Maximilien et par le feu Roy Loïs XII, aussy pour du tout abroger la Pragmaticque Sanction. Il y eut durant ledict concille aucuns cher-

---

1. Il avait été ouvert le 3 mai 1512. — Sur les débuts du concile de Latran, voir Pastor, *Geschichte der Päpste*, t. III, p. 663-666.

chans novalitez qui ne sont de grand fruict, lesquelz misrent en termes de changer le nombre d'or et faire que en l'an il n'y auroit plus de festes mobilles, et Pasques seroient tousiours en ung mesme temps, et n'y auroit plus de bissexte, et pour ce faire furent envoyez les advis aux Universitez, esquelles y avoit des astrologiens. Toutesfois, à la fin, il n'y eut aucune conclusion, et cela demoura *pro derelicto*.

A la fin du mois d'avril, l'an MV^e et XVII, à Paris, l'évesque de Tricarie, nouvellement faict évesque de Bayeulx, ambassadeur du Pape, présenta au Roy deux livres signez et scellez en plomb; dedans l'ung estoit l'approbation des concordatz faicte par le concille de Latran, et dedans l'aultre estoit la révocation de la Pragmaticque Sanction et par icelle révocation estoient denuncez excommuniez tous ceulx qui au temps advenir useroient de la Pragmaticque, l'allégueroient en procès, l'auroient par-devers eulx et estoit commandé ledict évesque de Bayeulx, que le Roy feist publier en cours souveraines de son royaume lesdictz concordatz et la révocation de ladicte Pragmaticque Sanction.

Le Roy délibéra de faire publier lesdictz concordatz et, quant à la révocation de la Pragmaticque, ne voullust qu'elle fust publiée. Et, pour faire la publication desdictz concordatz, décerna ses lettres patentes, dedans lesquelles estoient insérez de mot à mot iceulx concordatz ainsi approuvez par le concille de Latran, et par icelles lectres patentes estoit mandé aux courtz de Parlemens de ce royaume faire lire, publier et enregistrer iceulx concordatz, lesquelles lectres furent portées à la court de Parlement à Paris[1], et, pour ce que le Roy entendit que ladicte cour faisoit quelzques difficultez sur iceulx concordatz, envoya devers icelle court monsieur le duc de Bourbon, connestable de France, monsieur le Chancelier et le sire d'Orval, gouverneur de Champaigne, pour exposer bien au long les causes qui avoient meu ledict seigneur de faire iceulx concordatz et comme l'affaire avoit esté conduict, et mandoit ledict seigneur à ladicte court que, le plus dilligemment que faire se pourroit, elle procedast à la lecture et publication d'iceulx concordatz.

Sur quoy la court supplia que on luy donnast temps pendant lequel elle peust bien et meurement veoir lesdictz concordatz et sur iceulx délibérer, ce qui fut octroyé.

Et fault notter que, environ deux mois auparavant et quant le Roy fut adverty par ses ambassadeurs estans à Romme que le concille de Latran avoit approuvé lesdictz concordatz, ledict seigneur fit assembler en la court de Parlement les prélatz, évesques et abbez estans pour lors à Paris, les recteurs et docteurs de l'Université de Paris, et le Roy, président en ladicte court, fit exposer bien au long par maistre Roger Barme, son advocat, qui avoit esté à Romme pour lever les bulles d'iceulx concordatz, la cause qui avoit meu ledict seigneur de les faire, la difficulté qui avoit esté à les faire passer et accorder par le Pape et le consis-

---

1. Voir le texte du concordat et des lettres patentes de François Ier, du 13 mai 1517, dans Isambert, t. XII, p. 75-97 et p. 114-118.

toire et plusieurs aultres choses qui furent dictes par ledict Barme[1].

Le x⁰ jour de may, l'an M V⁰ et XVII, la Royne Claude fut couronnée en l'église Monsieur-Sainct-Denis en France par le cardinal de Luxembourg et le douziesme jour dudict mois elle fit son entrée en la ville de Paris, qui fut fort triumphante.

En ce temps, le Roy donna l'office de premier président en la court de Parlement, qui estoit vaceant par le trespas de messire Mondot de la Marthonye, à M⁰ Jacques Olivier, tiers président, et donna à M⁰ Roger Barme, advocat dudict seigneur en icelle court, la charge dudict Olivier.

Ce mesmes temps, le Pape créa deux cardinaulx, assavoir messire Anthoine Bohier, archevesque de Bourges, à la requeste du Roy et de Madame, et l'évesque de Cambray, nepveu du sieur de Chièvres[2], à la requeste du Roy catholicque.

Après l'entrée de la Royne, le Roy séjourna à Paris

---

1. Barrillon doit viser ici la séance du Parlement, du 5 février 1517. Mais ses renseignements ne concordent pas avec ceux que nous trouvons dans le procès-verbal officiel. D'après les registres du Parlement, le 5 février 1517, le roi vint au Parlement, accompagné de Louis de Bourbon, prince de la Roche-sur-Yon, des seigneurs d'Orval, de Boisy, grand-maître de France, et de la Trémoïlle, de l'évêque de Lisieux et de messire Antoine Duprat, chancelier. Le chancelier lut le récit des conférences du roi et du saint-père sur la Pragmatique et déclara que les concordats devraient être enregistrés aussitôt vus. (Arch. nat., Parlement, X¹ᵃ 1519, fol. 53.) Barrillon a dû mêler les détails des deux séances du Parlement dont il fait mention.

2. Guillaume IV, cardinal de Croy.

sept ou huict jours et délibéra aller visiter les païs de Picardye et Normandie. Il partit de Paris le xix⁰ jour de may et y laissa monsieur le Chancelier[1], le bastard de Savoye et les quatre généraulx de France, pour visiter les comptes des principaulx officiers comptables de ce royaume affin de scavoir sy on pourroit trouver quelques restes.

De Paris, le Roy séjourna ung peu sur les champs, prenant son déduict à la chasse, et veint à Amyens, auquel lieu il trouva ung évesque et ung secrétaire du païs d'Escosse et des Estatz du païs, affin de supplier le Roy qu'il confermast les traictez faictz par ses prédécesseurs avec les Roys d'Escosse et quelzques aultres choses que demandoient lesdictz ambassadeurs, lesquelz furent oiz publicquement en la grand salle de l'hostel épiscopal où le Roy estoit logé.

Pareillement vindrent audict lieu d'Amyens devers le Roy Bernard Ashubitz[2], vice-chancellier du marquis de Brandebourg, Melchior Pisul, gouverneur de la cité et province de Troussen[3], et Joachin de Moltzain[4], gentilhomme allemant, ambassadeurs du marquis de Brandebourg, électeur de l'Empire, lesquelz exposèrent le bon voulloir que ledict marquis avoit d'avoir alliance et confédération avec ledict seigneur et de luy ayder de sa voix, le cas de la vaccation de

---

1. Le chancelier Duprat dut partir avec le roi ou très peu après lui, puisque nous allons le retrouver à Abbeville, chargé de négocier le traité avec les ambassadeurs du marquis de Brandebourg.

2. Le docteur Bernard Zedwitz.

3. Melchior Psul, bourgmestre de Crossen.

4. Joachim de Moltzan.

l'Empire advenant. Lesdictz ambassadeurs furent bien receuz et furent ouys à part sans qu'il y eust grande compaignye.

De Amyens, le Roy veint à Abbeville, où il séjourna deux jours, et de là veint à Monstereul. Audict Monstereul fut faict traicté d'amytié, alliance et confédération entre le Roy et les ambassadeurs du marquis de Brandebourg, ayans pouvoir spécial pour ce faire; par lequel traicté, entre aultres choses, le Roy promectoit donner en mariage au filz aisné dudict marquis de Brandebourg madame Renée de France, sœur de la Royne, avec quelque somme d'argent pour toute succession qu'elle pourroit prétendre luy estre advenue par le trespas de feu Roy Loïs XIIe et de la Royne Anne de Bretaigne, ses père et mère[1], moyenant lequel mariage ledict marquis de Brandebourg promectoit, la vaccation de l'Empire advenant, donner sa voix et procurer de tout son pouvoir que les aultres électeurs de l'Empire luy donneroient leur voix[2].

1. Traité conclu entre François Ier, représenté par Antoine Duprat et les députés du marquis de Brandebourg, électeur, contenant les articles du mariage du fils de l'électeur avec Renée de France, fille de Louis XII et d'Anne de Bretagne. Abbeville (et non Montreuil), 26 juin 1517. (Arch. nat., J. 995[a], n°s 5 et 5 *bis*.) — A la suite de ce traité, ou plutôt de ce projet de traité, Joachim de Moltzan fut réexpédié auprès du marquis de Brandebourg avec Jean de Sains, bailli de Senlis, afin d'obtenir de son maître la ratification de l'acte en question. (Cf. Instructions données à ces personnages. Boulogne, 2 juillet 1517. Arch. nat., J. 995[a], n° 9.) — Un traité définitif entre François Ier et le marquis de Brandebourg fut signé à Amboise le 21 décembre 1517. (Arch. nat., J. 995[a], n° 10 *bis*.)

2. Promesse faite au chancelier de France par les ambassa-

De Monstreul, le Roy alla voir la ville de Boullongne-sur-la-Mer et puis se retourna en ladicte ville de Monstreul. En ladicte ville trouva M⁰ Nicolas d'Origny et Jean de la Haye, conseilliers de la court de Parlement de Paris, envoiez de par ladicte court de Parlement pour remonstrer au Roy que le bastard de Savoye, qui estoit à Paris, voulloit estre présent en la court quant on consulteroit et délibéreroit sy on debvoit publyer les concordatz ou non, et pour ce que ledict bastard de Savoye n'estoit de la qualité de ceulx qui pouvoient entrer et seoir en ladicte court de Parlement, icelle court avoit envoyé lesdictz conseilliers pour scavoir sy ledict seigneur avoit ordonné que ledict bastard seroit présent quant on délibéreroyt de la publication d'iceulx concordatz[1]; ausquelz conseilliers le Roy feyt responce qu'il avoit ordonné

deurs du marquis électeur de Brandebourg, que, la vacance de l'empire survenant, ledit électeur donnera sa voix au roi, s'il voit que les autres électeurs soient disposés à faire de même. Abbeville, 27 juin 1517. (Arch. nat., J. 995ᵃ, orig.)

1. Pendant l'absence du roi, le Parlement avait continué à délibérer sur le concordat. Le 6 juin 1517, « Lelièvre, advocat, et Roiger, procureur général, ont récité à la court le contenu ès concordatz faictz entre le Pape et le Roy, qui leur ont esté baillez par ordonnance de la court, et en ont monstré les inconvéniens. » (Arch. nat., Xᵗᵃ 1519, fol. 163 v°.) — Le même jour, la cour commet trois conseillers et Nicole le Maistre, président aux enquêtes, « pour veoir et visiter les concordatz » et faire leur rapport. (*Ibid.*, fol. 164 v°.) — Le 15 juin, ceux-ci demandent qu'on leur adjoigne d'autres conseillers; on leur adjoint « Roger Barme, président, Nicole Dorigny, Jacques Mesnager et Jean de Selve, conseillers, ensemble les quatre présidens des enquestes. » (*Ibid.*, fol. 169 v°.) — Enfin, le 26 juin, le bâtard de Savoie s'était présenté au Parlement; la cour l'avait prié de se retirer et

et mandé expressément audict bastard de Savoye qu'il assistast quand on délibéreroit sur lesdictz concordatz, et cela procédoit de son ordonnance. Oultre dist ausdictz conseilliers que son voulloir estoit que la court de Parlement mist fin audict affaire et procédast à la publication d'iceulx concordatz[1].

En ce temps, le Roy catholicque, qui estoit au païs de Flandres, se meist sur mer pour aller en Espaigne prendre possession des royaulmes esquelz il avoit succédé par le trespas du Roy domp Ferand. Il eut bon vent et ne demoura guères à faire ledict voiaige.

A la fin du mois de juing, le Roy partit de Monstreul et veint à Abbeville. Audict lieu d'Abbeville, vindrent devers ledict seigneur messire Jehan Sauvage, chancelier de Flandres, le vi-chancelier d'Ar-

avait arrêté d'envoyer au roi pour ce fait maître Jean de la Haye, président des requêtes du palais, et Nicole Dorigny, conseiller. (*Ibid.*, fol. 204, et les instructions données par la cour à La Haye et à Dorigny, fol. 204-205.)

1. Le 11 juillet, Jean de la Haye et Dorigny rendent compte par la bouche de La Haye de leur mission auprès du roi. Ils avaient obtenu audience « en ung village appelé Noinpont, à deux lieues de Monstreul-sur-la-Mer. » Le roi « leur avoit respondu qu'il excusoit la court du retard apporté à la vérification des concordatz, quoiqu'il sust bien qu'il y avoit des fols en leur compaignie; et au surplus leur avoit dict que en sadicte court y avoit aucuns gens de bien, mais aussy qu'il y en avoit d'aultres qui n'estoient que fols et qu'il savoit bien qu'il y avoit une bande de fols et qu'il les congnoissoit bien. » (*Ibid.*, fol. 206 r°.) — Ce même 11 juillet, le bâtard de Savoie était admis à la séance. Mais le 13, la cour déclarait qu'elle ne pouvait ni ne devait faire publier le concordat si l'église gallicane n'était pas assemblée. Le bâtard fut chargé de faire au roi rapport de la délibération. (*Ibid.*, fol. 207.)

ragon, le prévost d'Utrect[1] et aultres ambassadeurs du Roy catholicque, et avec eulx estoit messire Jacques Felinguer[2], grand trésorier de l'Empereur, pour recevoir le serment du Roy sur l'entretenement du dernier traicté qui avoit esté faict à Cambray et aussy pour quelques aultres affaires. Et ledict Felinguer venoit pour recevoir l'argent qui avoit esté promis bailler audict Empereur par le traité de Bruxelles pour la reddition de la ville de Véronne. Lesdictz ambassadeurs furent bien receuz et feyt le Roy le serment d'observer et entretenir ledict traicté de Cambray et fut parlé ausdictz ambassadeurs du Roy catholicque de quelzques gentilzhommes néapolitains, qui avoient suivy le party du Roy, affin qu'ilz fussent restituez en leurs biens, actendu la bonne amytié, alliance et confédération qu'estoit entre le Roy et ledict Roy catholicque. Toutesfois ne fut prinse grande résolution à l'affaire d'iceulx gentilzhommes néapolitains. Je ne scay que fut faict sur l'argent que ledict Felinguer, trésorier de l'empereur, demandoit, mais lesdictz ambassadeurs, après avoir esté fort festoyez, prinrent congié pour passer parmy le royaume de France et aller par terre en Espaigne après le Roy catholicque leur maistre. Et demoura ambassadeur devers le Roy ledict prévost d'Utrec, Me Philbert, naturel abbé d'Esnay[3].

1. Philibert Naturelli, de la famille des seigneurs de la Plaine, de Bourgogne, prévôt de l'église d'Utrecht, avait été en 1484 nommé membre du conseil privé des Pays-Bas. Depuis, il fut mêlé à de nombreuses négociations. Il mourut en 1529.
2. Jacques de Villinger, seigneur de Sainte-Croix, trésorier général de l'empereur.
3. Abbé de Saint-Martin-d'Ainay, à Lyon.

Semblablement veint audict lieu d'Abbeville le sire de Lautrec, lieutenant général du Roy à Milan, et plusieurs gentilzhommes italliens avec luy et pendant son absence, le sire Jehan-Jacques de Trévolse, mareschal de France, demoura lieutenant du Roy.

En ce temps le Pape commencea la guerre d'Urbin pour chasser Philippes-Marie, nepveu du feu Pape Julles, qui possédoyt ladicte duché, et le Roy luy envoya pour secours messire Thomas de Foix, seigneur de Lescun, avec quelque nombre de gens d'armes à cheval et trois mil hommes de pied soubz la charge du seigneur de Chissey.

Durant ladicte guerre d'Urbin, le Pape créa trente ung cardinaulx de diverses nations et la pluspart baillèrent argent pour avoir le chappeau et disoit le Pape que ledict argent estoit pour subvenir aux grans fraiz qu'il falloit faire pour la guerre d'Urbin.

Pendant icelle guerre d'Urbin, les cardinaulx de Sene[1] et de Sainct-Georges[2] feisrent, ainsy que l'on dict, quelzques conspirations à l'encontre du Pape, lequel, de ce adverty, les feyt prendre et mectre en diverses prisons et commencea à procéder très rigoureusement à l'encontre d'iceulx. Toutesfoys, à la requeste du Roy et d'aultres princes chrestiens, le Pape se mitigua ung peu et les feyt délivrer. Néantmoings furent condampnez en grosses sommes d'argent et les aulcungs privez du chappeau.

La guerre d'Urbin dura assez longuement, car Philippes-Marie estoit favorisé et soustenu d'aucuns potentatz d'Itallye. A la fin se traicta appoinctement

1. Alfonso Petrucci, cardinal de Sienne.
2. Riario Rafaële, cardinal de Saint-Georges.

par lequel ledict Philippes-Marie quicta la duché d'Urbin, laquelle duché le Pape donna au magnifique Laurent de Médicis, son nepveu, et le feyt gonfallonnier de l'Église.

Après que le Roy eut séjourné dix ou douze jours à Abbeville, il partit et vint à Dieppe.

Audict lieu arriva le duc d'Albanye, accompaigné d'aucuns ambassadeurs d'Escosse, aultres que ceulx qui estoient venuz à Amyens, et venoyt pour confermer les anciens traictez faictz entre les roys de France et d'Escosse ou pour en faire de nouveaulx.

Aussy y arriva ung prothonotaire du Pape, lequel apporta au Roy une espée que le Pape luy envoyoyt et sy apporta le chappeau à l'archevesque de Bourges, qui avoit esté créé cardinal.

Le Roy ne voulut confermer le traicté faict par ses prédécesseurs avec les Roys d'Escosse, mais commist le duc d'Alençon pour faire nouveau traicté avec le duc d'Albanye[1] et furent assemblez plusieurs fois pour cest affaire ; à la fin s'accordèrent et firent ung traicté à Rouen, ou le Roy alla depuis, qui fut appellé le traicté de Rouen, duquel on ne feyt pas grand mention[2]. Toutesfois cela contenta ung des ambassadeurs d'Escosse.

Le Roy, après avoir séjourné cinq jours à Dieppe,

1. Pouvoir donné par le roi à Charles, duc d'Alençon, pour traiter en son nom avec Jacques V, roi d'Écosse. Rouen, 15 août 1517. (Arch. nat., J. 678, n° 36, orig.)

2. Traité conclu par Charles, duc d'Alençon, au nom de François Ier avec Jacques V. Rouen, 26 août 1517. On trouve le texte de ce traité dans Teulet, *Relations de la France avec l'Écosse*, t. I, p. 4 à 8. L'original est aux Arch. nat., J. 678, n° 36.

partit et veint à Rouen et y fit son entrée le second jour d'aoust M V° XVII et le lendemain la Royne y feit aussy son entrée[1].

En ce temps, le Roy envoya en Angleterre messire Estienne de Poncher, évesque de Paris, et le s^r de la Guische pour composer et pacifier quelzques différendz qui estoient entre aucuns subjectz du Roy et du Roy d'Angleterre à raison de quelzques déprédations faictes sur mer durant la guerre sur les subjectz d'une part et d'aultre. Lesdictz ambassadeurs feisrent quelzques pacifications et après retournèrent en France.

Après que le Roy eut séjourné à Rouen environ trois sepmaines, pour se oster de la presse de la court, il alla en ung chasteau appellé Mauny[2], appartenant au grand séneschal de Normandye, et prenoit chascun jour son déduict à la chasse. Il laissa à Rouen monsieur le duc d'Alençon, gouverneur de Normandie, et monsieur le Chancelier, pour estre à la convention des Estatz du païs de Normandie qui estoit termée à tenir le XXIIIIe jour d'aoust.

Advenant ledict jour, Monsieur le duc d'Alençon, président ausdictz Estatz, monsieur le Chancelier feit la proposition en la forme qui s'ensuit :

« Messieurs, nous lisons en l'Escripture saincte que notre sauveur et rédempteur Jésus, lequel, de nostre petit pouvoir, devons tascher sur toutes choses de imiter, avoit la paix en singulière amour et recom-

---

1. Le roi vint au Parlement le 11 août. (Floquet, *Hist. du parlement de Normandie*, t. I, p. 451.)

2. Mauny, dép. de la Seine-Inférieure, arr. de Rouen, cant. de Duclair.

mandation, de sorte qu'il disoit : *In quamcumque domum introieritis, dicite primo : Pax huic domui.* Et après sa glorieuse résurrection, quant apparoissoit à ses appostres, leur disoit : *Pax vobis;* et, avant que monster aux cieulx, par son testament ne laissa ausdictz appostres aultre chose que paix, en disant : *Pacem meam, pacem meam relinquo vobis.*

« Et ainsi que le sang au corps humain est le siège de l'âme, sans lequel l'âme ne scauroit estre unye ne joincte avec luy, aussy paix est le siège de justice, royne et princesse des vertuz et sans laquelle la société et compaignye des humains ne pourroit avoir longuement durée ne subsister; si ne fut dict sans bonne raison : *Justitia et pax osculatae sunt.*

« Salomon fut riche et enrichit son peuple, pour ce qu'il fut aucteur de paix. Le temple de Janus fut fermé à Romme du temps de Numa Pompilius et deux fois du temps de Octovian pour ce qu'ilz furent aucteurs de paix, par laquelle enrichirent le peuple. Et sans vaguer par les estrangiers, Charles le Quint et Charles VIIe, après que par la force eurent chassé du royaume leurs ennemys, furent aucteurs de paix soubz lesquelz le peuple fut riche.

« Saluste dict : *Concordia parvae res crescunt, maximae dilabuntur.* Par paix, guerre, nourrice de tous maulx, tribulations, pouvreté, péchez et inconvéniens, est chassée et bannye.

« Et disoit Hannibal à Scipion : *Melior tutiorque est certa pax quam sperata victoria,* d'aultant qu'il n'y a riens plus incertain que l'événement de la guerre.

« Esquelles choses ayant regard et considération, le Roy, nostre souverain et naturel seigneur, voiant que, au temps du décès de feu de bonne mémoire le Roy Loïs XII°, que Dieu absolve, tous les princes chrestiens estoient ennemys de la couronne de France, comme le Pape, Empereur, Roy catholicque, les seigneurs des Ligues et que la confédération faicte avec les Anglois ne debvoit durer que ung an après icelluy décès, dès l'heure que, pour la clémence et grâce divine, parvint à la couronne de France, se esvertua par tous les moiens, que possible luy fut excogiter, d'avoir paix et amytié avec eulx, ce que ne peut obtenir. A ceste cause se délibéra l'avoir par la force, meu par bonne raison, car luy falloit entretenir gros nombre de gens d'armes, tant de cheval que de pied, pour n'estre surprins de ses ennemys, qui estoit une grosse foulle au peuple et consumption des finances du Roy. A ceste cause, pour exploicter iceulx gens d'armes et pour oster la guerre de son royaume et la mectre aillieurs à l'exemple de Scipion Affrican, lequel, pour divertir la guerre que Hannibal faisoit à Romme, alla faire la guerre à Cartaige, et en ensuyvant le conseil d'icelluy Scipion qui disoit que ceulx qui vont assaillir et faire la guerre à aultruy ont trop plus de cœur que ceulx qui actendent à eulx mectre en armes jusques à ce que on les vienne prepoulser en leurs païs, laquelle guerre, par le Roy commencée aux fins que dessus, estoit licite, juste et permise, *quia bellum pacis gratia suscipiendum est*, et si estoit nécessaire non voluntaire, comme plusieurs, non s'entendans en lesdictz affaires, ont voulu garruler, car se faisoit pour la conservation et deffense du royaume pour divertir la guerre d'icelluy et avoir paix.

« Et pour conduire icelle guerre, car les passages estoient occuppez, conduisit l'armée nostre Roy par montaignes et rocqz innaccessibles si cautemment et prudemment et quasi miraculeusement que la plus part estoit en la plaine avant que les ennemys qui occupoient les passages s'en advisassent. Et depuis, en la bataille qui fut livrée au Roy l'affaire fut conduict par telle dextérité qu'il obtint victoire. Le Roy n'y envoya, comme font plusieurs aultres, ains y estoit en personne, là où faisoit office d'Empereur par la majesté qui estoyt en luy, qui consoloit toute l'armée ; office de cappitaine par la grande conduite et admonestement qu'il faisoit à son armée, à cause de quoy prenoient hardiesse en eulx ; faisoit office de gendarme, d'aultant que frappoit des premiers, qui impelloit ung chascun à se mectre à son debvoir et exécution.

« Nous lisons de plusieurs victoires obtenues par plusieurs et divers princes, mais, à bien comprendre et considérer, ceste cy se peult dire insigne sur toutes les aultres, *tum* en regard aux gens qu'il vainquit et à qui il avoit affaire, qui estoient : l'armée du Pape, du Roy d'Espaigne, des Milannois, des Suisses, gens fortz et belliqueux non vaincuz en sy gros nombre qu'ilz estoient de trente-cinq à trente-six mil de puis Julles César ; *tum* car vindrent par surprinse et pendant le temps qu'ilz avoient conclud et traité paix avec le Roy et que l'armée d'icelluy seigneur estoit dispersée en plusieurs et divers lieux ; *tum* pour le long temps qu'elle dura, qui fut depuis trois heures après midi jusques au lendemain midy, qui sont vingt heures demouré à cheval, armé, faisant armes; *tum* pour la grande challeur, pouldre excessive, pays fort et fossoyé; *tum* pour la grande perte d'hommes qui demourèrent sur les champs des ennemys et de petite perte des nostres.

« De laquelle victoire s'en est ensuyvie la conqueste de la duché de Milan, le recouvrement de l'honneur des François, qui estoit merveilleusement foullé pour la fortune advenue à Novarre et à Thérouenne.

« D'aultre part, icelle victoire a engendré la paix et faict de nos ennemys amys et par ainsy la paix, qu'il avoit quise et n'avoit peu obtenir par voie amyable, l'a eue et obtenue moyennant la force et victoire qu'il a pleu à Dieu luy donner.

« Or, Messieurs, vous pouvez assez penser que si grandes et si grosses choses, ne ung si grand bien qui en est advenu ne s'est peu conduire sans grande somme de deniers et finance et trop plus grande que le Roy n'a prins ne levé de son royaume. Je crois qu'estes assez informez et advertiz que au trespas du feu Roy, pour la grosse despense qui luy avoit convenu supporter pour la tuition et deffense du royaume, les finances estoient en arrière de douze cens mille francz. Puis, luy convint faire une grosse despense pour son sacre de Reims, pour l'obsèque du feu Roy, pour son entrée à Paris, pour le renvoy de la Royne Marie et ce qu'on luy avoit promis pour la remmener en Angleterre, pour dons, deffraictz et sallaires d'ambassadeurs qui de ce temps vindrent par devers luy et qu'il envoya par toute la chrestienté, et de sorte que, quant luy convint commancer la guerre, ses finances estoient en arrière de deux millions cinq cens mille francz, et néantmoingz, pour commencer une telle entreprinse, il luy falloit du moings M V^c mil livres, pour lesquelles recouvrer, pour ne charger trop son peuple, il feyt fondre sa vaisselle d'or, emprunta de grosses sommes de deniers de ses principaulx serviteurs, les villes franches de son royaume luy firent quelques dons. Marc-Anthoine, qui est cellui qui succéda à Anthoine Pie, pour ce qu'il feit fondre sa vaisselle d'or pour subvenir à ses guerres et soullager le peuple, fut en telle estimation et amour envers le peuple que jamais ne leur demanda aucune chose que libérallement octroyassent, scachans qu'il ne leur demanderoit si nécessité et bien de la chose publicque n'y estoient. Et avec ce, le Roy n'a voulu demander une chascune année ce qui luy estoit nécessaire pour subvenir aux affaires de l'année, pour craincte et doubte que le peuple ne feust trop chargé et aymoit beaucoup mieulx le distribuer par année, et, pour actendre l'heure et opportunité, prendre l'argent à intérest, vendre et engager son domaine. Et si a plus faict, car des gaiges et pensions des seigneurs et ses officiers de deux années il en a faict une, et si a cassé grand nombre de gens d'armes pour soullager ses finances et restrainct l'estat de sa maison et de la Royne et oultre a faict vacquer par plusieurs jours au faict de ses finances pour veoir s'il trouveroit aucuns deniers bons pour soullager ses finances.

« Et après, le tout calculé, pour oster le passé de ses finances et satisfaire aux grans deniers qu'il doibt et mesmement à la somme de xie m livres qu'il luy a convenu bailler tant à l'Empereur que Suisses pour avoir paix et amytié avec eulx, qu'est trop moings que n'eust cousté la guerre, s'il eust fallu tenir contre eulx, sans compter les dangiers et inconvéniens qui en eussent peu advenir, et d'aultre part combien qu'il eust faict son compte que les fraictz extraordinaires de la guerre ne durassent que jusques à la fin du mois d'avril lors ensuivant, ce néantmoings, la guerre a duré jusques en octobre dernier passé où a convenu frayer sept ou huict cens mille francz plus que on ne pensoit.

« Fault deux millions neuf cens mille francz, payables, c'est assavoir : les cinq cens mille francz le quinziesme jour de septembre prochainement venant et les deux millions quatre cens mille francz les premiers jours de janvier et de mars et le tiers restant les premiers jours de juing et septembre ensuivant; desquelz cinq cens mille francz, comprins les fraictz accoustumez, la part du duché de Normandye, élection d'Alençon, comté du Perche, baillage de Chaumont, l'accroissement de Maigni comprins Ponthoise, hors les rabaiz faictz pour la recherche, se monte six vingt trois mil six livres, sept solz, huict deniers obole et la part desdictz païs et élection, comté, baillage et accroissance, hors les rabaiz et comprins les fraiz ordinaires, soulde du prévost, des mareschaulx et ses archers, et les trente mille francz pour le Havre-de-Grâce, pour ladicte somme de deux millions quatre cens mille francz se monte la somme de six cent vingt sept mil quatre cens cinquante-six livres tournois qu'est la moindre somme, actendu l'affaire, que le Roy vous scauroit demander.

« Ledict seigneur nous a commis pour vous exposer ses affaires et demander icelle somme. Vous considérerez les affaires quelz ilz sont et que l'argent qu'il vous demande c'est pour subvenir aux fraictz que luy a convenu faire pour avoir paix. »

Le XXVIe jour d'aoust mil cinq cens dix-sept fut faict la response par Me Arthus Fillon, docteur en théologie, chanoyne de l'église métropolitaine de Rouen, député par les déléguez des trois estatz, par laquelle responce fut accordé au Roy tout ce qu'il demandoit.

De Mauny, le Roy veint au Pont-de-l'Arche, et du Pont-de-l'Arche à Évreux, où il feit son entrée et y séjourna quatre jours. Audict lieu veint devers ledict seigneur messire Jehan Staphillée, évesque de Sibinicense, en Esclavonye, que le Pape envoyoit pour demourer son ambassadeur devers icelluy seigneur. L'évesque de Bayeulx fut révocqué.

D'Évreux, le Roy veint à Lisieux et de Lisieux veint à Argenthen, qui est des terres de monsieur le duc d'Alençon, où il feit son entrée et y fut très honnorablement receu, et y séjourna environ quinze jours. Et audict lieu furent dépeschées instructions à messire Thomas de Foix, seigneur de Lescun, pour aller devers le Pape pour aucuns affaires, et entre aultres pour le supplier d'octroyer une seconde décime au Roy, ce qui fut depuis accordé.

En ce temps y eut ung traicté faict entre le Roy

et la seigneurie de Venise, duquel la teneur ensuict[1].

Pendant ce temps, madame Susane de Bourbon, femme de monsieur le duc de Bourbon, connestable de France, accoucha d'ung filz au chasteau de Moulins, et ledict seigneur de Bourbon envoia prier le Roy de venir tenir l'enfant sur fons, ce qu'il accorda, et partit d'Argenthen pour aller audict Moulins environ le xve octobre. Le lendemain du partement dudict seigneur, la Royne et Madame partirent et vindrent à Sées et de Sées à la Ferté-Bernard, où séjournèrent, actendant le retour du Roy.

Ledict seigneur arriva à Moulins et tint sur fons l'enfant dudict s^r de Bourbon, et fut nommé François, et pour tiltre luy fut donné la comté de Clermont en Beauvoisis. Toutesfois, il trespassa quatre ou cinq mois après, dont tous ceulx de la maison de Bourbon furent très desplaisans.

Le Roy feit la feste de Toussainctz à Moulins, et le tiers jour de novembre partit et veint à la Ferté-Bernard, où la Royne et Madame estoyent. De la Ferté-Bernard veint à Blois et de Blois veint au Plessis-lez-Tours, où madame Loïse et madame Charlotte, fille dudict seigneur, estoient, et séjourna dix ou douze jours audict lieu du Plessis, et, pour ce que la Royne estoit fort ensaincte et avoit esté conclud qu'elle accoucheroit à Amboise, le Roy, la Royne, Madame, les deux filles dudict seigneur et généralment toute la court partirent dudict lieu du Plessis et arrivèrent

---

1. Nous ne reproduisons pas ici ce traité, dont le texte est dans Du Mont, t. IV, part. i, p. 263. Il est du 8 octobre 1517.

à Amboise le dixiesme jour de décembre l'an mil cinq cens dix-sept.

En ce temps, le Pape envoia ung bref au Roy, duquel la teneur ensuit[1].

Après avoir veu lesdictz chappitres, le Roy escrivit au Pape en la forme que s'ensuit[2].

Quelque temps après, le collège des cardinaulx escript au Roy en la forme qui s'ensuyt[3].

Aussy fut apporté au Roy ung advis faict par l'Empereur et son conseil, duquel la teneur ensuyt[4].

De toutes ces consultations de faire la guerre au Turc n'est sorty aucun effect. Par qui il a tenu? *Nescio : Deus scit. Miser est papa, imperator, rex, vel princeps apud quem... Verba reticentur.*

Le Roy, adverty que la court de Parlement n'avoit procédé à la publication des concordatz, manda à

1. Ce bref est suivi d'un long mémoire sur la guerre contre les Turcs. Charrière donne le texte de l'un et de l'autre dans ses *Négociations de la France dans le Levant*, t. I, p. 29-41.

2. La lettre de François Ier règle tout un plan de campagne contre les Turcs. Le roi parle même « de la distribution des terres que, avecques l'ayde de Dieu, on pourra gaigner sur le Turc. » (Charrière, t. I, p. 41-46.)

3. Cette lettre des cardinaux est une lettre-circulaire qui fut envoyée simultanément à François Ier et à Henry VIII, peut-être à d'autres souverains. Les cardinaux y approuvent les plans de croisade du pape et pressent les souverains de les exécuter. Rymer a donné le texte de la lettre adressée à Henry VIII, qui est identiquement semblable à celle que reçut François Ier. (Rymer, *Foedera*, t. VI, part. I, p. 139.) Cet acte est daté du 8 janvier 1518.

4. « Consultatio Cesareae Majestatis consiliariorum super expeditione contra Turcas. » (Charrière, *op. cit.*, t. I, p. 49-63.)

icelle court qu'elle envoyast devers luy aucuns conseilliers de ladicte court pour dire audict seigneur les raisons qui mouvoient icelle court à différer de publier iceulx concordatz.

Durant le temps que le Roy séjournoit à Amboise, il ordonna que on tiendroit le conseil estroict au logis de monsieur d'Alençon, qui assisteroit chascun jour, et audict conseil fut vuydé ung différend que ceux de la Chambre des comptes à Paris avoient contre la court de Parlement touchant les appellations que on maintenoit pouvoir estre interjectées de la Chambre des comptes en la court de Parlement. Il fut dict que en certains cas, déclarez en l'arrest donné par le Roy sur ledict différend, on pourroit appeller de la Chambre des comptes en la court de Parlement.

Audict lieu d'Amboise, peu de temps après la feste des Roys, le seigneur de Chisscy[1], gentilhomme de la chambre du Roy, nouvellement retourné de la guerre d'Urbin avec le sire de Lescun, fut tué à la porte du chasteau par le seigneur de Pomperant[2], gentilhomme de la maison de monsieur le Connestable, et ledict Pomperant, en se enfuyant en franchise aux Cordeliers d'Amboyse, fut griefvement navré par les seigneurs de Lorges[3] et Boucal[4]. Toutesfois, il

---

1. « Le seigneur de Chissay... estoit fort aymé du Roi et estoit des gallans de la court; ce fut lui que M. de Lautrec envoya au Pape Léon avec quelques gens pour conquester la duché d'Urbin. » (Brantôme, éd. Lalanne, t. I, p. 256.)

2. M. de Pomperant était un des principaux amis et familiers du connétable. Il le suivit dans sa retraite, et c'est à lui que François Ier se rendit à la bataille de Pavie.

3. François de Mongommery, seigneur de Lorges.

4. Charles du Refuge, dit Boucal.

gaigna la franchise, et, pour ceste cause, messire Jehan d'Oillac, prévost de l'hostel, fut désapoincté de son office. Qui en eust faict une vertueuse justice en eust faict prendre Chissey mort, Pomperant fort navré, Lorges et Boucal, qui de leur volunté indeue avoient ainsi navré ledict Pomperant[1].

Fin de la tierce année.

1. Brantôme raconte ces événements dans la notice sur le connétable de Bourbon. (Brantôme, *Œuvres*, t. 1, p. 256. Voir à la note 1 de cette page le rondeau composé par Marot à cette occasion.)

TABLE DES MATIÈRES

CHAPITRE Ier.

JANVIER 1515-MARS 1516.

Avènement de François Ier (1er janvier 1515), page 1. — Il fait préparer les obsèques de Louis XII, p. 2. — Il informe ses ambassadeurs en Angleterre de la mort de son beau-père (2 janvier), p. 3. — Il confirme un grand nombre d'officiers dans leurs pouvoirs et en crée de nouveaux (janvier), p. 4 à 7. — Il confirme le Parlement de Paris en ses prérogatives (*id.*), p. 7. — Serment d'Antoine Duprat, nouveau chancelier (7 janvier), p. 7 et 8. — Nomination de nouveaux gouverneurs pour la Normandie, le Languedoc, la Guyenne, la Provence et confirmation des gouverneurs des autres provinces (janvier), p. 9. — Confirmation des privilèges de l'Échiquier de Normandie (*id.*), p. 10 et 11. — Nomination de premiers présidents aux parlements de Paris et de Bordeaux et à l'Échiquier de Normandie (*id.*), p. 11. — Création d'offices d'enquêteurs des bailliages et prévôtés et de contrôleurs des deniers communs (février), p. 12. — La reine Marie, veuve de Louis XII, à l'hôtel de Cluny, p. 12-13. — Confirmation des cours souveraines du royaume (janvier), p. 13-14. — Obsèques de Louis XII (10 janvier), p. 14. — Le duc de Bourbon prête le serment de connétable de France (*id.*), p. 15. — Dons du roi à Louise de Savoie, à divers princes du sang et à la reine Marie (février), p. 16 et 17. — Entrée de François Ier à Reims, son sacre (24-25 janvier), p. 17. — Ambassade de Georges, duc de Saxe, à la cour de France (26 janvier), p. 18-22. — Départ du roi de Reims

(27 janvier), p. 23. — Ambassade du roi d'Angleterre (2 février), p. 23-24. — Ambassade de Charles d'Autriche (4 février), p. 25-29. — Le roi donne à l'Échiquier de Normandie le titre de Parlement (6 février), p. 29-31. — Entrée du roi à Paris (15 février), p. 32. — Jubilé accordé par le pape Léon X (février), *ibid.* — Négociations d'alliance avec l'archiduc Charles (*id.*), p. 32-34. — Règlements de comptes avec la reine Marie (*id.*), p. 34. — Envoi de M. de Montmor à Rome au sujet de la *Pragmatique Sanction* (*id.*), p. 35. — Envoi de M. de Lanssac en Suisse pour négocier une alliance avec les Ligues (*id.*), p. 35-36. — Voyage de Jean III, roi de Navarre, à Paris (mars), p. 36-37. — Ambassades envoyées par l'empereur Maximilien et les Vénitiens à la cour de France (*id.*), p. 37-38. — Harangue d'un docteur de l'Université au roi et réponse du chancelier Antoine Duprat (*id.*), p. 38-54. — Ambassade écossaise à Paris (*id.*), p. 54. — Mariage de la reine Marie avec le duc de Suffolk (31 mars), p. 54-55. — Traité de Paris entre le roi et l'archiduc Charles (24 mars), p. 55. — Traité entre le roi et Henry VIII (5 avril), p. 56. — Sainte-Ligue entre l'empereur, le roi d'Espagne, le pape et les Suisses contre le roi (1515), p. 57-58. — Projets du roi de conquérir le duché de Milan, p. 58. — Ses préparatifs, p. 59. — Il quitte Paris (24 avril), p. 60. — Nouvelle ambassade de M. de Lanssac en Suisse (mai), p. 61. — Négociations avec Gênes et le duc de Gueldres (*id.*), p. 61-62. — Envoi par François Ier de divers ambassadeurs à Charles d'Autriche, au roi d'Angleterre, à l'Empereur (juillet), p. 63. — Départ du roi pour l'Italie; son entrée à Lyon (12 juillet), p. 64. — Son séjour dans cette ville, p. 65. — Il se prépare au passage des Alpes, p. 66-68. — Dénombrement de l'armée et noms de plusieurs des gentilshommes qui accompagnèrent le roi, p. 67-77. — Mise en route de l'armée (13 août), p. 78. — Prise de Prospero Colonna (14 août), p. 79-80. — Passage des Alpes, p. 80-84. — Mission du bâtard de Savoie à Verseil pour négocier avec les Suisses (fin d'août), p. 87-90. — Prise de Novarre, Pavie, Trecate, Vigevano (septembre), p. 91-92. — Nouvelle mission du bâtard de Savoie, accompagné du maréchal de Lautrec, auprès des Suisses à Galla-

rate (*id.*), p. 93. — « Demande des ambassadeurs des Ligues pour faire un traité avec le Roi » (*id.*), p. 94-99. — Arrivée du maréchal Trivulze devant Milan, p. 100-101. — L'armée campe à Abbiategrasso (8 septembre), p. 101. — Démonstrations hostiles de Raimond de Cardona, vice-roi de Naples, p. 101-102. — Traité de Gallarate entre le roi et les Suisses (*id.*), p. 102-108. — Arrivée du roi à Marignan, p. 109. — Il y reçoit un envoyé du pape, p. 110-111. — Duplicité des Suisses; manœuvres du cardinal de Sion, p. 111-112. — Le roi vient camper à Santa-Brigida (12 sept.), p. 112. — Les Suisses délibèrent pour savoir s'ils accepteront ou non le traité de Gallarate, p. 113. — Discours du cardinal de Sion aux Suisses à Milan, p. 113-115. — Les Suisses sortent de Milan pour aller attaquer l'armée française, p. 115-116. — Discours de François Ier à ses troupes, p. 117-119. — Bataille de Santa-Brigida (13-14 septembre), p. 119-126. — Henry VIII apprend la victoire du roi, p. 126. — François Ier après la bataille, p. 127-128. — Délibération pour savoir si l'on doit ou non poursuivre les Suisses, p. 128-136. — Le roi reçoit une députation de Milan et un ambassadeur du pape, p. 137-138. — Bref du pape à François Ier (28 septembre), p. 139-140; du pape au chancelier Duprat (30 septembre), p. 140-141. — Le Concile de Latran et la *Pragmatique Sanction*, p. 141-142. — Ambassadeurs envoyés par François Ier à Venise, p. 142. — Ambassadeur envoyé par François Ier aux cantons de Berne, Fribourg et Soleure; instructions à lui remises, p. 142-146. — Siège et reddition de Milan; soumission de Maximilien Sforze (4 oct.), p. 146-147. — Instructions données à Pierre de la Guiche et Antoine de Viste, ambassadeurs de France auprès des cantons suisses (octobre), p. 148-159. — Ambassade de Gênes auprès du roi, p. 160. — Le pape propose au roi une entrevue à Bologne, p. 160-161. — Le bâtard de Savoie va assiéger Brescia avec l'armée vénitienne, p. 161. — Séjour du roi à Vigevano et à Milan, p. 161-163. — Il apprend la conclusion du traité de Genève entre la France et huit des cantons suisses (7 décembre), p. 164. — Arrivée d'un ambassadeur de l'empereur, p. 164. — Départ du roi pour Bologne et entrevue de Bologne entre lui et le pape (11 décembre),

p. 164-174. — Retour du roi à Milan; il y reçoit un bref du pape (16 décembre), p. 175-176. — Serment de fidélité prêté au roi par les Milanais; discours du chancelier Duprat (7 janvier 1516), p. 177-186. — Départ du roi, qui revient en France (8 janvier), p. 186.

CHAPITRE II.

mars 1516-avril 1517.

Manœuvres du cardinal de Sion et de Galéas Visconti pour former une nouvelle ligue contre François Ier, p. 186-192. — Retour du roi par la Provence, p. 193-197. — Envoi de Roger Barme à Rome au sujet du concordat conclu à Bologne, p. 196-197. — L'empereur Maximilien se prépare à envahir le Milanais, p. 197-198. — Campagne de l'empereur (mars-avril), p. 199-203. — Conférence de Noyon entre les ambassadeurs de François Ier et de Charles, roi d'Espagne (1er mai), p. 204-205. — Ambassade d'Écosse à la cour de France, p. 206-207. — Envoi en Suisse du sieur de Savonnières; instructions à lui données (mai), p. 207-217. — Séjour du roi à Chambéry, Grenoble et Lyon (juin), p. 218-219. — Instructions à MM. de Boissy et Olivier, et à l'évêque de Paris, chargés de préparer une alliance avec les ambassadeurs de Charles, roi d'Espagne (juillet), p. 220-235. — Envoi en Suisse du bâtard de Savoie et de M. de Soliers pour traiter avec les Suisses (*id.*), p. 235-236. — Réponses aux prétentions exprimées par les Suisses, p. 236-245. — Envoi d'un ambassadeur de France en Écosse (août), p. 245. — Traité de Noyon (13 août), p. 246. — Léon X et l'abolition de la *Pragmatique Sanction*, p. 246-247. — Retour du roi à Paris (4 octobre), p. 247. — Assemblée à Paris des députés des bonnes villes (15 octobre), p. 248. — Envoi par François Ier d'ambassadeurs à Charles, roi d'Espagne, à Bruxelles (15 septembre), p. 248-249. — Projets de croisade contre le Turc, p. 250. — Négociations avec les princes allemands pour préparer l'élection de François Ier à l'Empire, p. 251-252. — Traité de Bruxelles conclu entre le roi de France et l'empereur par l'intermédiaire de

Charles, roi d'Espagne (3 décembre), p. 253-260. — Bref du pape aux Suisses (19 novembre), p. 260-261. — Ratification du traité de Bruxelles, p. 262-263. — Ambassadeurs envoyés par François Ier à Cambrai pour s'entendre avec les représentants de l'empereur et du roi catholique sur une entrevue; instructions à eux données (12 février 1517), p. 263-272. — Traité de Cambrai (11 mars), p. 272.

CHAPITRE III.

avril 1517-avril 1518.

Événements d'Orient, p. 273. — Confirmation par le roi de la *Paix perpétuelle* conclue avec les Suisses, le 29 novembre 1516, p. 274. — Assemblée des députés des bonnes villes à Paris en vue de réformes commerciales, financières et monétaires (15 mars 1517), p. 275-304. — Guerre d'Urbin entre le pape et François-Marie de la Rovère, p. 304-305. — Abolition de la *Pragmatique Sanction;* le Concordat, p. 305-306. — Le Parlement et le Concordat, p. 307. — Départ du roi pour la Picardie et la Normandie (mai), p. 308-309. — Ambassade écossaise, p. 309. — Ambassade du marquis de Brandebourg (juin), p. 309-310. — La résistance du Parlement à l'introduction du Concordat, p. 311-312. — Ambassade du roi catholique auprès de François Ier (juillet), p. 312-313. — Guerre d'Urbin, p. 314-315. — Nouvelle ambassade d'Écosse et traité entre le roi et Jacques V (26 août), p. 315. — Ambassadeur envoyé par François Ier en Angleterre, p. 316. — Réunion des États de Normandie (août), p. 316-323. — Traité du roi avec Venise (8 octobre), p. 323. — Bref du pape au roi pour l'engager à une croisade contre le Turc; réponse du roi; lettre des cardinaux au roi à ce sujet; échec des projets de croisade (décembre 1517-janvier 1518), p. 324-325. — Continuation de la résistance du Parlement à l'introduction du Concordat, p. 325. — Séjour du roi à Amboise; meurtre de M. de Pomperant, p. 326.

Nogent-le-Rotrou, imprimerie Daupeley-Gouverneur.

Ouvrages publiés par la Société de l'Histoire de France *depuis sa fondation en 1834.*

In-octavo à 9 francs le volume, 7 francs pour les Membres de la Société.

Ouvrages épuisés.

L'Ystoire de li Normant. 1 vol.
Lettres de Mazarin. 1 vol.
Villehardouin. 1 vol.
Histoire des Ducs de Normandie. 1 vol.
Beaumanoir. Coutumes de Beauvoisis. 2 vol.
Mémoires de Coligny-Saligny. 1 vol.
Mémoires et Lettres de Marguerite de Valois. 1 vol.
Comptes de l'Argenterie des Rois de France au XIVᵉ s. 1 vol.
Mémoires de Daniel de Cosnac. 2 vol.
Journal d'un Bourgeois de Paris sous François Iᵉʳ. 1 vol.
Chroniques des comtes d'Anjou. 1 vol.

Ouvrages épuisés en partie.

Grégoire de Tours. Histoire ecclésiast. des Francs. 4 v.
Œuvres d'Éginhard. 2 vol.
Chronique de Guillaume de Nangis. 2 vol.
Barbier. Journal du règne de Louis XV. 4 vol.
Mémoires de Ph. de Commynes. 3 vol.
Registres de l'Hôtel de Ville de Paris pendant la Fronde. 3 vol.
Procès de Jeanne d'Arc. 5 v.
Bibliographie des Mazarinades. 3 vol.
Choix de Mazarinades. 2 vol.
Histoire de Charles VII et de Louis XI, par Th. Basin. 4 vol.
Grégoire de Tours. Œuvres diverses. 4 vol.
Chroniques de Monstrelet. 6 vol.
Chroniques de J. de Wavrin. 3 vol.
Journal et Mémoires du marquis d'Argenson. 9 vol.
Œuvres de Brantôme. 11 v.
Commentaires et Lettres de Blaise de Monluc. 5 vol.

Ouvrages non épuisés.

Mém. de Pierre de Fenin. 1 v.
Orderic Vital. 5 vol.
Correspondance de Maximilien et de Marguerite. 2 v.
Lettres de Marguerite d'Angoulême. 2 vol.
Richer. Hist. des Francs. 2 v.
Le Nain de Tillemont. Vie de saint Louis. 6 vol.
Mém. de Mathieu Molé. 4 v.
Miracles de S. Benoît. 1 vol.
Chronique des Valois. 1 vol.
Mém. de Beauvais-Nangis. 1 v.
Chronique de Mathieu d'Escouchy. 3 vol.
Choix de pièces inédites relatives au règne de Charles VI. 2 vol.
Comptes de l'Hôtel des Rois de France. 1 vol.
Rouleaux des morts. 1 vol.
Œuvres de Suger. 1 vol.
Joinville. Hist. de saint Louis. 1 vol.
Mém. et corresp. de Mᵐᵉ du Plessis-Mornay. 2 vol.
Chroniques des églises d'Anjou. 1 vol.
Introduction aux Chroniques des comtes d'Anjou. 1 vol.
Chroniques de J. Froissart. T. I à X. 12 vol.
Chroniques d'Ernoul et de Bernard le Trésorier. 1 vol.
Annales de S.-Bertin et de S.-Vaast d'Arras. 1 vol.
Mém. de Bassompierre. 4 vol.
Histoire de Béarn et de Navarre. 1 vol.
Chroniques de Saint-Martial de Limoges. 1 vol.
Nouveau recueil de comptes de l'Argenterie. 1 vol.
Chanson de la croisade contre les Albigeois. 2 vol.
Chronique du duc Louis II de Bourbon. 1 vol.
Chronique de Le Fèvre de Saint-Remy. 2 vol.
Récits d'un ménestrel de Reims au XIIIᵉ siècle. 1 v.
Lettres d'Antoine de Bourbon et de Jeanne d'Albret. 1 vol.
Mém. de La Huguerye. 3 vol.
Anecdotes et apologues d'Étienne de Bourbon. 1 vol.
Extraits des auteurs grecs concern. la géographie et l'hist. des Gaules. 6 vol.
Histoire de Bayart. 1 vol.
Mémoires de N. Goulas. 3 v.
Gestes des évêques de Cambrai. 1 vol.
Les Établissements de saint Louis. 4 vol.
Chronique normande du XIVᵉ s. 1 vol.
Relation de Spanheim. 1 vol.
Œuvres de Rigord et de Guillaume le Breton. 2 v.
Mém. d'Ol. de la Marche. 4 v.
Lettres de Louis XI. T. I à V.
Mémoires de Villars. T. I à V.
Notices et documents, 1884. 1 v.
Journal de Nic. de Baye. 2 v.
La Règle du Temple. 1 vol.
Hist. univ. d'Agr. d'Aubigné. T. I à IX.
Le Jouvencel. 2 vol.
Chroniques de Louis XII, par Jean d'Auton. 4 vol.
Chronique d'Arthur de Richemont. 1 vol.
Chronographia Regum Francorum. 3 vol.
L'Histoire de Guillaume le Maréchal. T. I et II.
Mémoires de Du Plessis-Besançon. 1 vol.
Éphéméride de La Huguerye. 1 vol.
Hist. de Gaston IV de Foix. 2 vol.
Mémoires de Gourville. 2 vol.
Journal de Jean de Roye. 2 vol.
Chronique de Richard Lescot. 1 vol.
Brantôme, sa vie et ses écrits. 1 vol.
Journal de Jean Barrillon. T. I.

SOUS PRESSE :

Mémoires de Villars. T. VI.
Hist. univ. d'Agr. d'Aubigné. T. X.
L'Histoire de Guillaume le Maréchal. T. III.
Lettres de Louis XI. T. VI.
Chron. de J. Froissart. T. XI.
Docum. sur l'Inquisition.
Lettres missives de Charles VIII. T. I.
Journal de Morosini. T. I.
Journal de Jean Barrillon. T. II.

BULLETINS, ANNUAIRES ET ANNUAIRES-BULLETINS (1834-1896),

In-18 et in-8°, à 2 et 5 francs.

(Pour la liste détaillée, voir à la fin de l'Annuaire-Bulletin de chaque année.)

Nogent-le-Rotrou, imprimerie Daupeley-Gouverneur.

www.ingramcontent.com/pod-product-compliance
Lightning Source LLC
Chambersburg PA
CBHW072005150426
43194CB00008B/1000